자기 스스로가 인생의 주인이 되면 삶의 모든 법칙은 간단해진다.
외로움은 더 이상의 외로움이 아니고, 빈곤은 더 이상의 빈곤이 아니며,
좌절은 더 이상의 좌절이 아니다.
하버드 교수_헨리 데이비드 소로

좋은 습관은 평생 이익을 가져다주는 엄청난 재산이다.
즉각 행동에 옮기는 습관은 당신의 인생을 더욱 의미 있게 한다.

하버드 명예박사, 마이크로소프트 창업자_빌 게이츠

자신이 무엇을 할 수 없는지 아는 것은

무엇을 할 수 있는지 아는 것보다 훨씬 중요하다.

제 22대 하버드 총장_로렌스 로웰

누구나 약점은 있다.
위대한 사람은 자신의 장점은 부각하고 약점은 줄이지만,
실패한 사람들은 종종 약점 때문에 인생을 망친다.
하버드 교수 겸 고생물학자_스티븐 제이 굴드

哈佛自控力公开课
刘微雨 著
ISBN: 978-7-5183-1292-4
First Published in China by Petroleum Industry Press

나를 바꾸는 하버드 성공 수업

하버드에서 강조하는 성공을 위한 자기관리법

나를 바꾸는 하버드 성공 수업

펴낸날 2020년 7월 15일 1판 1쇄

지은이 류웨이위
옮긴이 이재희
펴낸이 강유균
편집위원 이라야, 남은영
기획·홍보 김아름
교정·교열 이교숙
경영지원 이안순
디자인 현애정
마케팅 신용천

펴낸곳 리드리드출판(주)
출판등록 1978년 5월 15일(제 13-19호)
주소 경기도 고양시 일산서구 고양대로632번길 60, 207호(일산동, 대우이안)

전화 (02)719-1424
팩스 (02)719-1404
이메일 gangibook@naver.com
홈페이지 www.readlead.kr
포스트 https://post.naver.com/gangibook

ISBN 978-89-7277-337-5 (03320)

* 잘못된 책은 바꾸어 드립니다.
* 책값은 뒤표지에 있습니다.

이 도서의 국립중앙도서관 출판예정도서목록(CIP)은 서지정보유통지원시스템 홈페이지(http://seoji.nl.go.kr)와 국가자료공동목록시스템(http://www.nl.go.kr/kolisnet)에서 이용하실 수 있습니다.(CIP제어번호 : CIP2020023966)

하버드에서 강조하는 성공을 위한 자기관리법

나를 바꾸는 하버드 성공 수업

HARVARD SUCCESS CLASS

류웨이위 지음 | **이재희** 옮김

"인생에서 가장 안타까운 일은 자기 자신이 되지 못하는 것이며,
육체적으로나 심리적으로 자신을 지키지 못하는 일이다."

리드리드출판

프 롤 로 그

하버드에서 강조하는 성공을 위한 자기관리법

하버드를 졸업한 프랭클린 루스벨트는 척추성 소아마비를 앓았지만, 휠체어를 타고 대통령 자리까지 올랐다. 그는 두 번 연임할 수 없는 미국의 관례마저 깨뜨리고 총 12년의 임기를 마쳤다. 시각과 청각을 잃은 헬렌 켈러는 하버드 래드클리프대학을 우수한 성적으로 졸업했다. 빛도 소리도 없는 세상을 마주하면서 유명한 작가이자 연설가가 되었다. 무엇이 이들을 성공으로 이끌었을까?

대문호 톨스토이는 평생 창작의 길을 걷다가 말년에 가출을 선택했다. 그는 외진 작은 역에 쓰러져 있다가 구조되었지만 쓸쓸하게 세상을 떠났다. 2005년 8월, 이라크의 수도 바그다드. 티그리스 강을 가로지르는 다리가 무너지며 최소 1천여 명이 사망했다. 이 사건은 자살 테러범 한 명이 군중 속에 숨어있다는 소문이 돌면서 촉발되었다. 이런 비극은 왜 일어나는 것일까?

하버드 교수들이 미국 각 교도소에 수감되어 있는 20~30대를 대상으로 조사한 결과 놀랄 만한 사실을 발견했다. 그들은 90%가 자제력 결핍을 보였다. 스스로도 충동적이고 자기관리 능력이 부족했다고 고백했다. 순간에 불쑥 치미는 감정이나 마음 한구석에 쌓아둔 불만이 일순간에 폭발하면서 자신을 통제하지 못했다는 것이다. 후회하지만 돌이킬 수 없는 일이고 되돌아갈 수 없는 시간이다. 그들이 당시에 강한 자제력을 갖추었다면 지금쯤 어떤 삶을 살고 있을까? 장담할 수 없지만 그들도 꿈과 야망을 좇으며 사회에서 인정받는 사람이 되지 않았을까 추측해본다. 그만큼 자기감정과 행동을 통제하고 제어하는 능력은 인생에서 매우 중요하다.

그렇다면 무엇이 자기관리일까? 자기관리는 성공에 어떤 영향을 미치는가? 자기관리를 하면 몸과 정신에 어떤 변화가 나타나는가? 정서적 통제 불능은 어떠한 나쁜 결과를 초래하는가? 의지력이 모든 것을 결정할 수 있을까? 자기관리는 과연 만능일까? 자기관리를 발산하는 과정에서 소모되는 부분은 없는가? 자기관리는 상황 판단에 어떤 영향을 미칠까? 자기감정을 살펴본 적이 있는가? 감정이 변하는 이유를 알고 싶지 않은가? 스트레스를 받았을 때 어떻게 해야 자신을 잘 컨트롤할 수 있을까? 계획적으로 시간을 관리하면 생활은 더욱 안정될 수 있을까?

오늘날은 정보의 홍수와 과학기술의 발전, 지식의 전환 속도가 점점 더 빨라지고 있다. 그와 더불어 누구나 성공을 거머쥐고 싶어 한다. 성공을 위한 길 위에서 자기관리는 매우 중요한 요소이다. 자기 내면의 요구를 파악하는 능력으로 자기가 삶에서 추구해야 할 가치를 위해 행동과 정신을 제어한다. 자기 내면을 정복하는 사람만이 사회에서 인정받고 신뢰를 얻는다. 이는 굳이 근거를 들지 않아도 성공한 사람들이 증명하고 있다.

하버드는 미국 정부의 싱크탱크로 불리며 전 세계 부호들을 가장 많이 육성한 대학이다. 지금까지 모두 8명의 미국 대통령과 40명의 노벨상 수상자, 그리고 30명의 퓰리처상 수상자를 배출했다. 하버드에서 강조하는 자기관리 수업이 그들을 성공으로 이끌었다. 우수한 자기관리는 한 사람이 사회적 활동을 수행하기 위한 기초가 된다. 자기감정이나 의견을 우선하기보다 타인에 대한 존중과 배려를 바탕으로 자기를 절제하며 다가가기 때문이다. 이는 성공으로 가는 가장 첫 번째 단계이다.

자기관리 능력을 향상하기란 하나의 투쟁이다. 그 투쟁의 상대는 바로 자기 자신이다. 쉽고 만만해보이지만 까다롭기도 하다. 자주적인 생각과 감정을 너무 잘 알고 있기 때문이다. 그로 인해 자기합리화시키려는 심리의 작동으로 통제하기가 어렵다.

우리는 성공적인 삶을 꿈꾸면서도 개인적인 욕망과 타성에 젖어 있다. 무기력하고 나태하며, 적극성이 부족한 자신을 일깨워야 한다.

쾌락주의자가 되어 인생이라는 긴 여정에서 서서히 타락하는 길을 막아야 한다. 거침없이 나오는 말을 관리하고 불만과 부정으로 가득한 생각을 전환해야 한다.

하버드 교육자들은 자기관리의 어려움을 인식했다. 그래서 자기감정과 행동을 제어하고 관리할 수 있는 훈련 과목을 개설하고 중점적으로 지도했다. 수업시간에 학생들이 자신을 이해하고 자신을 넘어설 수 있도록 엄격한 규칙과 제도도 만들었다. 학생들이 자신의 약점을 이겨내고 불패不敗의 강자가 될 수 있도록 도왔다. 이런 정신적, 육체적인 고도의 훈련이 하버드가 인재를 길러낸 비결이다.

이 책은 생생한 실화를 통해 자기관리가 무엇이며 어떻게 활용해야 하는지 보여준다. 자기감정과 행동을 변화시키는 방법도 제시한다. 내면의 대화를 통해 자발적이고 긍정적인 에너지를 끌어내야 한다. 자기를 잘 제어하는 사람은 주변에 있는 고통과 아픔에 대해 새롭게 인식한다. 개인 중심으로 바라보던 시점에서 더불어 사는 세상으로 관점이 확장된다. 그로 인해 한 단계 성장한 삶의 자세를 갖는다. 설마 그럴 리가, 누구나 다 되는 건 아니겠지 하는 의심은 접어라. 이 책을 완독한 뒤 생각해도 늦지 않다. 책을 펼치는 이 시점에서는 앞으로 변화될 당신 모습만 기대하라. 그 기대대로 될 것이다.

류웨이위

차례 contents

감정을 다스릴 줄 모르는 사람은 노예나 마찬가지다.
감정의 지배를 받는 사람은 행동의 자율성이 없고
운명의 지배를 받기 때문이다.

하버드 경제학 교수_제너스 코넬

제 1강_자제력 기르기

자기관리에서 성공이 나온다

HARVARD

SUCCESS

CLASS

자기관리로 성공의 불을 밝혀라

새벽 4시, 하버드 도서관의 불은 여전히 밝다. 빈 좌석이 없는 가운데 모두가 책을 보거나 노트북에 집중하고 있다. 학생들은 불철주야 학생식당, 도서관, 교실 어디를 막론하고 자료를 찾고 책을 읽는다. 빵을 씹으면서 책장을 넘기고 커피를 마시면서 과제를 한다. 하버드를 취재했던 영화 제작자 셰쥐안謝娟은 이런 분위기에 깜짝 놀라 캠퍼스 전체가 '절대 잠들지 않는 도시' 같다고 했다.

하버드는 공부 강도가 무척 세다. 과제를 수행하려면 잠잘 시간이 부족해서 마치 지옥에 있는 듯한 기분이라고 한다. 학생들은 이를 극복하는 것 자체를 자신에 대한 도전으로 받아들인다. 성장하기 위한 과정이라 여기고 강력한 자기 제어력과 꿋꿋한 의지력을 발휘한다. 이 과정을 이겨내야 더 큰 어려움을 맞닥뜨렸을 때 극복하는 힘이 나온다고 믿는다.

하버드생이라 할지라도 감정을 지배하며 합리적인 생각과 행동으로 이끄는 자기관리는 단기간에 되지 않는다. 학습과 지도가 중요하게 작용한다. 하버드 교수들은 이 점을 정확히 파악하고 학생들이 자기관리 능력을 기를 수 있도록 근면한 학습 분위기를 위해 애쓴다. 학습 분위기와 연구과제를 관리하며 그들이 스스로 행동을 단속할 수 있도록 돕는다. 일단 그것이 가능해지면 막중한 학습량을 이겨내고 어떠한 역경에서도 힘을 발휘하게 된다.

어떻게 해야 자기관리 능력이 향상될 수 있을까? 먼저 자기감정을 억누르지 말아야 한다. 일상생활에서 편안하다고 느끼는 일을 찾아 '내 맘대로 하기'를 실행해보자. 단, 남에게 피해를 주는 일이어서는 안 된다. 자유를 만끽할 수 있는 공간에서 자기가 원하는 대로, 자기 의지대로 행동하면 된다. 이 방법이 앞에서 말한 자기통제나 제어와 모순된다고 여길 수 있다. 절대 그렇지 않다! 하버드 심리학 교수는 감정과 심리에는 완충지대가 필요하다고 말한다. 팽팽한 실을 더욱 세게 당기면 끊어지고 마는 원리같이 자기 심리를 강하게 통제하면 할수록 저항력과 반발심만 키운다. 자기를 솔직하게 인정하고 바라보면서 감정을 조절하고, 바꾸려면 반드시 한 걸음 한 걸음씩 천천히 나아가는 방법을 택해야 한다.

자기관리는 완벽한 사람이 되기 위한 강요가 아니다. 한 가지 실수라도 범해선 안 된다는 말은 더더욱 아니다. 자기감정을 자제하고 제어하려는 개념일 뿐이다. 절제된 사고와 행동으로 나중에 후회하지 않는 행동을 하도록 돕는다. 어떤 일을 추진하는 과정에서 이성과 감성이 조화롭게 작용하도록 이끌며 철저한 준비와 계획으로 일을 추진하도록 유도한다. 감정과 이성을 '강력한 통제'로 압박하는 게 아니라 '적절한 조절'로 높은 성과를 거두게 하는 것이다.

이를 실험하기 위해 어렵지 않은 일들을 과제로 삼아 도전해보자. "나는 미국 대통령이 될 거야."라는 최고의 이상을 부여할 필요는 없다. 고통을 이겨낼 수 있다는 믿음과 자신감을 키워낼 수 있는 도전이면 충분하다. 먹고 싶은 아이스크림 하루 동안 먹지 않기 같은 것도 좋다. 작은 목표부터 성과를 내고 그에 상응하는 즐거움과 성취감을 얻자. 성공의 경험이 쌓이고 자기감정이나 욕구를 능숙하게 통제하게 되면 자기 역량이 더 좋은 방향으로 향상된다.

단 한 번의 도전으로 희망과 미래가 보이지 않는다고 좌절하지 마라. 고통과 실망에 빠질수록 악순환이 거듭된다. "난 아무것도 바꿔놓을 수 없어.", "내가 한 노력은 아무짝에도 쓸모없어.", "난 어떤 일도 해내지 못해.", "내 인생의 주인은 내가 아니야."라고 인정하는 순간 자신에 대한 자기 통제력은 위력을 잃는다. 단순한 생각이라도 자기에게 용기를 부여하자. 그럼으로써 자기 긍정을 심고 가능성을 열어 자신을 신뢰하게 된다. 이것이 자기관리의 출발이다.

자기에게 불만스러운 부분이 있다면 그것부터 변화시켜보자. 이제껏 무의식적으로 살아온 사람이라도 충분히 가능하다. 문제를 인식하는 단계에서부터 변화가 시작된다. 자기 각성이 있어야 노력할 힘이 나온다. 자기 문제를 밖으로 드러내기에 망설이지 마라. 일부러 소문낼 필요도 없지만 자신이 지금 노력하고 있음을 주위에 알려도 좋다. 그들의 시선이나 지적도 지렛대로 쓸 수 있다. 최고의 노력 끝에 자기 통제력이 발휘되면 자신감도 그만큼 올라간다.

성공을 위한 하버드 자기관리법

러시아 소설가 막심 고리키Maksim Gor'kii는 "아무리 조그마한 통제력이라도, 사람을 더욱 강하게 만드는 힘이 있다."라고 말했다. 정해진 시간에 기상하기, 다양한 규칙 준수하기, 제시간에 학습 계획 완성하기 등 매일 하는 일부터 통제와 절제를 시작하자. 자기도 모르는 사이 자기관리가 가능해진다.

'참지 못'하는 함정에 빠지지 마라

"참지 못하고 감자칩을 먹었다."

"참지 못하고 공부를 제쳐두고 친구와 놀았다."

"참지 못하고 점찍어 두었던 근사한 옷을 사버렸다."

"참지 못하고 밤새워 인터넷을 했다."

의지가 약한 사람에게 '참지 못'하는 것은 함정과 같다. 자기 행동을 제어하지 못해 유혹에 넘어가고 결국, 자기 통제력을 잃어버렸다고 자백하게 만든다. 자유로 결정할 수 있는 자기 선택이었기 때문에 제제가 가해지거나 따가운 시선을 받진 않는다. 하지만 자신에게 실망하고, 자책하고, 자기 확신을 잃는다. 안타깝게도 이런 함정은 우리가 계획하고 준비하는 일의 요소요소에 포진돼 있다. 시시때때로 유인하며 매혹적인 제안을 한다. 특히 하려는 일에 자신이 없거나, 회피하고 싶을 때, 지루함을 느끼거나 두려울 때 더욱 솔깃하게 접근한다. "왜 참아?", "포기해.", "그만큼 했으면 됐어." 등등 쉽게 그 일에서 손을 털 수 있도록 유도한다. 만약 그 유혹에 넘어간다면 나중에 약해빠진 자기 통제력을 탓하지만 이미 때는 늦은 뒤다.

자기관리를 통한 통제력에는 자신의 현재와 미래를 제어하는 힘이 있다. 목표의 성공과 실패, 인간관계를 조정하며 인생을 자기가 원하는 방향으로 이끈다. 그 위력을 안다면 충동, 격정, 욕망에 적절하게 통제를 가해야 한다. 의사결정에서부터 결과까지 고려해 강약을 조절하며 자신을 제어해야 한다.

폴 하모니스Paul Hammerness 하버드 심리학 교수는 몇 년째 심리상담 일을 해왔다. 그에게 상담하러 온 사람의 나이와 직업은 매우 다양하다. 학생, 변호사, 판매원, 화이트칼라, 가정주부 등등. 그들은 자기 삶을 불만스러워했다.

"저는 IQ가 낮지 않거든요. 그런데 왜 저보다 똑똑하지 않은 사람들이 성적을 더 잘 받나요?"

"저는 명문대를 나왔어요. 그런데 왜 일이든 생활이든 잘 안 풀릴까요?"

"남들은 모두 선생님과 부모, 주변 친구들에게 사랑받고 있는데 왜 저만 비난을 받을까요?"

그들의 불만과 한탄은 자신에게 불공평한 부분에서 출발했다. 마치 세상이 그들의 적수인 듯했다. 일이 잘 풀리지 않는 이유는 자기 내면이 무질서하기 때문이다. "외부의 혼란은 전부 내면의 혼란에서 비롯된다."라는 사실을 그들은 몰랐다. 자기 비하가 불러온 내면의 혼란은 집중력을 떨어뜨리고 기회를 찾지 못하게 만든다. 능력을 펼치지 못하며, 성공을 거둘 수 없게 만든다. 반대로 내면을 장악하면 자신이 하는 일을 압도할 수 있다. 자기 의지대로 일을 끌어나간다. 내면을 컨트롤하여 능력을 발휘하고, 일이나 학업을 장악하여 원하는 성과를 거둔다.

자기관리에 대한 학습은 시간이 앞당겨질수록 좋다. 자신감이 회복되고 사회적 인정이 더해져 어디에서든 당당하게 된다. 모펫Moffett은 "인생에서 통제력을 배우는 시간이 지연될수록, 이를 교정하고 극복해야 하는 문제는 더 많아진다."라고 말했다. 현재 자기 통제력이 저하되거나 자기관리 능력이 상실되었을 때 일어나는 문제를 심각하게 인식하고 있다면 지체할 시간이 없다. 자제력을 반드시 배워야 한다는 인식, 가능한 한 빨리 배워야겠다는 인식, 자기통제 과정에서 어려움에 빠질 수 있다는 인식, 좌절의 늪을 헤매지 않을 수 있다는 인식, 난관을 극복하면 전부를 얻을 수 있다는 인식을 확고히 세워야 한다.

자기관리는 생각보다 간단하지 않다. 감정이나 생각, 행동, 말, 인간관계 등 관리가 필요한 부분이 많다. 쉬운 일이면 누구나 자기통제를 통해 목표를 이루고 남부럽지 않은 부와 명예를 거머쥐었을 것이다. 하지만 우리가 성공한 사람으로 인정하며 손가락에 꼽을 수 있는 사람이 몇 안 되는 것은 그만큼 완벽한 자기통제가 어렵기 때문이다. 그렇다고 겁내지 마라. 자기 의지력과 능력을 과소평가할 필요도 없다. 천릿길도 한 걸음부터다. 지금부터 시작하자. 수많은 복잡한 문제를 처리하고, 수많은 정서적 고통과 위기를 극복하자. 더 나은 정신력을 제공할 수 있는 자신감만 있다면 가능하다.

성공을 위한 하버드 자기관리법

심리학 연구결과, 인식과 동기는 자기 통제력에 영향을 미친다는 점을 발견했다. 성취동기가 강하고, 인생에 커다란 목표가 있는 사람은 온갖 유혹을 뿌리치고 부정적인 감정에서 벗어날 수 있다. 목표에 대한 계획이 섰다면 실현 가능성에 기대를 걸자. 자기통제에 대한 동력을 얻을 수 있다.

자유를 얻기 위해선 자기 통제가 필요하다

1764년 어느 밤, 하버드 도서관 소장관에 큰 화재가 발생해 4백여 권의 서적이 전부 불에 타버렸다. 그런데 화재가 발생하기 전날, 한 학생이 교칙을 어기고《기독교와 악마, 세속, 육욕의 전쟁》이라는 책을 기숙사로 가져갔다. 그 학생은 도서관에서 가져온 책이 소장관에서 유일하게 살아남은 책이라는 것을 깨닫고 깊은 고민에 빠졌다. 몇 번의 고민 끝에 호리 에크Horry Eck 학장을 찾아갔다. 학장은 책을 받고 학생에게 고맙다는 인사를 건넨 뒤 퇴학시켰다. 그 학생이 학칙을 위반했기 때문이다.

"학교 규칙이 하버드의 모든 것을 지킨다. 도덕이 하버드를 지키는 것보다 훨씬 안전하고 효과적이다."

이 말은 하버드에 내려오는 강령이다. 모든 규율이나 제도는 사람의 자제력과 자율 능력을 훈련시키려는 목적이 있다. 미국 육군 5성 장군인 넬슨Nelson은 "자제하는 것이야말로 자유로운 생각이다. 자유는 곧 힘이다! 진정한 자유를 얻기 위해서 때로는 반드시 있는 힘껏 자신을 구속해야 한다."라고 말했다. 고도의 자제력은 고도의 자유를 실현하는 데서 나온다. 진정한 자유를 얻으려면 규율에 맞춰 자신을 구속해야 한다. 하버드 역대 학장들이 학생들의 의지력을 강화시키고, 자기구속과 자기통제 능력을 형성시키기 위한 목표로 엄격한 규칙을 제정한 이유이기도 하다.

스코틀랜드 출신인 도널드 멕네어Donald McNair는 시골로 내려가 작은 잡화점을 열었다. 어느 날 그는 런던에 있는 거래처에 청색염료 40파운드를 주문했다. 그런데 거래처 직원이 주문서를 잘못 기재하여 주문량이 돌연 40톤의 청색염료로 바뀌었다. 청색염료가 40톤이나 오자 도널드는 어안이 벙벙해졌다. 그는 가능한 모든 방법을 동원해 청색염료를 소진할 방법을 고민해보았지만 역부족이었다.

그러던 어느 날 런던에서 영업사원이 도널드를 찾아왔다. 청색염료를 도로 회수할 예정이며 도널드에게 운반비를 지불하겠다고 했다. 도널드는 '회사가 이익이 별로 없다면, 이 일을 처리하려고 사람을 보내지 않았을 텐데!'라고 생각했다. 도널드는 절차상 잘못된 게 전혀 없다며 완강하게 부인했다.

상황이 다급해지자 영업사원은 "실은 저희 회사로 대량의 청색염료 오더가 들어왔어요. 그런데 지금 재고가 부족한 상황입니다. 저희가 현금 500파운드를 드릴 테니, 청색염료를 가져갈 수 있도록 해주세요. 운송비는 저희 쪽에서 부담하겠습니다." 도널드는 고개를 가로저었다. 도널드는 상대방이 주문받은 액수가 얼마인지 알고 싶었다. 마음이 급해진 영업사원이 더 높은 금액을 제시했지만 도널드는 이번에도 거절했다. 결국 이성을 잃은 영업사원은 "제가 졌습니다. 당신은 여우보다 더 교활하군요. 5천 파운드를 드리겠습니다."라고 말했다. 도널드는 그제서야 거래하기로 약속했다. 알고 보니 현지 정부의 군대가 군복을 염색할 대량의 청색염료를 주문했던 것이다. 도널드는 뛰어난 자제력 덕분에 많은 돈을 벌 수 있었다.

자제력이 강한 사람은 자기 욕망을 이성으로 컨트롤한다. 일의 경중과 완급도 조절한다. 그런 뒤에 개인적인 요구와 발전에 필요한 욕망을 충족시킨다. 물론 부정한 욕망에 대해서는 단호하게 거부한다. 자제력이 강한 사람은 급박하고 위험한 상황에서도 격한 감정과 충동의 지배를 쉽사리 받지 않는다. 감정적으로 일을 처리하지 않고 언제나 침착함을 유지한다. 내면의 두려움과 긴장을 잘 조절해서 위험에 직면해도 두려워하거나 당황하지 않고 침착하게 일을 처리한다. 그로 인해 원하는 일을 성취한다.

뜨겁게 끓어오르는 피가 흥분한 머릿속에서 솟구칠 때, 생각과 말을 통제하는 것이 얼마나 어려운지 경험해본 적이 있는가? 자신을 감정의 노예로 만드는 것이 얼마나 위험하고 슬픈 일인지 알아야 한다.

일과 사업에 위험을 불러올 뿐이다. 명예와 권위에도 굉장히 불리하게 작용한다. 감정적인 반응에는 극도의 위험이 따른다는 사실을 기억하자. 자유를 만끽하고 싶을 때일수록 자기관리가 가장 필요할 때이다.

성공을 위한 하버드 자기관리법

곤경에 처해 주눅이 들었다면, 나약해지지 말 것을 자신에게 주문하자. 상황에 따라 자존감을 불러내고 불안감을 이겨야 자신을 컨트롤할 수 있다. 처음부터 끝까지 자기 욕망에 용감히 맞서자. 결연한 의지로 자기를 통제할 때 욕망과의 싸움에서 이길 수 있다.

◆ 나를 바꾸는 하버드 '자제력 기르기' 트레이닝

하버드 심리학자 나폴레옹 힐Napoleon Hill은 자제력 기르는 방법을 제안했다.

1. 시간 통제

시간을 통제해야만 자신의 모든 것을 변화시킬 수 있다. 언제 일하고, 언제 게임을 하고, 언제 휴식을 취해야 하는지 스스로 시간을 잘 안배해야 한다. 하루하루를 즐겁고 충실하게 보내는 비결이다. 효과적인 시간관리는 자제력을 기르는 첫걸음이다.

2. 생각 통제

누구나 자기 생각을 통제할 수 있다. 자기 생각을 통제하지 못하면 업무와의 거리가 멀어져 효율성이 떨어진다. 하는 일에 생각을 집중해야만 효율적으로 해낼 수 있다.

3. 대상 통제

함께 공부하거나 함께 지낼 사람을 선택할 수 있다. 새로운 사람을 만나고 나만의 성공모델을 찾아 그들로부터 무언가를 배우기도 한다. 능률적인 사람과 더 많이 어울리다 보면 더 빨리 능률적인 사람에 편입할 수 있다.

4. 의사소통 통제

경청하고, 관찰하며, 받아들이는 과정은 소통 방식에서 중요한 부분이다. 소통할 때에는 정보를 통해 청자에게 가치를 제공하고, 서로를 알아야 한다.

5. 약속 통제

서로가 소통한 내용을 일종의 계약처럼 받아들여야 한다. 순서와 기한을 정하고,

약속을 착실하게 이행해야 한다.

6. 목표 통제

자기 의견과 소통의 의지, 소통의 대상이 있다면 생활 속에서 장기적인 목표를 설정할 수 있다. 목표는 힘든 일에 맞설 자신감과 용기를 불어넣어 주고 임무를 완성할 수 있게 돕는다.

7. 행위의 보수의 통제

도전적으로 맞서고 부단한 노력을 통해 만족감을 얻어야 한다. 인생의 진정한 보수는 스스로 얼마나 노력했는지에 따라 결정된다. 장기적이든 단기적이든 스스로 심어놓은 씨앗은 분명 수확하는 시기를 맞는다.

자기 스스로가 인생의 주인이 되면 삶의 모든 법칙은 간단해진다.
외로움은 더 이상의 외로움이 아니고, 빈곤은 더 이상의 빈곤이 아니며,
좌절은 더 이상의 좌절이 아니다.

하버드 교수_헨리 데이비드 소로

제 2강_자아발견

당연한 것처럼 받아들이지 마라

HARVARD

SUCCESS

CLASS

울타리 안의 정보가 더 위험하다

하버드 박사과정 연구생의 경우 보통 3일에 한 번은 몇백 페이지의 책을 읽고 반드시 독서 리포트를 제출해야 한다. 하버드에서 한 과목을 들으면 두 시간밖에 못 잔다는 속설이 있다. 만약 4과목을 수강하려면 잠자는 걸 포기해야 한다는 결론이다. 하버드에서 다리 하나만 건너면 보스턴이 나온다. 하버드 출신 인류학자 장광즈張光直는 박사과정을 밟는 수년 동안 단 한 번도 보스턴으로 가는 다리를 건너본 적이 없다고 회고했다.

하버드생들은 하버드에 내려오는 "가을 수확이 끝나면, 곧바로 가을 농사를 지어야 한다. 공부, 공부, 다시 공부!"라는 격언을 되새기며 자기 할 일에 매진한다. 그들은 하버드에서 안락함은 사치라고 여긴다. 고통 뒤에 낙이 오는 것처럼 사회 진출 후 언젠가 어떤 장소에서 무엇이든지 마음먹은 대로 되고, 그에 정당한 대우를 받기 위해 학생 신분일 때조차 자기 책임에 최선을 다한다. 사회에 나가 자신의 진가를 발휘하며 햇볕 쬘 시간도 없이 공부했던 그 시절에 감사한다고 했다.

자기 주관이 생기고 생활을 주도적으로 이끌 때부터 자기관리를 해야 한다. 먼저 할 수 있는 일을 끝내놓고, 준비된 훈련을 통해 시소하고 불필요한 행동 패턴을 제거한다. 삶에서 작은 행동 패턴들을 물리적으로 변화시킬 때 삶이 도전적으로 변한다. 행동 패턴을 바꾸고 자신을 제어하며 원하는 대로 자기를 이끈다. 특정 영역에서 새롭게 자신을 조절한다면 다른 영역에서도 자신을 바꿀 수 있다. 그만큼 행동이나 생각을 제어하는 능력이 길러졌다는 뜻이다. 자신의 행동 패턴이 무엇이든 철저한 준비와 절제만이 변화와 발전을 도모할 수 있게 한다.

자신을 무기력하게 만드는 나쁜 정보는 과감히 거부하라. 잘못된 정보는 우리를 종종 함정 속에 빠뜨리며 오류를 범하게 만든다, 자기 통제력을 상실하게 만드는 주범이다. 거짓말이 천 번 반복되면 진실이 된다. 잘못된 정보가 반복해서 입력되면 우리는 그것을 기정사실로 받아들인다. 머릿속에서 몇 번씩 되뇌고 반복하며 우리가 가지고 있던 개념을 바꾼다. 그로 인해 사고의 객관화에서 멀어지고 잘못된 정보에 의해 최면에 걸린다.

지식 측면 외에도 사람에 대한 정보, 사고에 대한 정보 입수에 더 신중해야 한다. 자칫 편견과 편협한 사고로 이어질 수 있다. 돌이킬 수 없는 판단으로 인한 실수를 두려워해야 한다.

처음 한두 번 반복되는 정보는 우리의 좌뇌가 판단 메커니즘을 통해 막아낸다. 그러나 한 달, 두 달 심지어 매년마다 끊임없이 순환적으로 주입되는 정보는 아무리 강력한 판단 메커니즘이라고 해도 무너질 수밖에 없다. 끊임없이 반복되는 거짓 정보는 올바른 판단력을 잃게 만든다. 광고가 바로 그 예이다. 자제력이 있는 사람만이 어떤 정보가 유용하고, 어떤 정보가 해로운지 단번에 구별한다.

권위의 최면 역시 무시할 수 없다. 하버드 화학과 수업시간에 한 사람을 초청했다. 교수는 독일에서 온 유명한 학자라고 소개했다. 교수에 의해 '화학 연구학자'가 된 그는 그럴듯하게 증류수가 담긴 병을 꺼내 보이며, 자기가 발견한 새로운 화학물질인데 어떤 특유의 냄새가 난다고 말했다. 그는 앉아 있는 학생들에게 냄새를 맡은 사람은 손을 들어보라고 했다. 그러자 학생들 대부분이 손을 들었다. 원래 냄새가 없는 증류수에서 왜 냄새가 난다고 손을 들었을까?

바로 '권위효과' 때문이다. 사람들은 권위에 대한 숭배에 현혹된다. 권위에 대해 무조건 복종하고 따른다. 성공은 사람들에게 부러움의 대상이다. 유명인을 모방하고 추앙하며 자신의 롤모델로 삼는다. 행동, 언어, 외적인 장식과 목소리, 눈빛까지도 잠재의식을 지배하며 최면 효과를 발휘한다. 롤모델이라는 최면의 힘은 인류 문명이 발전하는 과정에서 상당히 중요한 역할을 해왔다. 전대의 권위자들이 남긴

업적을 존중하고 그 기반 위에서 새로운 연구를 시작하도록 도왔다. 더 깊은 차원으로 파고들어 새로운 내용으로 확장되거나 기존의 결점을 바로 잡았다. 시간의 침적을 더해 사람들의 인식 수준을 끌어올리기도 한다.

그러나 명심하라. 편안하고 익숙한 안전지대를 벗어나려는 자신의 의지도 한 발 걸음이다보면 길이 나기야 한다. 당장은 보잘 것 없는 성과라도 자신이 만들어낸 결과물이라야 보람이 있다. 그 일을 해낸 자신을 격려하고 아낌없이 칭찬하라. 주체적인 삶의 첫걸음에 보내는 응원이다.

성공을 위한 하버드 자기관리법

편안함은 앞으로 나아가는 길을 잃게 만든다. 곤경에 처했을 때 어렵지만 이겨내야 한다는 각오를 다지게 된다. 도전하기를 주저하지 마라. 거짓된 정보는 우리를 함정에 빠트린다. 진실과 거짓의 구분이 어려운 정보를 잘 분간해내는 현안을 기르게 한다. 권위 있는 목소리에 대해서도 돌이켜볼 줄 알아야 한다.

자기 미래에 기대를 걸어라

하버드 심리학 교수인 로젠탈Rosenthal은 무작위로 실험용 쥐를 A와 B그룹으로 나누었다. 실험 진행자에게 A그룹은 아주 영리한 쥐들이니 특별히 잘 훈련시키라고 당부했다. 다른 실험 진행자에게는 B그룹의 쥐를 주면서 지능이 보통이라고 알려주었다. 두 명의 실험 진행자들은 쥐를 열심히 훈련시켰다. 시간이 흐른 뒤 로젠탈 교수는 두 그룹의 쥐들에게 미로를 빠져나가는 실험을 진행했다. 그 결과 A그룹의 쥐들이 B그룹의 쥐들보다 훨씬 더 똑똑했으며, 먼저 미로를 탈출했다.

로젠탈 교수는 이 실험을 인간에게도 적용했다. 1968년 한 초등학교 18개 학급을 선정해 '장래 성장 가능성 테스트'를 진행했다. 결과를 토대로 로젠탈 교수는 전체 정원 중에서 우수한 학생 20%를 '전도유망한 학생'으로 뽑고 교장과 교사들에게 전달했다. 8개월 후 그들은 다시 해당 초등학교에 가서 18개 학급의 학생들을 대상으로 테스트를 진행했다. 결과는 매우 놀라웠다. 명단에 오른 학생 모두 성적이 크게 향상되었다. 그 학생들은 밝은 성격에 자존감이 넘쳤으며, 지적 욕구가 강하고 다른 사람들과 잘 어울렸다.

사실 '전도유망한 학생'은 로젠탈 교수가 무작위로 뽑은 명단이었다. 하지만 이 '거짓말'은 교사들에게 심리적 암시를 주었다. 교사의 말과 행동을 통해 기대가 학생들에게 전달되었고, 그들이 두각을 나타낼 수 있는 밑거름이 되었다. 이렇게 기대와 사람들의 행위가 일치되어가는 변화를 '로젠탈 효과'라고 부른다.

하버드 수학과의 존John 박사는 중학교 시절 그다지 공부에 의욕이 없었다. 선생님은 줄곧 그에게 "넌 정말 구제불능이구나!"라고 말했다. 친구들도 그를 무시했다. 그래서 늘 의기소침해 있었고, 그 자신조차도 앞으로 잘되기는 틀렸다고 생각했다. 중간고사 시험이 끝나자 심리학자가 학생들을 대상으로 실험을 진행했다. 미래를 예측하는 신기한 기계로 누가 성공할 수 있는지 알아맞히는 실험이었다. 존은 자신과 상관없는 실험이라며 나가 놀 생각만 했다. 실험이 끝나고 5명의 학생이 호명됐다. 그중에는 존도 포함되어 있었다.

"난 너희들의 가정형편과 현재의 학습상황에 대한 파일을 아주 자세히 들여다봤단다. 나는 너희들이 장래에 큰 인물이 될 거라고 믿는다. 앞으로 열심히 노력하길 바란다!"

존은 자신이 잘못 들었다고 생각했다. 하지만 속으로는 '나한테 아직 희망이 있구나. 그 예측은 분명 정확할 거야. 이제부터는 열심히 노력해야겠어!'라고 다짐했다. 존은 줄곧 자신은 잘 될 거라고 격려했다. 얼마 지나지 않아 그의 성적은 단번에 학급에서 선두를 달리기 시작했다. 선생님이 자신을 대하는 눈빛도 상냥하게 변했다고 느꼈다. 용기를 얻은 존은 더 열심히 공부했다. 자신의 잠재능력을 끊임없이 발굴하며 자신에게 도전장을 내밀었다. 17년이 지난 후 존은 하버드 수학과 박사 학위를 받았다. 이 분야에서 뛰어난 성과를 거두었고, 마침내 학계의 권위자가 되었다.

미국의 심리학자 몰츠Maltz는 "인간의 잠재의식은 목표를 가진 컴퓨터 시스템인 서비스 메커니즘Service Mechanism이다."라고 말했다. 자신을 실패한 사람으로 상상한다면, 마음에 주눅 들어 큰일을 감당하기 어려운 자아로 인식한다. 그리고 "나는 쓸모없는 인간이다. 나는 성장하지 못할 거야!"라는 부정적인 메시지를 주입한다. 낙담, 열등, 주저, 무능함이라는 구렁텅이에 자신을 밀어 넣는 것이다. 이는 현실에 반영되어 운명적으로 실패를 부른다.

우리는 자신을 성공한 사람으로 여겨야 한다. 그래야 매사에 패기 넘치고, 끊임없이 앞으로 나아가며, 좌절과 엄청난 스트레스를 용감히 이겨내는 자아를 보게 된다. "정말 잘했어. 앞으로는 더 잘할 거야!"라는 고무적인 메시지를 들려주자. 그러면 기쁨, 자존감, 위안과 훌륭함이 자기 몫이라고 여기게 되고, 당신은 운명적으로 성공하게 된다.

자기 상상에 긍정을 주입하느냐, 부정을 주입하느냐에 따라 성공과 실패가 판가름 된다. 운명에 의한 판가름이 아니다. 자신을 어떻게 상상하고 상정하느냐에 달렸다. 자신에게 성공을 주입하자.

성공을 위한 하버드 자기관리법

성공을 위해 자신을 믿고 그에 따라 건전한 자부심을 부여해야 한다. 자기 가치를 지속적으로 강화하고 긍정한다. 자아를 숨기거나 감추지 말고 창의적으로 자신을 표현한다. 자기 능력을 최대한 발휘하기 위해서는 반드시 그에 부합한 자아가 있어야 한다.

책임을 회피하는
방관자를 거부하라

사람이 많다는 것은 임무를 수행하는 데 있어 유리한 조건이다. 분업이 가능하고 일을 나눠서 할 수 있으니 시간을 절약하며 효율을 높일 수 있다. 그런데 실제 업무량 조사 결과는 다르게 나타났다. 일의 효율은 사람이 적을 때 높다고 한다. 원인이 궁금하다면 하버드 심리학 강의에서 인용된 내용을 들어보자.

1964년 뉴욕의 공원에서 한 여성이 피살됐다. 당시 근처에는 38명의 주민이 있었다. 그들은 그 여자가 살해되는 광경을 목격했거나, 살려달라는 목소리를 들었지만 아무도 선뜻 나서지 않았다. 언론은 사람들의 '방관자 효과'를 질타했다. 심리학 현상의 하나인 방관자는 위급한 상황이 발생했을 때 자신 외에 다른 목격자가 있는 경우, 책임감은 약해지고 수수방관하는 구경꾼이 된다. 누군가 위험에 처해 다급하게 도움을 요청할 때 주변에서 지켜보는 사람이 많으니 '꼭 내가 구하지 않아도, 다른 사람이 구해주겠지.'라는 심리가 발동한다. 목격자가 많을수록 사람들은 책임을 이행하려 하지 않고 사건을 나태하고 무감각하게 받아들인다. 같은 심리의 작동으로 누구도 선뜻 도움의 손길을 내밀지 않는다. 죽어가는 것을 보고도 방관하는 '집단 무관심'을 초래한다.

베리스 양Verris Yang은 하버드의 신입생 담당 부서장이었다. 그는 1965년부터 신입생들을 위한 상담과 멘토로 활동했다. 그가 방관자 현상에 대해 기고한 글이《하버드 잡지》에 우수 칼럼으로 실렸다.

"2주 전 동호회 건물 지하실에서 불이 났다. 연기가 자욱하게 번졌고 곧바로 화재 경보가 사방에서 울려 퍼졌다. 당시 몇백 명의 학생들이 아침 식사를 하고 있었는데, 모두 화재 경보음을 들었음에도 모른 척 넘겼다. 이는 결코 현명하지 못한 처사이다. 만약 불길이 빠르게 번졌다면 건물을 빠져나갈 시간이 없어서 모두가 불에 타 죽었을 것이다. 화재는 화재이다. 그 경고의 위험은 부인할 수 없다. 화재 경보를 들었다면 반드시 밖으로 뛰쳐나가야 한다. 밖에서 차갑게 식은 빵을 먹는 것이 자신이 빵으로 구워지는 것보다 훨씬 낫다."

사람들은 집단에 속해 있을 때 '책임 분산' 심리가 생겨난다. 책임을 져야 하는 사람이 많을수록 자기 책임은 상대적으로 감소한다고 믿는다. 혼자서만 책임지는 상황이 아니기 때문에 애써 노력하지 않는다. 책임을 은근히 남에게 미룬다. 자신이 나섰을 때 뒤따르는 일들을 피하고 사건에서 멀찍이 떨어져 방관자로 남으려 한다. 특히 어려움에 직면하거나 책임져야 할 때 회피하거나 게으름 피우기 쉽다. 되도록 자신은 힘쓰지 않고 힘을 적게 들여 다른 사람 노력의 덕을 기대한다. 그 결과 일의 능률을 현저히 떨어뜨리고 비극적인 일을 발생시킨다.

이러한 심리적 영향은 "사람이 많을수록 효율이 높아진다."라는 규칙을 다시 쓰게 만들었다. 일하는 사람이 많을 때 효율성이 반드시 높아지는 것은 아니며, 이때 '1+1＜2'라는 결과가 나타날 수 있다는 사실을 보여주기 때문이다. 자신과 유대감이 없는 사람과의 사이에서나 사회적 문제에서 그러한 현상은 더욱 두드러진다. 옳고 정당한 일이기 때문에 거침없이 달려들었다는 의인의 이야기는 뉴스에서나 접할 뿐이다. 자신이 선뜻 의인이 되기는 꺼려한다. 방관자로 전락한 자신을 부끄러워해야 할 일이다.

효율성 측면에서 본다면 단순하게 인원수로 계산할 수 없다. 두 사람이 도랑 하나를 파는 데 이틀이 걸렸다고 네 사람이 파면 하루 만에 완성한다고 단정하지 못한다. 이틀이 걸릴 수도 아니면 영원히 끝내지 못할 수도 있다. 이는 어떤 실무를 이행할 때 조직관리에 능숙해야 하고, 구성원에 대한 단속을 강화해야 하며, 책임을 확실히 완수해야 한다는 사실을 알려준다. 집단+특정 개인의 무책임한 행동을 줄이고 작업의 효율도 높이는 길이다.

자제력이 강한 사람은 예상치 못한 상황에 직면했을 때 많은 사람이 그 자리에 있더라도 자기 책임을 분명히 안다. 그들은 스스로 책임을 다하며 방관자가 되기를 거부한다.

성공을 위한 하버드 자기관리법

돌발 상황이 발생했을 때 '방관자 효과'에 기대지 마라. 머릿속에 맴도는 '아마 다른 사람이 지금쯤'이라는 생각을 접고, 더욱 책임지고 용감하게 나서자. '방관자 효과'에 기만과 우롱을 당한다면 자신에게 실망한다. 인생에 깊은 후회를 남기지 말자. "누군가 하겠지."라고 미루는 것보다 "내가 하겠다."라는 의지가 자신을 당당하게 만든다.

◆ 나를 바꾸는 하버드 '자아발견' 트레이닝

자신을 아는 것은 올바른 인간이 되는 초석이다. 진정한 자아발견을 통해서만 자신을 파악할 수 있다. 인생을 잘 살 수 있는 비법이기도 하다.

1. 자기반성

자기반성은 자신의 동기와 행위에 대한 관찰과 반성이다. 자기 단점을 극복함으로써 심리적으로 건강한 상태를 만든다. 스스로 마음을 정화하는 일종의 수단이다. 감성지수가 높은 사람은 자기반성을 통해 자신을 이해하고 능동적으로 사고한다.

2. 타인의 눈으로 자신 바라보기

자신에 대한 평가를 듣는 것은 자기를 이해하는 가장 중요한 경로이다. 부모님이나 자주 어울려 다니는 사람에게 당신에 대한 특징을 묘사해달라고 요청해보자. 다만 다른 사람이 판단하는 당신 모습은 참고자료로만 사용하자. 사람들의 견해를 진지하게 받아들이되 분별력을 가지고 받아들여야 한다. 잘못된 평가가 당신의 자신감에 영향을 주면 안 된다.

3. 이방인의 신분으로 자신 관찰하기

특정한 상황에서 자신과 거리를 둔 다음 조감하는 방식을 통해 자신을 훑어보자. 잠재적인 자아와 외면에 드러나는 자신에 대해 더욱 명확히 이해할 수 있다.

제 3강_환경적응

환경에 지배당하지 마라

HARVARD SUCCESS CLASS

환경에 간섭받지 마라

당신은 환경에 영향을 받는 스타일인가? 이렇게 물으면 대부분 'NO'라고 대답한다. 그런 당신에게 다음 상황을 제시하겠다. 특정 음료수를 사러 슈퍼에 갔다. 마침 생소한 브랜드 음료수 판촉 행사가 진행 중이다. 판매원의 유쾌한 미소와 친절한 설명 덕분에 그들이 권하는 음료수를 산다. 음료수가 아니라도 마트 시식 코너를 지나다 이런 경험을 한 적이 있지 않은가. 설사 속지 않았다고 하더라도, 이런 낚시에 당한 적이 누구나 한두 번은 있다. 자기 마음이 약해서 그렇다고 자책할 필요는 없다. 그것은 우리도 의식하지 못하는 사이에 환경이 우리 심리를 간섭하기 때문이다.

단순히 물건을 사는 문제는 우리에게 큰 피해를 주지 않는다. 그저 물건 몇 개 더 살 뿐이고 처음 의도와는 다른 것을 살 뿐이다. 그러나 자기 이상을 실현하는 문제에서는 절대로 외부환경에 방해받는 일이 없어야 한다.

미키Mickey와 루스Ruth는 친한 친구 사이다. 둘은 한 아파트에서 함께 자랐다. 모두 활발하고 명랑한 소녀들이다. 중학교를 졸업하고 미키네 가족은 다른 도시로 이사했다. 새로 입학한 고등학교 교장선생님은 매우 근엄했고 담임선생님 또한 상당히 엄격한 분이었다. 따라서 반 친구들은 감히 큰 소리로 웃고 떠들지 못했다. 하지만 미키는 환경의 영향을 조금도 받지 않았다.

매일같이 첫 번째로 교실에 도착해 반 친구들과 선생님을 친절하게 맞이했다. 어떤 친구들은 본체만체했지만 그녀는 조금도 개의치 않았다. 미키는 이렇게 매일 반 친구들과 선생님을 도왔다. 그러자 미키의 따듯한 정 때문에 반 전체 분위기가 서서히 바뀌었다. 맨 처음 느꼈던 쌀쌀함은 어느새 사라지고 온화한 분위기가 감돌았다. 미키는 반 친구들의 추천으로 반장으로 뽑혔다. 그녀는 친구들이 열심히 공부할 수 있도록 솔선수범했다.

루스는 원래 있던 지역 학교에 계속 다녔다. 그녀 역시 엄격한 선생님을 만났다. 원래 밝고 명랑한 루스였지만 주변 환경에 점차 녹아들어갔다. 소심해지고 겁이 많아졌으며, 감히 큰 소리로 웃지도 떠들지도 못했다. 그녀는 환경에 영향을 받는다고 느꼈지만, 어떻게 대응해야 할지 몰랐다. 그녀의 마음은 차츰 차가워졌고, 공부만 할 줄 아는 학생으로 변했다. 이제 루스 얼굴에서 웃음기를 찾아볼 수 없게 됐다.

같은 환경에서 자라 똑같이 밝고 명랑했지만 결국에는 전혀 다른 사람이 되었다. 원인은 환경의 간섭 때문이다. 실제로 많은 사람이 살면서 미키와 루스처럼 변화되는 과정을 겪는다. 주변에 부정적인 에너지가 강할 경우 사람들은 종종 자기 인생이 딜레마에 빠졌다고 느낀다. 발버둥치면 칠수록 더 상황이 나빠진다고 믿는다. 절대 그렇지 않다. 아직 올바른 방법을 찾지 못했을 뿐이다.

우리는 다양한 환경 속에서 살고 있다. 의지가 있더라도 주변 환경을 자기가 컨트롤하기란 쉽지 않다. 타고난 환경이나 불변하는 조건 등은 자기 힘으로 조정하기에 역부족이다. 자포자기하는 심정으로 무조건 환경에 순응하면 자기 생각과 판단을 환경에 지배당하게 된다. 인생이 순탄치 못하다고 한탄하는 사람들은 대개 사고의 판단력을 환경에 내어준 경우이다. 환경에 잠식되어 자기 역할의 숨구멍을 스스로 막아버린 것이다. 그들은 불평을 늘어놓고 불만을 쌓는다. 좌절의 원인을 자신에게서 찾지 않는다. 언제나 외부환경의 문제로 실패를 맛보았다고 푸념을 늘어놓는다. 정말 그럴까? 다시 강조하지만, 자신에게 주어진 환경은 그저 자기가 주인공인 성공담의 배경으로 쓰일 뿐이다.

환경의 간섭을 받지 않기 위한 가장 직접적이고 간단한 방법은 극복 가능한 대상으로 주변 환경을 대하는 것이다. 주변 사람들이 어떻게 하든지 자기 의지나 태도에 흔들림이 없어야 한다. 환경이 신랄하고 매몰차게 몰아붙이더라도 너그럽게 받아들인다. 차갑고 음침한 환경에 처하더라도 뜨거운 열정으로 차가운 얼음을 녹여내야 한다. 주변의 불협화음을 적극적인 태도로 개선해보자. 그 결심만 있다면 분명히 할 수 있다.

삶은 당신을 속이지 않는다. 단지 당신이 삶을 간파하는 기술이 부족할 뿐이다. 자기 몸과 생각이 외부로부터 간섭받지 않는다면, 삶에 방해가 되는 환경을 헤쳐 나갈 수 있다. 행복의 여정이 시작된다.

성공을 위한 하버드 자기관리법

환경은 삶과 직결되어 있다. 환경의 부정적인 에너지가 강할 경우, 당신 태도가 확고할지라도 영향을 받을 수밖에 없다. 따라서 자기관리로 주변 환경을 점차 개선해야 한다. 나쁜 환경의 영향권에 들지 않도록 강력한 통제력이 발휘되어야 하는 시점이다.

색깔로 기분을 조정할 수 있다

미국 앨라배마 주에서 놀라운 일이 일어났다. 어떤 사람이 호텔을 개업했는데 경영난으로 곧 파산할 위기에 처했다. 어느 날 심리학자가 그곳을 지나다가 호텔을 리모델링해 보라고 조언했다. 여름에는 녹색으로 칠하고, 겨울이 되면 분홍색으로 외벽을 칠하라고 했다. 호텔 사장은 심리학자의 말대로 외벽에 색을 칠했다. 그러자 손님들이 모여들기 시작했고 호텔은 점점 더 번창했다. 이 오묘한 신비는 공감각synesthesia 심리를 교묘하게 이용한 결과이다. 공감각이란 하나의 감각이 다른 영역의 감각을 일으키는 현상이다. 실제로 감각들이 상호작용을 일으켜 색깔의 변화를 통해 서로 다른 심리적 효과를 낸다.

폴리 필 다리는 런던 템스 강에 있는 유명한 건축물이다. 이 다리가 유명해진 이유는 조형물의 예술미가 뛰어나다거나 역사가 오래되어서가 아니다. "우울증에 걸린 사람은 이곳에서 자살한다."라는 소문 때문이었다. 자살이 끊이지 않자 런던의회는 폴리 필 다리에 주목했다. 자살문제를 해결하기 위해 영국왕립의과대학 연구원에게 자문을 구했다. 연구원은 다리를 녹색으로 칠하자고 제안했다. 원래 폴리 필 다리는 검은색이었다. 파도가 넘실거리는 템스 강 위에 있는 검은색 다리는 사람들에게 어둠, 억압, 엄숙 등을 연상케 했다. 따라서 이 다리에만 가면 원래 기분이 좋았던 사람도 답답함을 느꼈다. 슬프고 우울한 사람은 그 다리에서 주체할 수 없는 심적 동요를 겪었다. 고통스러웠던 기억들이 계속해서 떠오르고, 상처받은 기억들이 하나같이 가슴 속에 밀물처럼 밀려와 종국에는 생을 마감하고 싶다는 생각으로 귀결되었다.

연구원들의 제안으로 폴리 필 다리는 녹색이 되었다. 다리 색을 바꾸자는 조금 별나 보였던 방법의 효과는 확실했다. 다리 전체를 녹색으로 칠한 그해에 폴리 필 다리의 자살 건수는 절반이나 줄었다. 자연친화적인데다 생기발랄한 느낌의 녹색이 슬픔, 망설임, 번민의 기분을 깨끗이 쓸어버림으로써 자살하려는 마음을 사라지게 하는 효과를 냈다.

이와 비슷한 사건이 일본 도쿄의 지하철역에서도 있었다. 일본 도쿄의 도심과 부도심 사이를 운행하는 '야마노테 선'은 매일 800만 명의 승객이 오갔다. 문제는 신칸센에서 철로에 뛰어내리는 자살 사건이 끊임없이 발생하는 데 있었다. 2008년 약 2천 명이 신칸센에서 자살했는데 전국 자살 건수의 6%를 차지했다. 2008년 3월부터 2009년 3월까지 도쿄 신칸센에서는 무려 68명이 목숨을 끊었다.

이러한 비극이 끊이지 않자 도쿄 신칸센은 자살행위를 막고자 여러 가지 방법으로 시도했다. 그중 하나가 지하철 플랫폼 꼬리 부분에 파란색을 설치하는 방안이었다. 자살을 시도하는 사람은 보통 플랫폼 꼬리 부분에서 뛰어내린다. 그곳에 강한 파란색 LED 등을 설치하여 자살하려는 사람의 눈길을 확실히 사로잡자는 의견이었다. 파란색은 사람의 신경을 이완시키고 기분을 조절해준다고 했다. 일본의 색채심리학학회 전문가 타카하시 히데키는 "하늘과 바다의 색을 연상해보자. 초조하고 불안하거나 우둔한 사람들의 마음을 차분하고 냉정하게 가라앉힐 수 있다."라고 말했다. 신칸센에 파란색 불빛이 설치되자 이후 자살률이 확연히 줄었다.

색채는 인간의 심리는 물론 일상에서 영향을 미친다. 인간의 눈으로 본 색은 시신경에서 뇌의 중추로 전달된다. 색을 인지한 뇌에서 여러 반응이 나오고 이에 따라 감정들도 각양각색으로 표출된다. 녹색은 시원하고 상쾌한 감정을, 파란색은 편안하고 안정된 감정을 느끼게 한다. 빨간색은 열정적이고, 흰색은 사람을 차분하게 만든다. 빨강, 주황, 노랑 등 따뜻한 색은 사람을 즐겁고 유쾌하며 활동적으로 만들며 인체의 신진대사를 촉진시킨다. 녹색, 파랑, 남색, 보라색 등 차가운 색상은 사람의 기분을 안정시키고 편안하게 만들며, 고요하고 차분한 감정을 갖게 하는 경향이 있다.

인간의 심리와 정서에 색채가 미치는 영향은 크다. 중요한 일에 활용되어 사람들의 생각을 간섭할 뿐만 아니라 개인의 감정과 의욕을 좌우한다. 색채를 이용해서 자기 기분을 조절하고, 스트레스와 정신적 괴로움을 해결하는 데 도움받자. 집이나 자기만의 공간에서 색을 합리적으로 이용하면 효과는 더욱 크게 나타날 것이다.

성공을 위한 하버드 자기관리법

색깔은 종류마다 다른 의미를 표현한다. 다양한 색깔만큼이나 다양한 감정을 가져다준다. 흰색은 순결함, 신성함, 장엄함, 순수함을 상징한다. 검정은 경건함, 신비함, 장엄함 등을 상징한다. 색을 이용하여 추상적인 것들도 표현할 수 있다. 사랑, 행복, 분노 같은 감정들이 색으로 발현된다. 기분을 통제하는 데 색을 이용해보자.

◆ 나를 바꾸는 하버드 '환경적응' 트레이닝

환경적응은 정신적 적응Psychological Adaptation 능력이다. 정신적 적응은 심리학에서 보통 외부환경에 변화가 생길 때 사람들이 자기조절 시스템을 통해 나타나는 능동적인 반응이다. 자기 심리 활동과 행동방식이 환경 변화에 적응하는 과정이다. 어떻게 해야 정신적 적응 능력이 향상될 수 있을까?

1. 실전에서 끊임없이 자기 심리를 통제하자.

복잡한 외부환경을 정리하고, 분별하며, 선택하고, 회피하는 방법을 배워야 한다. 현실에서 자기발전에 도움이 되는 정보를 효율적으로 파악하는 것도 필요하다.

2. 복잡한 사안일수록 요점을 잡아내자.

본질을 인식하며, 자기 생존 발전과 관계없고 쓸모없는 자극들은 가려내야 한다. 그렇게 할 때 어려움을 극복하고 성공의 자신감과 자유를 얻을 수 있다.

3. 환경의 변화에 잘 적응해야 한다.

긍정적인 정신적응은 객관적인 환경에서 개체가 환경에 대한 부적응 행위를 적극적으로 조절한다. 개체는 환경 속에서 능동적이고 긍정적인 면을 증대시킴으로써 스스로 발전을 꾀한다.

4. 자신의 특징과 환경의 특징을 정확하게 분석하자.

이 둘에 대한 분석을 통해 자기 성장점을 찾아야 한다.

5. 환경에서 유리한 요소와 개인의 긍정적인 요소를 일치시키자.

6. 능동적인 실천 활동을 가능하게 하며 긍정의 기분을 유지할 수 있다.

제 4강_관성통제

다르게 생각하기를 즐겨라

HARVARD

SUCCESS

CLASS

누군가 정한 틀에 자신을 가두지 마라

1884년 수수한 옷차림의 부부가 하버드 엘리엇Eliot 총장을 찾아왔다. 그들은 하버드에서 공부하다 병으로 세상을 떠난 자식을 기리기 위해 건물 한 채를 하버드에 기증하겠다고 했다. 엘리엇 총장은 거만하게 "하버드에 건물 한 채를 지으려면 아마 75만 달러는 들 겁니다."라고 말했다.

스탠퍼드Stanford 부인은 "건물 한 채 짓는 데 75만 달러밖에 들지 않는군요. 우리가 왜 학교를 짓겠다는 생각을 하지 못했을까요?"라고 남편에게 말했다. 남편 스탠퍼드는 고개를 끄덕이며 아내의 말에 동의했다. 그 부부는 총장의 어리둥절한 시선 속에서 자리를 떠났다.

엘리엇 총장은 이들이 훗날 하버드에 버금가는 학교를 지을 거라고는 전혀 예상하지 못했다. 더욱 상상하기 힘든 것은 스탠퍼드 졸업생인 보크Bock가 하버드 총장이 되어 20년이라는 긴 임기를 누렸다는 사실이다. 엘리엇 총장은 남루한 옷차림을 한 그들이 엄청난 부자일 거라고는 생각지 못했다. 자기의 경험이 가져온 편협한 관념을 믿었던 것이다.

경험은 일상적인 문제를 처리하는 데 아주 유용한 도구다. 그래서 우리 행동을 결정할 때 의지할 수 있는 지팡이가 되어준다. 어떤 문제를 처리하는 데 있어 비슷한 경험을 해본 적이 있다면 대처하는 기술이 늘어난다. 하지만 모든 영역과 분야에 적용되는 진리는 아니며 때로는 뼈아픈 교훈을 남긴다.

현명한 사람은 경험을 중시하지만 또한 경험에 얽매이지 않는다. 사과를 세로로 자르는 사람이 있으면 가로로 자르는 사람도 있다. 중요한 것은 왜 그렇게 잘랐는지를 알아야 한다. 행동에 자기만의 생각을 넣고 그 결과를 살펴보자. 기대 이상의 결과가 나오기도 한다.

어떤 이는 "경험자의 말을 듣지 않으면 눈앞에서 손해를 본다."라고 말하지만, 다른 이는 스스로 부딪쳐보려고 한다. 혁신적으로 사고하는 사람은 전통을 거부하고 맹목적으로 타인을 따르지 않는다. 스스로 판단하고 자기 생각을 펼친다. 관습에 대해 문제를 제기하고 통념에 의문을 제시한다.

사회가 급변하는 시대에는 경험만으로 대항할 수 없다. 오랜 경험을 고수한다고 해서 언제나 옳은 것도 아니다. 오히려 혁신적인 사고를 하는 데 장애가 될 수 있다. 경험담을 곧이곧대로 받아들이지 말자. "막 태어난 송아지는 호랑이를 무서워하지 않는다."라는 격언처럼 송아지도 새로운 세상을 헤쳐 나갈 수 있다는 믿음으로 용기를 가지고 대담하게 맞서자.

원양선 한 척이 좌초되어 바다에 가라앉았다. 9명의 선원이 목숨을 걸고 헤엄친 끝에 외딴 섬에 올라 겨우 살아남았다. 하지만 섬에는 돌 말고는 배를 채울 만한 그 어떤 것도 없었다. 쨍쨍 내리쬐는 햇빛 아래에서 물 한 모금조차 마실 수 없었다. 모두 극심한 갈증에 시달렸다. 바닷물은 갈증을 해결할 수 없었으므로 오직 비가 오거나 구해줄 다른 배가 와야 했다. 선원들은 이 상황을 점점 견디지 못했다. 결국 8명의 선원이 목말라 죽었다.

마지막 남은 한 명의 선원은 거의 죽어갈 무렵 도저히 참지 못하고 바닷물을 벌컥벌컥 들이마셨다. 그런데 바닷물은 짜고 떫은맛이 아니었다. 오히려 달고 맛있었다. 그는 환각이 일어난 걸지도 모른다는 생각에 가만히 누워 죽음의 신이 오기를 기다렸다. 그러나 자고 일어났는데도 아직 살아 있었다. 그러다 마침내 구조되었다. 훗날 조사해 보니 이곳은 지하수가 끊임없이 솟아오르는 지역이었다. 바닷물은 짜다는 관념으로 도전 자체를 포기한 사람들의 운명이 안타까울 뿐이다.

1848년 당시 하버드 학장이었던 에버렛Everett은 흑인 학생의 입학을 허가했다. 그러자 수많은 백인 학생들이 엄청난 불만을 표출하며 자퇴하겠다는 학생까지 등장했다. 에버렛 학장은 "이 흑인 학생이 시험에 통과하면 입학을 환영할 것입니다. 이 사안에 반대해 자퇴하는 학생이 있다면 하버드에서 받은 등록금은 흑인 학생의 교육을 위해 쓰이겠지요."라고 말했다.

관례나 관습, 고정된 사고의 틀을 깨는 일은 매우 중요하다. 기존의 경험에 얽매여 변화를 거부하는 사람은 '관례의 노예' 또는 '관례 숭배자'가 된다. 그들은 어려움을 불가능으로 여긴다. 하지만 세상의 모든 신문물의 탄생은 전례를 타파했기에 가능했다.

성공을 위한 하버드 자기관리법

경험 우선주의라는 굴레를 벗어나야 창조적인 생각이 발휘된다. 일정한 사회적 환경이나 생활습관에 얽매일 때 사고의 타성과 관성이 생겨난다. 이런 습관은 현실에 안주하고, 변화를 꺼리며, 자신도 모르게 구시대적인 가치관을 옹호하게 된다. 성공하고 싶다면 강렬한 호기심과 창조적인 사고로 경험의 굴레에서 벗어나자.

미래를 위해
당신의 오늘을 과감하게 지불하라

하버드에 입학했지만 자기 미래를 위해 과감히 학교를 중퇴하기도 한다. 1894년, 1학년 학생이 석유채굴사업에 도전하겠다며 자퇴했다. 그는 훗날 미국의 거부가 된 하워드 휴즈Howard Hughes이다. 500건이 넘는 특허를 받아 에디슨의 뒤를 잇는 발명가로 이름을 날린 보니 레이트Bonnie Raitt는 3년간 하버드를 다니다가 과학기술 연구에 매료되어 학업을 중단했다. 유명한 가수 그램 파슨스Graham Parsons도 하버드생이었지만 미국 최초로 포크밴드 '인터내셔널 서브마린 밴드International Submarine Band'를 결성하면서 자퇴했다. 물론 그중에서도 하버드가 배출한 가장 걸출한 자퇴생은 빌 게이츠Bill Gates다.

빌 게이츠는 하버드에 다니면서 늘 프로그램 개발을 생각했다. 학과공부보다 항상 컴퓨터에 마음이 더 가 있었다. 어느 날 친구 폴 앨런Paul Gardner Allen이 잡지에 실린 마이크로컴퓨터 사진을 보고 빌 게이츠에게로 달려갔다. '세계 최초 마이크로컴퓨터, 상용 컴퓨터에 필적하다'라는 기사의 타이틀은 그를 흥분시켰다.

"컴퓨터가 TV처럼 보급되는 시대가 곧 올 거야!"

빌 게이츠와 폴 앨런은 사업과 미래를 보았다. 자신들의 흥미와 두뇌로 신흥 과학기술의 출현을 예견하고 그에 따른 비전을 세웠다. 마이크로컴퓨터에 사용할 베이직 언어를 만들고 소프트웨어를 개발했다. 응용하기 쉬운 프로그램이 있을 때 컴퓨터의 활용도가 높다는 사실을 알아냈다. 밤낮없이 연구했고 한시도 쉬지 않았다. 8주 내내 고군분투한 끝에 마이크로컴퓨터에 응용할 수 있는 '달 착륙'이라는 게임 프로그램을 만들었다, 폴은 이 프로그램을 가지고, 뉴멕시코 주의 마이크로컴퓨터 회사로 날아갔다. 첫 번째 테스트 결과는 성공적이었다. 빌 게이츠는 하버드를 떠나 폴과 함께 소프트웨어 개발회사를 차렸다.

1975년 7월, 빌 게이츠와 폴은 '마이크로컴퓨터의 소프트웨어'라는 뜻을 지닌 마이크로소프트Microsoft사를 설립했다. 모든 컴퓨터 소프트웨어 회사 중 유일무이한 마이크로 전문 소프트웨어 회사였다. 당시 빌 게이츠의 나이는 스무 살이 채 되지 않았다.

우리가 빌 게이츠와 같을 수는 없다. 혁신적인 아이디어나 뛰어난 머리를 말하는 게 아니다. 그와 같이 일약 부와 명예, 권력을 거머쥔 삶을 절대 따라갈 수 없다는 의미도 아니다. 그가 가진 비전과 설계에 시대가 부응했고 과학기술 발전이 따라주었다. 그로 인해 그는 세계적인 기업가가 되었으며 인류 발전에 크게 기여했다. 누구나 빌 게이츠 같은 삶을 원하지만 상황과 현실이 달라 어렵다.

하지만 빌 게이츠는 우리에게 생각해야 할 중요한 메시지를 던진다. 자신이 원하는 분야의 사고 능력을 키우기 위해 노력해야 한다는 점이다. 그가 지녔던 시대를 앞서가는 생각과 앞을 내다볼 줄 아는 통찰력은 우리에게 깊은 깨달음을 준다. 남들이 인정하는 일이 아니더라도, 사회 기준에서 좀 떨어져도 자기 인생을 걸고 승부를 걸 가치 있는 일을 찾아야 한다. 멈추지 말고 자신의 소질을 계발하고 관심 분야에 적극적으로 뛰어들어야 한다. 자신이 좋아서 하는 일이라면 시간을 투자해서 집중하고 매달릴 수 있다. 사회적 통념에 맞춰 살다 보면 자신만의 길을 갈 수 없다. 가만히 앉아 멀리 내다보려 해서는 안 된다. 보이지도 않을 뿐만 아니라 볼 수 있는 범위도 한계가 있다. 그 한계에 갇힌다면 포기하게 된다. 자신이 하려는 일의 진정한 가치는 앉아서 볼 수 있는 게 아니다. 스스로 뛰고 생각하고 알아봐야 한다. 그리고 다른 사람이 생각조차 하지 못한 비전을 세워야 한다.

캐서린 로건Katherine Rogan은 "미래를 예측하는 능력은 우리에게 무언가를 얻게 하는 것이 아니라, 우리에게 무언가를 행동으로 실행할 수 있게 해준다. 뜻이 있다면 하나의 성과에서 다른 성과로 이어갈 수 있고, 한 번의 성공을 발판 삼아 또 한 번 더 높고 더 멀리 도약할 수 있다."고 말했다.

세계에서 성공한 사람으로 손꼽히는 이들은 뛰어난 미래 예측력으로 앞으로 나아갈 길을 분명하게 인식한다. 부러워만 할 것인가. 자신에게는 왜 그런 행운이 오지 않는지 푸념만 할 것인가. 발상을 전환하라. 그리고 꿈꿔라. 다른 사람이 생각지 못하는 비전을 세우고 정진할 때 엄청난 성공이 기다린다.

성공을 위한 하버드 자기관리법

뛰어난 예측력은 미래의 비전을 제시한다. 다른 사람들과 의견을 나누면서 자신이 예견하는 미래를 타진해보고 목표를 설계해야 한다. 타인이 보지 못하는 비전을 보고 자기 미래를 컨트롤하자. 이것이 성공한 하버드 출신이 우리에게 주는 생생한 가르침이다.

하나의 방식만 고집하는 외골수가 되지 마라

센딜 멀레이너선Sendhil Mullainathan은 하버드 종신교수이다. 그는 일곱 살 때 인도에서 미국으로 이주했다. 하버드를 졸업한 후 매사추세츠공과대학교MIT에 재직 중 맥아더 천재상 즉 맥아더 펠로우 프로그램MacArthur Fellows Program을 수상하고 하버드 교수로 임용되었다.

그의 머릿속에는 이런저런 계획으로 가득 차 있었다. 그 계획을 실천에 옮기느라 늘 시간이 부족했다. 일을 제때 처리하지 못하고 지연의 늪에 빠져 허우적댔다. 그는 이러한 문제점에서 착안해 자신의 문제를 세계 빈곤 연구와 관련지었다. 한정된 자원의 결핍이 만들어내는 인간의 사고방식에 관한 연구였다. 가난한 사람과 지나치게 바쁜 사람의 사고방식에는 공통점이 존재하는데, 결핍된 자원이 주의력을 사로잡아 사람의 인지능력과 판단력을 크게 떨어뜨린다고 밝혔다. 자원이 결핍되면 주의력이 통제된다. 그로 인해 전체적으로 지능과 판단력이 떨어져 문제가 생겼을 때 유연하게 대처할 수 없게 된다. 여기서 한정된 자원이라 규정되는 것들에는 천연자원은 물론 시간이나 노동력으로 제한적인 성향으로 이해하면 좋겠다. 이들은 다른 것으로 대체할 수 없다. 그래서 한징된 자원 때문에 어려움에 직면하면 낙담하고 좌절한다.

이에 대해 레오나르도 다 빈치Loenardo da Vinch는 "구성에 관한 지식을 얻으려면 먼저 다양한 각도에서 문제를 재구성할 줄 알아야 한다."라고 말했다. 어떤 문제를 대할 때 통상적인 방식으로만 사물을 바라보는 것은 매우 편향적이다. 한 각도에서 다른 각도로 옮겨 다니면서 끊임없이 문제를 재구성해야 한다. 문제에 대한 이해와 기억은 시각이 전환될 때마다 점차 심화된다. 그로 인해 깊이 있는 사고가 가능해진다.

영화관을 차릴 때와 가게를 차릴 때의 경험은 동일하다. 첫째도 위치, 둘째도 위치, 셋째도 위치이다. 장사가 잘되기 위해서는 반드시 유동인구가 많고 구매력이 높은 위치를 선점해야 한다. 이때 대부분은 습관적인 사고로 접근해서 인구 유동량을 측정하고 직접적인 방법으로 실측한다. 또 매일 인력을 파견하고 현장을 답사해 데이터를 뽑는다. 시간대별 또는 연령대별로 유동인구를 측정해야 하지만 많은 시간과 에너지가 소모되고, 단기간에 결과를 얻을 수도 없다. 전문 조사기관에 의뢰하면 좋겠지만 적지 않은 비용이 든다. 이 두 가지 방법 말고 다른 방법은 없을까? 한정된 자원으로 좀 더 빠르고 정확하게 유동인구를 측정할 방법은 무엇일까?

일본의 한 영화사의 고위 경영자도 극장 개관 후보지 매입을 앞두고 그런 고민에 빠졌다. 그는 아주 간단한 방법으로 이 문제를 해결했다. 그는 부하직원을 데리고 개관 후보지 근처의 파출소를 찾아갔다. 지갑 분실 사고가 가장 잦은 곳을 물어 그곳에 극장을 개관했다. 결과적으로 그의 선택은 옳았다. 그 극장은 이 영화사가 개관한 곳 중에서 가장 잘 나가는 상영관이 되었다.

사람들의 사고방식은 저마다 달라서 같은 문제도 다르게 처리한다. 덮어놓고 정면으로 충돌하는 사람도 있고 한동안 차분하게 골몰하는 사람도 있다. 서두르다 오히려 잘못될 수도 있다. 깊이 생각한 후에 행동한다는 것이 시간제한에 걸릴 수도 있다. 그런가 하면 어떤 이는 전혀 생각지 못한 방식으로 문제를 바라본다. 창의적인 방법으로 문제를 해결하며 기존의 발상을 뒤엎는다. 또 하나의 관점이 생기고 기존의 관념에 문제를 제기한다. 사고의 발전은 거기에서 시작된다. 문제를 처리할 때 조금 더 유연하게 생각하고 '뒷문'으로 들어가는 방법을 터득하면, 설사 '샛길'로 가더라도 특별한 결과를 얻을 수 있다. 어떤 일을 추진할 때 한길로만 가다 막다른 길에 들어섰다는 느낌이 들 때 주저앉으면 안 된다. 길옆에는 또 다른 길이 뻗어 있다.

그 길을 발견해야 한다. '샛길'로 빠지는 위험을 감수하고서라도 시야를 돌려야 한다. 어쩌면 그 길이 '로마'로 통할지 모른다. 새로 뚫고자 하는 의지만 있다면 또 다른 길이 성공으로 이끌어준다.

성공을 위한 하버드 자기관리법

문제가 생겼을 때 유연하게 대할 수 있다면 아무도 생각지 못한 새로운 시각에서 문제를 바라보게 된다. 관찰력과 상상은 물론 사고력까지 길러진다. 다양한 각도로 사물을 관찰하면 문제에 대한 인식이 깊어지면서 해결할 방법을 모색하게 된다.

◆ 나를 바꾸는 하버드 '관성통제' 트레이닝

자기 관점을 일시에 바꾸기는 어렵다. 고정화된 사고가 그것을 방해하고 막아서기 때문이다. 기존의 사고방식을 유지하는 것이 가장 안정적이라고 믿게 한다. 획기적인 발상이나 창의적인 아이디어가 나오지 않는다. 상식을 과감히 뛰어넘고 틀에 박힌 생각에서 벗어나야 한다.

1. 정면에서 찾은 답이 통하지 않을 때 우회하기

통상적인 방법으로 문제를 해결할 수 없다면 우회 노선을 선택하자. 기존의 방법 말고 다른 방법이 있는지, 문제를 해결할 다른 경로는 없는지 부단히 떠올리자.

2. 해결 방법이 없을 때 뒤집어 생각하기

문제를 해결하려면 먼저 관찰을 한 후에 해결할 방법을 찾아야 한다. 모든 노력을 다해도 유효한 해결책을 찾지 못했다면 문제를 뒤집어 생각해보자. 처음부터 다시 출발해 해결 방법을 찾는 것이 가장 좋은 해결책이다.

3. 다양한 각도에서 문제 재구성하기

어떤 문제를 대할 때 일반적인 방법으로만 사물을 바라보지 말자. 시각을 옮기면서 문제를 재구성할 줄 알아야 한다. 문제에 대한 이해와 기억이 전환될 때마다 사고력이 점차 깊어질 수 있다.

4. 사물의 성질과 특성을 인식하고, 실제 상황에 맞춰 자기 생각과 행동 통제하기

자기 계획을 수시로 점검하자. 어느 부분이 잘못되었는지, 이런 오류가 앞으로 또 생길 수 있는지, 오류가 발생하는 원인이 무엇인지 분석해야 한다. 그다음에 수정안을 만들어보자. 더불어 자신의 강점을 충분히 발휘해서 대처하거나 단점을 보완해야 한다.

5. 타인에게 자문을 구하고, 그들의 도움이 성공에 뒷받침된다고 믿기

남에게 물어보는 것은 능력이 없어서가 아니다. "보잘것없는 사람도 셋이 모이면 제갈량보다 낫다."라는 말처럼, 여러 사람의 의견을 듣고 분석하여 정리한다면 뜻밖의 수확을 얻는다.

당신이 즐거울지 괴로울지는 당신이 무엇을 얻었는가 보다
무엇을 느꼈는가에 의해 더 크게 좌우된다.

하버드 심리학 교수_헨리 호프만

제 5강_정서통제

감정의 주인만이 감정을 다스린다

HARVARD

SUCCESS

CLASS

감정의 소용돌이에 휘말리지 마라

역사와 전통을 자랑하는 세계 명문대학 하버드는 총 8명의 미국 대통령과 34명의 노벨상 수상자 32명의 퓰리처상 수상자를 배출했다. 그 외에도 수많은 정계 인사와 기업가가 하버드 졸업생이다. 그들은 부와 명예를 갖고 있으며 사회적으로 큰 영향력을 행사하고 있다. 그들이 단지 하버드 졸업생이라는 이유만으로 이 현상을 설명하기는 어렵다. 졸업장이 그 사람을 대변할 수 없다. 그 안에 담긴 의미를 캐내야 한다.

먼저 하버드가 학생들의 감성지수EQ 양성을 중시하는 것에서 그 원동력을 찾을 수 있다. 조사에 따르면 삶에 긍정적인 반응을 보인 사람 중 80% 이상은 자기감정을 올바르게 다스리고 있었다. 개인의 능력은 성공 요인의 15%밖에 차지하지 않았다. 하버드 교수이자 유명 심리학자인 다니엘 골먼은 세계적으로 인기를 얻은 저서《감성지능 EQ》에서 "성공하는 데에는 20%의 IQ와 80%의 EQ가 필요하다."라고 했다. 자기감정을 잘 다스릴 수만 있다면 생활뿐만 아니라 연애는 물론 건강, 인간관계까지 좋은 영향을 미칠 수 있다는 의미이다. 일상에서 일어나는 감정의 소용돌이를 잘 통제한다면 성공에 한 걸음 더 다가서게 된다.

감정의 소용돌이란 유기체가 정서적 기복으로 불안과 스트레스에 직면해 있는 상태를 말한다. 500명의 위장병 환자를 대상으로 조사한 결과 스트레스로 질병을 앓는 경우가 74%에 이르렀다. 중국의 식도암 연구에 따르면 환자 대부분은 기존에 우울증이나 부정적 정서가 있었다. 중국 심리학자는 고혈압 환자에 대한 병의 원인을 분석하던 중 환자들이 발병하기 전에 초조함, 긴장 등과 같은 정서적 특징을 보였다고 밝혔다. 감정의 소용돌이의 영향력이 우리가 알지 못하는 사이 몸에 작용하며 병의 원인을 제공하고 있다는 확증이다.

현대사회에서 스트레스는 보편적 현상이 되었다. 경쟁의 부담감, 학업의 좌절감, 생활환경의 변화로 인한 심리적 갈등과 충돌은 고통스럽다. 인간관계는 우리를 긴장시키고, 초조하게 만들고, 짜증을 유발하며 해결되지 않는 딜레마에 빠지게 한다. 복잡하지만 벗어날 길이 없는 관계와 갈등 속에서 고뇌하고 있는 현대인이다.

캐나다의 심리학자인 한스 셀리에Hans Selye는 감정의 소용돌이가 개인의 몸과 마음의 변화에 미치는 영향을 연구하면서 '감정 스트레스'라는 이론을 발표했다. 사람이 긴장하거나 위험한 상황에 맞닥뜨리면 몸과 마음이 과도한 부담을 지게 되는데, 이때 사람은 신속하게 결정을 내려 위기를 극복할 필요가 있다. 이로 말미암아 유기체가 스트레스를 받으면 뇌의 뉴런 일부가 활성화되어 부신피질자극호르몬을 분비하고, 혈관을 긴장시켜 감정으로 인한 스트레스를 받는다는 원리이다.

문명의 발달이 가속화되면서 사회 경쟁이 날로 심화되고 있다. 여기에는 나이와 지위고하地位高下를 막론하고 예외가 없다. 생활 리듬이 빨라지면서 바쁘다는 말을 입에 달고 산다. 매일 다하지 못한 일이나 남보다 뒤처지는 느낌의 강박 등은 우리를 긴장시키고, 그에 따라 몸과 마음의 스트레스도 덩달아 키운다.

가벼운 스트레스는 자기조절을 통해 해결할 수 있다. 시간이 지나면 점점 사라지기도 한다. 스트레스에 올바르게 대응하며 삶의 동력으로 바꿀 수만 있다면, 감정 통제의 효력을 만끽할 수 있다. 음악을 듣거나 소리를 지르거나 스트레스를 날려버릴 수 있는 자기만의 방법을 찾아야 한다. 운동도 좋고 등산도 좋다. 하다못해 종이를 찢어버리는 일도 추천한다. 분명하게 알아야 할 것은 스트레스를 제때 해소하지 못하고 오랫동안 쌓아두면, 무형의 스트레스가 당신 몸과 마음에 나쁜 영향을 끼쳐 건강한 상태와 질병의 중간 상태에 이르게 한다는 사실이다.

지금 감정의 소용돌이에 빠져 있다면 가능한 한 감정을 다스리는데 도움이 되는 일을 빨리 찾아보자. 평온하고 행복하며 즐거운 생활로 돌아가게 된다. 당신은 감정의 주인이자 자기감정을 통제할 수 있는 주관자이다.

성공을 위한 하버드 자기관리법

감정의 소용돌이에 제대로 대응하지 못하는 사람은 철이 없거나 덜 자란 어른 같다. 어린아이 티가 철철 넘치는 사람은 누구도 믿어주지 않는다. 어리광이나 투정도 마찬가지다. 자기감정을 잘 통제하고, 분노를 다스리고 해소하는 방법을 배우자. 자기 몸과 마음이 건강해지는 처방전이다.

분노의 폭발력을 시험하려 들지 마라

하버드에서 6개월간 진행한 조사에 따르면 80%의 학생이 우울증을 겪었으며, 47%는 멘탈이 붕괴 직전까지 갔고, 94%는 학업 부담에 숨쉬기조차 힘든 경험을 한 것으로 나타났다. 생활에서 피할 수 없는 일로 인해 부정적 감정을 경험하게 되는 실상을 보여주는 것이다. 중도에 포기하지 않으려면 그 스트레스를 감당해야 한다는 사실 또한 가슴을 무겁게 한다.

현실의 문제로 괴로움을 겪어 부정적 감정이 휘몰아친다면 그 자체를 부정하지 말자. 차라리 지금 자신이 부정적 감정을 느끼고 있다는 사실을 시원하게 인정하자. 그럼 그 자체만으로도 개선할 수 있는 여지를 모색할 수 있다. 부정적 감정이 요동치는데도 묵인하고 꾹꾹

눌러둔다면 치유할 수 없는 지경에 이르게 된다.

부정적 감정 중에서 가장 흔한 감정은 분노다. 살다 보면 별것 아닌 일로 화가 머리끝까지 치미는 경우가 있다. 이 때문에 인간관계 속 감정의 골이 깊어지고 원래 잘할 수 있는 일도 그르치게 된다. 심지어는 개인의 심신 건강이나 학업의 성패에도 부정적인 영향을 미친다. 활화산처럼 부글부글 솟는 화는 일단 한 번 폭발하면 다른 사람뿐만 아니라 자기 자신에게도 상처를 입힌다. 그 심각성을 알지만 막상 분노를 제어하는 일은 어렵다. 일이 마음대로 되지 않으면 조바심을 내고 쉽게 화내며 충동적으로 변한다. 그리고 분노의 화염이 모든 것을 태워버리고 난 뒤에서야 실수를 깨닫는다. 당구의 귀재 루이스 폭스Louise Fox는 한순간의 감정을 다스리지 못하고 우승의 영광을 상대 선수에게 내주고 말았다.

1965년 9월 7일 뉴욕에서 세계당구선수권대회가 열렸다. 루이스 폭스는 경기 내내 상대 선수를 멀찌감치 따돌렸다. 몇 점만 더 따내면 1위를 할 수 있었기 때문에 마음이 들떠 있었다.

폭스가 온 정신을 집중해서 당구를 치려는 순간 파리 한 마리가 당구대에 날아와 앉았다. 그는 손으로 파리를 쫓아 보낸 뒤 다시 공을 칠 준비를 했다. 하지만 이 얄궂은 파리는 또다시 그가 치려는 큐볼 위로 날아와 앉았다. 관중들이 웃음을 터뜨리는 동안 화가 머리끝까지 난 루이스는 이성을 잃고 큐대로 파리를 내쫓았다. 그런데 너무 부주의한 나머지 당구공까지 건드리고 말았다. 심판은 공을 친 것으로 판정했고 그는 한 번의 기회를 잃어버렸다. 이후 평정심을 잃은 그는 1위 자리도 함께 날려버렸다.

벤저민 프랭클린Benjamin Franklin은 "분노에는 다 이유가 있지만, 좋은 이유는 단 하나도 없다."라고 말했다. 분노의 감정 없이 사는 사람은 없다. 분노의 수위도 천차만별이어서 얼굴만 붉히는 경우도 있지만 상대에게 해를 가하는 경우도 있다. 운전기사가 교통체증 때문에 짜증을 낸다거나, 버스에서 자리 하나를 놓고 두 사람이 주먹다짐을 한다거나 등등 일상에서 분노를 폭발하는 사람을 종종 만난다. 어디 그뿐인가. 우발적인 범죄의 원인 중에는 아주 사소해서 웃어넘길 수 있는 것도 많다. 그렇지만 감정의 격앙으로 인해 엄청난 상황을 만들어버린다.

당신은 어떤가? 스스로에게 물어보라. 걸핏하면 화를 내는가? 화를 내는 게 생활의 일부가 되지는 않았는가? 화를 내는 게 전혀 도움이 되지 않는다는 것을 알고 있는가? 어쩌면 자신의 불같은 성격을 변명할지도 모른다. "사람이라면 화를 낼 때도 있는 거지!", "속에 있는 화를 꺼내놓지 않으면 답답해서 미쳐버릴지도 모르잖아!"라고 변명할 수 있다. 여러 이유를 핑계 삼아 자주 화를 낸다면 분노의 지배를 받는 사람이 되어버린다. 일이 마음대로 되지 않는다고 해서 과격해지거나, 이상한 행동으로 피해를 주거나, 돌이킬 수 없는 결과를 초래해서는 안 된다.

의식적으로 자신의 분노를 다스리고 분을 삭여 평정심을 되찾아야 한다. 그래야만 불타오르던 분노의 화염이 사그라질 수 있다. 여기에 더해 이성적으로 생각하는 힘을 키우자. 사람의 행동은 감정뿐만 아니라 이성의 제약도 받는다. 자신의 정당한 이익을 지키고 싶다면 분노만 해서는 안 된다. 이성적으로 더 좋은 대책을 마련해야 한다.

성공을 위한 하버드 자기관리법

분노는 우리 몸에 있는 폭탄과도 같아서 언제든지 큰 화를 초래한다. 분노의 폭탄이 터지게 되면 자신의 건강뿐만 아니라 학업, 일, 인간관계, 심지어 소중한 자기 생명까지 앗아갈 수 있다. 반드시 자기감정을 통제할 수 있는 침착하고 냉철한 성격을 길러야 한다.

◆ 나를 바꾸는 하버드 '정서통제' 트레이닝

감정을 다스리는 방법을 어떻게 배워야 할지 모르겠다면 다음과 같은 방법을 참고하자.

1. 초기에 화 다스리기

어떠한 감정이든 초기에는 다스리기가 쉬운 법이다. 즐겁지 않다고 느껴지거나 화가 나기 시작할 때는, 말을 하거나 반박하는 시간을 지연시켜보자. 화가 났을 때는 말을 하지 않는 것도 좋다.

2. 돌이켜 생각해보기

상대방이 당신을 왜 화나게 했는지 생각지 말자. 자신의 정신건강을 위해서 "그 사람은 불구대천의 원수가 아니다.", "나에게 결코 피해를 주지 않았다.", "고의가 아니었을 거다."라고 믿어야 한다.

3. 화를 풀 방법 찾기

타인에 상처를 주지 않는다는 전제하에 화를 표출하는 것도 좋다. 쇼핑이나 간식 먹기와 같은 방법으로 화가 났던 상황을 잊어버리거나 넓은 장소를 찾아서 하고 싶은 말을 큰소리로 외쳐보자. 종이에다 분노의 마음을 적거나 낙서하는 것도 좋다.

4. 자제력 강화 훈련하기

자제력은 중요하다. 높은 지위에 있는 사람일수록 그렇다. 맥박이 빨라지기 전에 해결해야 할 문제를 잠시 내려놓고 평정심을 유지하자.

5. 정신 집중하기

입을 다문 상태에서 혀로 입천장을 따라 5~6번 정도 움직인 뒤 10까지 속으로 숫자를 세고 다시 긴 호흡을 몇 차례 해보자. 이 훈련을 반복하면 화가 서서히 풀린다.

6. 숫자 세기

서양에서는 속으로 숫자를 세는 것이 분노를 다스리는 민간요법이다. 살짝 짜증이 났을 때는 1~10까지 세고, 크게 화가 났을 때는 1부터 100 또는 1,000까지 센 뒤 행동하자.

좋은 성격과 온화하고 우아한 성격을 가진 사람은
궁핍한 상황에서도 만족할 줄 안다.

하버드 졸업생, 전 미국 대통령_시어도어 루스벨트

제 6강_욕망통제

욕망에 사로잡히지 마라

HARVARD

SUCCESS

CLASS

이성의 눈을 멀게 하는 탐욕을 경계하라

가끔 발칙한 상상을 할 때가 있다. '이 세상은 내 손바닥 안에 있어. 나는 삶의 모든 것을 장악할 수 있지. 내가 원한다면 모든 것을 가질 수 있어.' 세상을 호령하고 싶은 마음이 들 때나 세상을 손아귀에 넣고 휘두르고 싶을 때 많이 드는 생각이다. 룰렛 판이 돌다가 탁하고 멈추었을 때 하필 걸린 것이 그 판에서 가장 안 좋은 것일 때 내뱉고 싶은 말이다. 내가 돌린 판에서 불만이 터져 나오려 할 때 세상을 좌우할 수 있는 전지전능한 능력자가 되고 싶어 한다. 그것이 욕망에 사로잡힌 야심가로 보이는지, 아니면 무지하고 아둔해보이는지는 생각해볼 일이다.

세상은 자신을 중심으로 돌아가기 때문에 이 생각 자체가 부끄럽지는 않다. 인간의 본성인 도도함과 자신감으로 이루어진 생각의 발로이기 때문이다. 바꿔 말하면 자기가 한 일이 실망스럽거나 욕구가 충족되지 못할 때 잠재의식에서 나타나는 상실감을 역으로 표출한 것이다. 내 안의 잠재의식이 충분히 가질 수 있다고 독려했는데 현실에서 놓쳐버린 안타까움이다. 외부 요소 때문에 가질 수 없는 원망이고 불만이고 세상에 내린 대거리다. 혹시나 이런 오만한 생각을 했다는 사실이 부끄러워지더라도 죄의식을 느끼지 마라. 그런 적 없다고 서둘러 부인하지도 마라. 자기 마음대로 세상을 지배하고 싶은 것은 인간이라면 당연히 드는 바람이다.

우리 잠재의식은 언제나 자기 관점에서 문제를 바라본다. 처음에는 상대의 의견에 마냥 수긍하고 넘어갔을지라도 점차 남의 생각에 맞춰가는 자신에게 불만이 쌓인다. 자기 생각이 묵살되는 현실 앞에서 자의식은 진화한다. 자기 의견이 개진될수록 삶이 더 즐겁다. 자신감을 얻어 자기 생각을 표현하고 내세우기를 망설이지 않는다. 자신이 하는 생각과 판단에 자기 의지를 담는다. 설사 좀 미흡하고 보완이 필요하더라도 자기 생각이 옳다고 믿는다. 그 주장에는 인정을 갈망하는 욕구가 내포되어 있다. 그래서 누군가 자기 생각을 부정하면 말할 수 없는 불쾌감을 느낀다. 자신이 자랑스러워하는 생각을 누군가 어리석다고 비난하면 본능적으로 대항하게 된다.

그러나 우리가 간과하지 말아야 할 점은 자신의 무능함을 인정하면 생각의 자유로움을 누릴 수 있다는 사실이다. 자신의 사고력이나 판단력, 기억 저장능력의 한계를 인정할수록 주위에 사람이 모인다. 자기주장을 관철하기보다 상대의 의견을 잘 들어주므로 적이 생기지 않는다. 모른다고 전혀 부끄러워할 일이 아니라 모르는 것을 인정하지 않는 것이 더 수치스러운 일이다. 이를 아는데도 현실에서는 적용하기 어려울 때가 있다. 타인의 시선이야 사회적 기준이라지만, 모른다고 인정하면 무능한 사람으로 낙인찍힌다는 인식을 갖게 되기 때문이다.

당신이 "전 UN 사무총장이 될 수 없어요."라고 말한다고 해도 누구도 당신을 비난하지 않는다. 현실에만 안주하는 사람이라고 비웃지 않는다. 하지만 "제 성적은 친구보다 형편없어요. 정말 부끄러워요!"라고 친구와 비교하는 상황에서는 창피를 당한 느낌이 든다. 쓸데없는 승부욕이 그런 자극을 불러온다. 인정받을 가치도 없는 승부에 집착해서 상대에게 지는 것을 용납하지 못한다. 이게 무슨 의미가 있을까.

원하는 것을 모두 가질 수도 없고 이룰 수도 없다. 우리 인생과 우리 생활을 완전히 장악할 수도 없다. 어떤 상황에서는 무슨 수를 써도 방법이 없어서 고통스러울 수 있다. 이럴 때 주제넘게 잘난 체하거나 남과 비교하며 싸우지 말아야 한다. 그 누구와도 비교할 필요가 전혀 없다. 남이 가졌다고 해서 당신이 반드시 가질 필요도 없다. 당신이 진정으로 원하는 그 무엇도 아니다. 남들의 시선이나 사회적 기준에 맞추기 위해 자기감정을 소모하지 말자. 지식이나 정서, 물질을 모두 혼자서 소유할 수는 없다.

자신이 세상을 뒤흔들 만큼 위대하지 않다는 사실을 인정하자. 자기가 가진 범주 안에서 자신을 기쁘게 하거나 행복하게 해주는 요소를 찾아내는 게 현명하다.

마음을 바꾸면 세상이 다르게 보인다. 불만의 감정이 흐뭇함으로 바뀌고 만족이 찾아온다. 이제는 자신이 진짜로 원하는 것, 그것의 가치, 그것을 추구하는 목적을 진지하게 고민해보자. 자신에게 좀 더 솔직해져라. 자신이 좀 구차하게 보이더라도 전혀 부끄러운 일이 아니다. 진정으로 호령해야 할 대상은 세상이 아니라 자기 자신이다.

성공을 위한 하버드 자기관리법

탐욕은 우리 두 눈을 가려 이성을 잃게 만들고, 우리 마음을 속여 행복을 느낄 수 없게 한다. 우리는 자기 약점을 등한시하고 무조건 더 많은 것을 취하려 든다. 사회적으로 인정받을 수 있는 '그것'을 위해 위험을 감수한다. 그로써 뜨거운 욕망 때문에 행복이라는 우물이 마른다.

욕망의 뜬구름은
결코 손에 잡히지 않는다

사람은 태어나면 살고, 배고프면 먹고, 목마르면 마시고, 추우면 옷을 입고, 일하면 쉬어야 하는 존재이다. 삶의 근원인 욕구충족이다. 의식주의 기본욕구가 해결되면 욕망이 뒤따른다. 욕구보다 욕망이 성취되었을 때 사람들은 더 큰 행복을 느낀다. 하지만 욕구와 달리 욕망은 한계가 없다. 욕망에 욕심이 더해지면 무한대로 커진다. 지나친 욕망이 행복을 짓눌러도 외면한 채 끊임없이 몸집을 불린다. 욕망이 자기 삶을 엉망으로 만들기 전에 통제할 수 있는 능력을 길러야 한다. 앤서니 사이치Anthony Saich 하버드 국제사무학 교수가 들려주는 '탐욕을 멀리해서 행복을 얻은' 실제 사례를 들어보자.

수년 전 미국의 보석가게에서 금시계 8개를 도난당했다. 피해액이 무려 16만 달러였다. 이 사건에 대한 수사가 진행 중이던 때, 외지 상인 로슨Lawson이 호텔에 투숙하며 4만 달러를 호텔 금고에 맡겼다. 그가 아침을 먹을 때 옆 테이블에서는 금시계 도난사건에 관해 이야기가 한참이었다. 점심을 먹을 때도 옆 테이블에서는 금시계에 대해 이야기 했다. 누가 1만 달러로 금시계 2개를 샀는데, 되팔아서 3만 달러의 수익을 남겼다는 것이다. 로슨은 '살다 보니 별일도 다 있네!'라며 의아해했지만, 한편으로는 '나에게도 그런 일이 생긴다면 얼마나 좋을까?'라는 생각이 들었다.

저녁을 먹을 때에도 그는 금시계 얘기하는 것을 들었다. 방에 들어온 그는 전화 한 통을 받았다.

"금시계에 관심이 있소? 솔직히 말하면 내가 가진 금시계는 여기에서 팔기가 좀 어렵다오. 만약 관심이 있으면 당신에게 팔겠소. 여기 근처 보석가게에서 시계를 감정받을 수 있는데 어떻소?"

로슨은 전화를 받고 두근거리는 마음을 주체할 수 없었다. 이 시계를 사면 다른 사업보다 훨씬 더 많은 이윤을 남길 수 있었기 때문이다. 로슨은 상대방과 직접 만나 4만 달러로 상대방이 훔친 8개의 금시계 중 3개를 샀다. 흥분의 도가니였던 첫날밤이 지나고, 둘째 날이 되자 그는 꿈에서 서서히 깨어났다. 그는 금시계를 들고 한참을 살펴보다가 문득 이상하다는 느낌이 들어 황급히 지인을 찾아 시계를 감정받았다. 그 결과 금시계는 총 가치가 채 2천 달러도 되지 않는 모조품이었다. 그는 큰 충격을 받았다.

사기꾼들이 체포되고 난 뒤에야 로슨은 마침내 사건의 진상을 알게 되었다. 그가 호텔 금고에 돈을 맡길 때부터 사기꾼들은 그를 사기 대상으로 점찍고, 일부러 로슨 주변에서 금시계와 관련된 이야기를 한 것이다. 로슨은 과도한 욕망 때문에 돈을 잃어버렸다. 게다가 하마터면 옥고를 치를 뻔도 했다. 욕망이 행복을 앗아간 실제 사례이다.

중국의 웨샤오둥嶽曉東 박사는 "경제성장과 행복은 별개의 일이다. 돈이 있다고 해서 반드시 행복한 것은 아니다. 긍정적인 마음가짐으로 혁신적인 사고를 기르고, 유머러스한 태도를 견지하며, 감사할 줄 아는 마음을 지녀야 한다."라고 말했다. 사람의 욕심은 끝이 없다. 모든 것을 원한다면 결국 아무것도 얻지 못한다. 얻지 못할수록 마음은 더욱 간절해지고 갈구의 욕구는 커진다. 평생 아등바등 살아가는 이유가 된다. 그 결과 삶의 만족과 행복은 당신 곁을 떠난다. 차라리 마음을 내려놓고 자신을 너무 힘들게 하지 말자. 욕망을 채우려 할수록 몸도 마음도 녹초가 되어버린다. 에너지를 다 쏟아부어 다른 일을 시도할 수도 없다. 최선을 다했지만 손에 쥐어지는 것보다 결국엔 잃는 것이 많게 된다.

적당한 욕망은 의지를 강하게 만든다. 삶에 탄력을 주고 기쁨과 희열도 맛보게 한다. 자신이 더 성장할 수 있는 발판이 되어준다. 그러나 턱없는 공명과 재물에는 연연하지 말고 마음을 비워버리자. 이룰 수 없는 욕망으로 삶이 지쳐서는 안 된다. "만족할 줄 아는 사람은 항상 즐겁다."라는 격언을 기억하자. 욕망이 줄어들면 즐거움도 자연스레 따라온다.

몸을 보전하려면 욕심과 분노를 절제해야 하고, 집안을 잘 다스리려면 매사에 신중하고 침착해야 한다. 수고를 덜려면 억지로 행동하지 말아야 하며, 출세하려면 선행을 베풀고 마음을 다스려야 한다.

성공을 위한 하버드 자기관리법

욕망을 통제하지 않으면 곧 탐욕으로 변한다. 과도한 욕망은 행복을 앗아간다. 이기적이고, 공격적이며, 만족을 모르는 가치관이 비정상적인 행동으로 이끈다. 욕망이 과하면 결과가 아무리 좋더라도 만족할 수 없다. 탐욕의 끝은 얻는 것보다 잃는 것이 많을 뿐이다.

◆ 나를 바꾸는 하버드 '욕망통제' 트레이닝

인간의 이기심과 탐욕은 사람을 무너뜨리고 나쁜 생각에 빠지게 만든다. 자신의 물욕을 다스리는 법을 배워 탐욕의 씨앗이 자라나지 않도록 하자.

1. 자신이 좋아하는 20가지 작성하기

일종의 자기 반성법이다. 고민하지 말고 20초 이내에 자신이 좋아하는 20가지를 작성해보자. 그런 다음 어떤 것이 합리적인 욕망인지, 어떤 것이 자기 능력을 넘어선 과도한 욕망인지를 분석하자. 내면에 있는 탐욕의 대상과 범위를 명확히 알 수 있다. 탐욕스러운 마음이 생기는 원인과 폐해에 대해서도 깊이 있는 분석을 할 수 있다.

2. 올바른 판단력 갖기

올바른 판단력을 가진 사람이라면 무엇이 아름답고 추한지, 무엇이 선하고 악한지 안다. 아름다움과 선함을 추구하고 추함과 악함에서 최대한 벗어나야 한다.

3. 편안한 마음으로 만족할 줄 알기

삶에 대한 기대치가 너무 높아서는 안 된다. 누구나 욕망이 있지만 이 역시 자기 능력, 사회적 조건과 맞아야 한다. 개인적으로 느끼는 즐거움의 강도가 다르므로 남과 비교할 수도 없다.

4. 격언으로 자신을 일깨우기

과도한 욕심을 부리지 않도록 항상 격언으로 자신을 일깨우고 단속해야 한다.

제 7강_충동통제

자기관리 시스템을 갖추자

HARVARD

SUCCESS

CLASS

충동은 용기 있는 자의 행동이 아니다

충동은 부정적인 감정 중 파괴력이 큰 감정 중 하나이다. 감성지수가 떨어져 일어나는 감정으로 침착함을 잃고 행동을 통제했을 때 일어난다. 충동적 행동의 결과에 따라 엄청난 대가를 치를 수도 있다. 억울하겠지만 하소연할 수도 없는 노릇이다. 그래서 현명한 사람은 부정적인 감정이 자신을 잠식하도록 내버려두지 않는다. 부정적인 감정을 잘 다스려야 감정의 주인이 된다.

미국의 여러 교도소에서 20~30대 재소자를 대상으로 한 조사에 따르면, 90%가 자제력 부족으로 일어난 사건 사고였다. 충동적으로 행동하고 순간적으로 치미는 화를 통제하지 못해 씻을 수 없는 과오를 저지른 것이다. 이는 비단 제소자들의 경우만 그런 것이 아니다.

독일의 범죄학자 프리드리히Friedrich는 분노의 자극이 극에 달하면 누구든지 살인자가 될 수 있다고 지적했다. 그는 살인을 저지르지 않은 사람은 자제력이 뛰어난 것이 아니라, 단지 그런 상황에 부딪히지 못한 것뿐이라고 단언했다. 격노激怒라는 감정은 사람을 다치게 하거나, 살인을 하거나, 방화를 저지르거나, 자살하거나 눈앞의 물건을 전부 부수는 등 자제 불가능한 파괴적인 행동을 하게끔 만든다. 이 주장이 놀라운 이유는 누구든지 분노가 치밀면 살인이라는 어마 무시한 범죄를 저지를 수 있다는 데 있다.

심각한 범죄가 아니더라도 살면서 자기감정을 다스리지 못하는 경우가 많다. 제멋대로 행동하다가 피해를 보기도 하고 피해를 주기도 한다. 충동은 통제하기 어려운 감정이지만 잘 다스려야 한다. 충동을 자제하고 신중히 생각하는 법을 배워야 한다. 충동은 지뢰와 같아서 스치기만 해도 모든 것을 없애버릴 수 있다.

대니 로드릭Dani Rodrik 하버드 국제정치학 교수에게는 성격이 불같은 아들이 있었다. 성질 급한 이 아들은 다른 사람과 대화를 나눌 때면 매번 큰 소리로 화를 냈다. 로드릭 교수는 아들을 매우 걱정하며 충동적인 행동 습관을 바꿀 수 있는 여러 방법을 생각해냈다.

어느 날, 그는 아들에게 못 꾸러미를 준 뒤 화가 날 때마다 뒷마당에 있는 울타리에 못을 박으라고 했다. 아들은 첫날에만 무려 37개의 못을 박았다. 몇 주가 지나자 아들은 자신의 감정을 통제하는 법을 알아가기 시작했다. 울타리에 못을 박는 횟수도 점차 줄어들었다. 아들은 울타리에 못을 박는 것보다 자기감정을 컨트롤하기가 훨씬 쉽다는 사실을 깨달은 것이다.

아들은 아버지에게 자신이 변했다는 사실을 알렸다. 아버지는 아들에게 하루 종일 화를 내지 않았다면, 울타리에 박힌 못을 하나씩 뽑아보라고 했다. 얼마간의 시간이 흐른 뒤 아들은 울타리에 있는 못을 모두 뽑았다. 아버지는 아들의 손을 잡고 울타리로 가서 이렇게 말했다.

"아들아, 정말 잘했구나. 하지만 네 못질 덕에 울타리에는 작은 구멍들이 남아 있구나. 이 울타리는 다시는 원래의 모습으로 돌아갈 수 없단다. 네가 순간적인 충동 때문에 다른 사람에게 화를 낸다면, 네가 한 말들이 이 못 구멍들처럼 상대방의 가슴에 상처를 남긴단다."

우리가 아무 생각 없이 던진 말이 타인에게 상처를 줄 수 있다. 무심코 한 말이지만 상대에게 어떤 영향을 끼칠지는 아무도 모른다. 뒤늦게 수습하려 해도 이미 상처를 남긴 뒤라 좋은 말을 해줘도 소용없다. 한마디 말이라도 자신이 제어할 수 있도록 신중을 기해야 한다. 연습과 훈련만이 답이다.

이성적 자아를 만들려면 자기감정의 주인이 되어야 한다. 마인드 컨트롤은 자유자재로 자기감정을 통제하고 제어할 수 있도록 돕는다. 스트레스도 줄이고 안정을 도모할 수 있다. 편안한 마음으로 인생의 기복을 마주하고, 침착하고 이성적인 태도를 유지할 수 있게 된다.

자기감정 통제는 성공한 사람의 전략적 지혜이다. 자기감정을 다스림으로 해서 신뢰를 얻는다. 치열한 경쟁에서 무언가를 성취하려고 한다면 충동을 자제하는 법을 배워야 한다. 그렇지 않으면 일이 생겼을 때 수습하기 어려워지고 그 결과도 감당하기 어렵다.

성공을 위한 하버드 자기관리법

충동은 악마와 같은 존재이다. 일시적으로 불만을 해소할 수 있지만 더 큰 문제를 초래한다. 뒤늦게 후회해도 소용없다. 충동은 진정으로 용기 있는 자의 행동이 아니다. 어떠한 상황에서도 냉정함을 유지하고 올바른 판단을 내릴 수 있도록 하자.

신뢰는 자제력이 주는 보너스다

맹목적인 용감함은 불필요한 위험을 초래하지만, 이성적인 용감함은 충동을 억제하는 자제력을 부른다. 자제력은 두 가지 방면에서 나타난다. 하나는 자신에게 해로운 두려움, 머뭇거림, 나태함 등의 부정적 감정을 극복하려고 노력할 때 나타난다. 다른 하나는 실제 행동으로 옮기면서 충동적인 감정을 능숙하게 억제할 때 나타난다.

롭 스몰링Robb Smalling은 하버드 졸업생 중 성공한 인물로 꼽힌다. 그는 네덜란드 ING그룹에서 3천여 명의 직원과 6백여만 명의 개인 소비자, 5만 개의 조직에 서비스를 제공했다. 그가 맡은 부서의 업무

규모는 무려 3천억 달러에 달했다. 이를 관리하기 위해서는 출중한 능력이 요구되었다. 그는 너무 막중한 책임을 떠안고 있는 것 아니냐는 기자의 질문에 답했다.

"사실 사람들은 저마다 다른 능력을 가지고 있습니다. 그런데 무엇보다 중요한 것은 자신의 능력을 잘 발휘할 수 있어야 합니다. 나만의 비밀이 있다면, 나는 항상 내 마음을 컨트롤할 줄 안다는 것입니다."

스몰링 업무의 절반은 출장이었다. 그는 바쁜 생활 속에서도 항상 자신을 잘 컨트롤해서 침착하게 여러 결정을 내렸다. 한번은 그의 동료가 스몰링과 함께 뉴잉글랜드로 출장을 가게 되었다. 동료는 스몰링이 복잡한 일에 부딪힐 때마다 침착하게 잘 처리한다며 그를 높이 평가하는 이메일을 보냈다.

아침_매사추세츠 퀸시, 회사의 주요 사업장 한 곳 방문

오전_차를 타고 하트퍼트 지역으로 이동, 업계의 중요 출판사와의 전화 인터뷰 진행

점심_브룸필드의 골프장 도착, 네덜란드 ING그룹이 협찬한 선수권대회에서 장타 우승

저녁_우승 후, 회의실로 돌아와서 대중들에게 '네덜란드 ING그룹의 지역사회 건설에 대한 투자와 우수 기업으로서의 사회공헌'에 대한 프레젠테이션 발표

밤_이메일 수신 및 발신

스몰링은 뛰어난 자제력 덕분에 바쁜 일상 속에서도 모든 일을 일사불란하게 처리했다.

자기 행동을 잘 컨트롤하여 사소한 일이라도 하나하나 순서대로 질서 있게 진행했다. 이러한 능력 덕분에 코네티컷 주 다니엘 말로이 Daniel Malloy 주지사는 스몰링을 부주지사로 임명했다. 부주지사라는 직책은 스몰링에게 더 높은 수준의 능력을 요구했다. 만약 다른 사람이었다면 새로운 환경에 적응하는 데 오랜 시간이 필요했겠지만, 스몰링은 뛰어난 자기 통제력으로 임명된 후 일주일도 되지 않아 업무에 적응했다. 그는 "부주지사가 된 뒤로 자제력이 더 중요해졌습니다!"라고 말했다.

하버드의 수재였던 스몰링이 이렇게 될 수 있었던 것은 자제력이 뛰어난 데다 집중력이 강하고, 엄청난 열정으로 자기 일에 몰입했다는 데 있다. 그는 네덜란드 ING그룹에 있을 때 다른 곳은 신경 쓰지 않고 ING그룹의 업무에만 집중했다. 부주지사가 되었을 때는 부주지사 업무에만 집중했다.

결론적으로 자제력이 뛰어난 사람은 자기감정뿐만 아니라 집중력까지 컨트롤한다. 이들은 매사에 자신을 컨트롤하고 가장 적절한 시기에 올바른 일을 할 수 있도록 정신력을 제어한다. 스몰링 역시 그렇다. 그는 자신이 무엇을 하고 하지 말아야 하는지, 어떻게 해야 하는지를 확실히 알고 있었다.

"조금만 자제해도 사람은 강해진다."라는 말이 있다. 자기관리를 철저히 해야 한다는 속뜻을 내포하고 있다. 늘 자기관리를 해야 한다는 절실함을 마음속에 지니자. 그 절실함은 자신에게서 나온다. 실수를 경험하거나 완벽한 자기관리를 본보기 삼아 본인이 느껴야 한다. 그래야만 자기 행동을 제한할 수 있는 척도가 마련된다.

현명하고 성숙한 사람은 자기감정과 행동을 다스려 인생의 주도권을 쥔다. 내면에 가지고 있는 성장과 발전에 대한 강렬한 욕망을 효과적으로 관리하며 생각과 언행을 제어한다. 자발적으로 자신을 관리하는 것이다. 그들이 얻는 신뢰는 자제력을 갖춘 데서 오는 보너스다.

성공을 위한 하버드 자기관리법

무언가 성취하고자 할 때 자제력이 부족하다면, 핸들과 브레이크가 고장 난 자동차를 타는 것과 같다. 반면 자제력이 있는 사람은 다른 사람에 의해 쉽게 무너지지 않는다. 자신이 책임질 일을 끝까지 잘해내고, 아무리 힘든 도전이라 해도 잘 극복하고 만족스러운 결과를 얻는다.

신중함은 위기의 순간에 빛난다

레프 톨스토이Lev Nikolayevich Tolstoy는 "화가 나면 먼저 입안에서 혀를 10번만 굴려라."라고 말하며 아들을 가르쳤다. 사람은 화가 나면 충동적으로 행동하기 때문에 심각한 결과를 초래한다. 그 전에 감정을 컨트롤하는 법을 배워야 한다.

중국에는 "눈앞에서 태산이 무너져도 얼굴색이 변하지 않고, 사불상(희귀한 사슴)이 옆에서 튀어나와도 눈 한번 깜빡이지 않는다."라는 격언이 있다. 어떤 일에 부딪혔을 때 침착하고 태연하게 대처하는 태도는 좋은 심리적 자질이자 품격이라는 뜻이다.

동진東晉의 재상인 사안謝安은 전진前秦의 군대가 비수淝水를 건너왔을 때도 침착함을 잃지 않고 손님과 바둑을 두었다. 그는 조카인 사석謝石과 사현謝玄이 전진의 군대를 격퇴한 뒤에도, 손님에게 "우리 조카들이 적을 무찔렀다는군요."라고 차분하게 말했다.

하버드 교수들은 위기의 순간에도 평정심을 잃지 말라고 강조한다. 위기의 순간에 냉철함을 유지해야만 바르게 판정하고 행동해서 문제를 효과적으로 해결할 수 있다.

영국의 추리소설 작가 아가사 크리스티Agatha Christie는《오리엔트 특급 살인》,《나일 살인사건》등 수십여 편의 장편 추리소설을 써왔다. 그녀는 이 작품들을 통해 셜록 홈스Sherlock Holmes처럼 세계적으로 유명한 탐정인 에르퀼 푸아로Hercule Poirot라는 인물을 만들어냈다.

그녀가 한 파티에 참석했다. 파티는 늦게까지 이어졌고, 그녀는 자신을 집에 데려다주겠다는 친구의 호의를 만류하고 혼자 집으로 향했다. 인적 드문 길을 혼자 걷고 있을 때 큰 빌딩 그늘 사이로 키 큰 남자가 칼을 들고 그녀를 향해 달려들었다. 그녀는 도망갈 수 없다는 것을 알았다.

"당, 당신이 원하는 게 뭐죠!"

그녀는 겁에 질린 듯 물었다.

"귀걸이를 바닥에 내려놔!"

강도는 아주 거칠게 말했다. 강도가 귀걸이를 원한다는 말에 크리스티의 잔뜩 찌푸려졌던 눈썹이 원래대로 펴졌다. 그녀는 겉옷의 옷깃으로 최대한 목을 감싸면서 다른 한 손으로는 귀걸이를 빼 땅에다가 던졌다.

"가져가세요! 그럼 저는 이만 가도 되는 거죠?"

강도는 귀걸이에는 조금도 신경 쓰지 않고 옷깃으로 목을 감싸기 바쁜 그녀의 모습을 유심히 보았다. 강도는 땅에 떨어진 귀걸이를 줍는 대신 다시 명령했다.

"목걸이도 내놔!"

"아, 이 목걸이는 싸구려예요. 그냥 놔두시면 안 될까요?"

"헛소리 집어치우고 빨리 내놔!"

그녀는 내키지는 않았지만 떨리는 손으로 목걸이를 풀었다. 강도는 목걸이를 낚아채 달아났다. 그녀는 깊은숨을 내쉬며 땅에 떨어진 귀걸이를 기쁘게 집어 들었다. 사실 크리스티의 목걸이는 가짜이고 귀걸이가 진짜였다. 그녀는 연기로 강도의 주의력을 귀걸이에서 다른 곳으로 분산시켰다. 귀걸이는 480파운드에 달하는 고가의 제품이지만, 목걸이는 유리로 만든 단돈 6파운드짜리였다.

충동적으로 행동하는 것은 위기를 해결하지 못한다. 오히려 불필요한 문제를 야기할 뿐이다. 침착하지 못할수록 낭패를 부른다. 오해와 불신을 낳고 실수를 유발한다. 신중하지 못한 판단은 오류를 동반한다. 급할수록 돌아가라는 말이 있다. 냉철한 두뇌와 신중한 자세로 해결방법을 찾아야 성공한다. 막심 고리키Maksim Gor'kii는 "조금만 자제해도 사람은 강해진다."라고 말했다.

누구든지 마음속에 이성과 감정이 싸우고 있기 때문에 충동을 자제한다는 것은 분명 쉽지 않은 일이다. 충동은 이성을 잃게 만든다. 충동을 느낄 때는 섣불리 행동하지 마라. 오히려 일을 더 망칠 수 있다. 신중한 사람은 충동을 느낄 때 곧바로 자기감정을 통제하고 침착하게 행동한다. 경솔하고 무모한 행동을 절대로 하지 않는다. 그들은 자기감정에 대한 자제력을 비밀병기처럼 활용한다.

성공을 위한 하버드 자기관리법

충동적인 사람은 자기 행동을 통제하기 어렵다. 행동하기 전에 깊이 생각지 않기 때문이다. 즉흥적인 감정에 치우쳐 행동하면 결국 심각한 결과를 초래한다. 후회해도 소용없다. 그런 불상사가 닥치기 전에 깊이 생각하고 행동하는 습관을 들여라. 충동적인 행동이 자신을 망치는 길이다.

◆ 나를 바꾸는 하버드 '충동통제' 트레이닝

충동적인 당신 성격을 바꾸는 데 다음 방법들이 사용해보자.

1. 일상 속 사소한 일부터 시작하기

사람의 자제력은 일상의 사소한 일에서부터 길러지고 훈련된다. 아주 사소한 일이라도 개인의 자제력을 형성하는 데 아주 큰 영향을 끼친다. 제시간에 일어나기, 각종 규칙 지키기, 시간에 맞춰 공부 계획하기 등 작은 일부터 시작해 자신의 자제력을 단련시켜보자.

2. 양보와 타협하지 않기

자제력을 기르려면 확고하고 완강해야 한다. 어떤 일이든 옳지 않거나 나쁘다고 생각되면 단호히 자제하고, 절대로 양보하고 타협해서는 안 된다. 이미 내린 결정에 대해서는 그에 따라 행동해야지 쉽게 포기하거나 바꾸지 마라.

3. 자기암시와 자기 격려하기

자제력은 자기암시나 자기 격려 등과 같은 생각의 컨트롤에서 시작된다. 생각을 컨트롤하려면 먼저 긴장되는 일을 하기 전에 자신에게 자신감을 북돋아주거나 힘이 되는 말을 반복적으로 하자.

4. 릴랙스하기

릴랙스는 심장박동과 호흡, 근육 등을 의식적으로 통제한다. 신체로부터 피드백 정보를 받아 전체적인 심리상태를 다스리거나 조절할 수 있도록 돕는다.

제 8강_두려움 통제

나약한 자신을 마주하라

H A R V A R D

S U C C E S S

C L A S S

두려움의 경험이 극복 요령을 알려준다

조앤 K. 롤링Joan K. Rowling은 2008년 하버드 졸업식 축사에서 "제가 여러분 나이에 가장 두려워했던 것은 가난이 아닌 실패였습니다. 여러분이 하버드를 졸업한다는 사실은 실패에 익숙지 않다는 것을 의미합니다. 아마도 여러분은 실패가 두려워서 성공을 갈망하고 있을지 모릅니다."라고 말했다. 세기의 작가도 실패의 두려움을 느낄 때가 있다는 고백이다. 누구든 저마다 두려움을 가지고 있다. 하버드 교수나 학생도 예외는 아니다.

두려움이 마음에 찾아드는 순간 자신의 의지와 용기가 꺾인다. 위장에 부담을 주고, 품위를 해치고, 신체와 정신적 활력을 감소시켜 건강까지 해친다. 두려움은 희망과 용기를 앗아간다. 그래서 어떤 일을 창조하거나 종사하지 못할 만큼 몸과 마음을 쇠약하게 만든다. 인생에서 두려움이나 실망감만큼 우리를 괴롭히는 것도 없다. 다음 이야기를 통해 '두려움'을 이기는 방법을 찾아보자.

위즐리Wesley는 혼자 낯선 숲에 들어갔다가 길을 잃었다. 어찌할 줄 몰라 하던 그때, 산나물을 한아름 짊어진 소녀가 다가왔다. 소녀는 생긋 웃으며 "관광지에 오셨다가 길을 잃어버리셨나 봐요. 저를 따라오세요. 지름길로 산 아래까지 모셔다드릴게요."라며 길을 안내했다.

위즐리는 소녀와 함께 숲을 헤치며 앞으로 나아갔다. 햇빛이 숲 사이로 아름다운 빛줄기를 뿜어내고, 물안개가 햇빛 속에서 반짝반짝 흩날렸다. 그가 아름다운 풍경에 빠져 있을 때 소녀가 입을 열었다.

"앞에 보이는 곳은 '귀신 골짜기'예요. 이 산에서 가장 위험한 길이에요. 이곳을 지나가려면 반드시 규칙을 지켜야 해요. 그건 바로 무언가를 메거나 짊어져야 한다는 거예요."

"위험한 곳을 짐까지 지고 지나간다면 더 위험하지 않을까요?"

"위험하다는 걸 알아야 더 집중할 수 있고 오히려 더 안전할 수 있어요. 이 골짜기에서 길 잃은 관광객들이 아무 생각 없이 지나가다가 추락한 사건이 몇 번이나 발생했거든요. 저희는 매일 짐을 메고 이곳을 지나가지만, 여태껏 사고를 당한 사람은 한 명도 없었어요."

소녀의 대답에 위즐리는 온몸에서 식은땀이 나기 시작했다. 위즐리는 소녀의 말을 도무지 믿을 수 없었다. 그는 소녀에게 귀신 골짜기가 아닌 다른 길을 찾아서 내려가겠다고 했다. 소녀를 보낸 뒤 위즐리는 산을 두 바퀴나 돌았지만 내려가는 다른 길을 찾지 못했다. 날이 어둑어둑해지기 시작했지만 위즐리는 계속 주저하고 있었다. 밤이 되면 더욱 위험할 것이고, 이곳에서 밤을 지새울 생각까지 하자 더 두려워졌다.

그때 짐을 짊어진 다른 소녀가 위즐리에게 다가왔다. 겁에 질린 위즐리는 그 소녀를 붙잡고 도와달라고 했다. 소녀는 묵묵히 무거운 나무 막대 두 개를 위즐리의 손에 쥐여 주었다. 그는 벌벌 떨며 소녀의 뒤를 따라 조심스레 귀신 골짜기를 건넜다.

시간이 흐른 뒤, 위즐리는 짐을 메고 귀신 골짜기에 다시 가보았다. 그제야 그는 귀신 골짜기가 생각만큼 무섭지 않으며, 정말로 무서운 것은 자기 마음속에 있는 두려움이라는 사실을 깨달았다.

하버드 심리학 교수는 사람의 감정 중 이해하기 어려운 문제는 두려움이라고 했다. 돌이켜보면 우리 삶은 다사다난한 하루하루로 채워져 있음을 알 수 있다. 순조롭고 무탈하기보다는 여러 가지 예기치 못한 좌절과 실패, 고통을 겪어 왔으며 나쁜 결과를 받아들여야 했다. 행복하고 기쁜 순간도 있지만 원하는 대로 살 수 없다는 위협을 받은 적이 더 많다. 그래서 자신의 목표를 추진할 때 불안한 감정이 지배적이다. 가벼운 걱정부터 심각한 우려까지 심리적으로 긴장하고 두려움을 느낀다. 마음속에 두려움이 가득 차면 자신감을 잃고 무턱대고 남이 하는 대로 따라가게 된다. 앞을 보지 못하고 발밑만 보고 좇아간다. 자신을 객관적으로 평가하지 못하고 자의식도 상실한다. 새로운 것에 도전하지 못하기 때문에 큰일을 해낼 기회를 놓친다. 미래를 위해서 두려움을 잊고 과감하게 앞으로 나가자. 인생을 탐구해보겠다는 정신으로 걸음을 멈추지 마라. 두려움 때문에 기회를 놓쳐서는 안 된다.

성공을 위한 하버드 자기관리법

이유 없이 어떤 일이나 상황과 잘 어울리지 못하고 불안을 느끼는 상태가 두려움이다. 두려움과 대면하고 불안을 체험하자. 두려움에 대한 면역력을 키우고 불안에 대해 내성을 기르자. 누구나 겁나는 상황은 있다. 자기 건강과 발전을 위해 용기를 가지고 반드시 이겨내야겠다는 의지를 다져라.

두려움에는
대타 기용이 안 된다

당신 앞에 수천 마리의 꿀벌들이 날아다닌다면 어떤 느낌이 들까? 별다른 느낌이 없을 수도 있지만 '환 공포증'이 있는 사람이라면 견디기 힘들다. 환 공포증이란 심리적 반응으로, 여러 개의 작은 구멍이 뭉쳐져 있는 것을 보면 두려움을 느낀다. 하버드 교수 마이클 루벤스타인Michael Rubinstein 박사 역시 환 공포증을 앓고 있었다. 그는 '군집 로봇' 연구를 위해 꿀벌의 배열을 풀어야 했다. 환 공포증으로 시달리는 상황이었지만 그는 두려움을 극복하고, 마침내 연구팀과 함께 로봇 판 '꿀벌 떼'를 만들었다. 큰 목적 앞에서 두려움을 회피하지 않고 맞선 결과였다.

두려움은 대부분 알 수 없는 원인에서 비롯된다. 두려움을 이기려면 자기를 믿고 의지하는 수밖에 없다. 용기를 내면 두려움은 설 자리를 잃게 된다.

1956년 10월 20일, 정신질환 전문가였던 린데만Lindemann은 혼자서 작은 배를 타고 파도가 거센 대서양으로 향했다. 이전에도 적지 않은 사람들이 배를 타고 대서양을 횡단하려고 시도했다. 그러나 단 한 사람도 성공하지 못했다. 대부분이 조난당했고 아예 돌아오지 못한 사람도 있었다. 린데만은 사람들이 사망한 원인은 육체적으로 견디지 못해서가 아닌 정신적 붕괴 때문이라고 여겼다. 두려움과 절망을 견디지 못해 죽음에 이르렀다고 봤다. 자신감을 가지면 건강한 정신이 유지되고, 어려움을 극복해 나갈 수 있다고 믿었다. 자신의 관점을 증명하기 위해 그는 직접 배를 타고 실험을 하기로 했다.

린데만이 탄 배의 길이는 고작 5m였다. 지금까지 대서양을 건넌 배 중 가장 작은 배였다. 돛단배처럼 제작된 것으로 오히려 잔잔한 호수나 급류가 없는 하류, 고요한 연해를 지나다니기에 적합한 디자인이었다. 린데만의 작은 배는 대서양의 거친 파도를 헤쳐 나갔다. 배가 두 번이나 전복되고 폭풍을 수차례 만났지만 구사일생으로 살아났다. 바다를 항해하는 동안 그의 몸무게는 20kg 넘게 줄었다. 린데만은 72일 만에 대서양 횡단에 성공했다.

린데만은 어떠한 기록도 하지 않았다. 그의 관심사는 오로지 극한의 상황에서 인간이 두려움에 대처하는 방식이었다. 먹을 것도 부족했고 공간이라고는 그저 두 다리를 뻗을 수 있는 정도였다. 죽음의 문턱까지 간 적도 여러 차례 있었다. 환각이 보이기도 했고, 운동감각을 잃어버렸으며, 어떨 때는 정말 죽고 싶다는 생각도 했다. 이러한 생각이 들 때면 그는 큰소리로 자책했다.

"이 겁쟁이! 너도 실패해서 이곳에서 죽고 싶니? 아니야, 난 성공할 수 있어!"

그는 공황과 죽고 싶은 마음을 자기최면과 자신이 발명한 '정신위생mental hygiene'이라는 시스템으로 극복해냈다. 후에 린데만은 대서양 항해를 회상하며 이렇게 말했다.

"저는 반드시 성공할 거라고 믿었어요. 어떤 역경 속에서도 그 믿음은 저와 한몸이었고 성공할 것이라는 확신이 있었지요."

두려움에 사로잡힌 사람은 성공할 수 없다. 두려움은 사람의 용기와 창의력을 빼앗아간다. 겁쟁이는 물러설 것을 선택하지만 용사는 내면의 공포를 이기고 두려움에 맞서도록 스스로 종용한다. 실패의 원인이 능력이나 힘이 부족해서가 아니다. 용기가 부족해서 두려움에 굴복한다. 그들은 도전을 겁내고 자기가 원하는 것을 쟁취할 엄두도 내지 못한다. 이 때문에 성공에서 멀어진다. 명심하자. 두려움에서 벗어나야만 성공할 수 있다. 명예, 승리, 탁월함은 용감한 자를 위해 준비된 영광이다.

하버드를 졸업한 미국 루스벨트 대통령은 "우리가 두려워해야 할 것은 두려움 그 자체이다. 말로 표현할 수 없고, 근거가 없는 그런 두려움 말이다. 두려움은 자신을 위축시키고, 앞으로 나아가기 위한 우리의 노력을 모두 물거품으로 만들어버린다."라고 말했다.

두려움은 성공을 가로막는 최대 장애물이다. 어려움과 위험에 직면했을 때 뒷걸음질치는 사람은 승리와 명예를 얻을 자격이 없다. 마음속의 두려움을 극복하고 용감히 나아가야만 성공을 쟁취한다.

성공을 위한 하버드 자기관리법

세상에는 영원한 승자도 영원한 패자도 없다. 움츠러들면 얻은 것도 잃어버릴 테지만, 자신감이 있으면 잃은 것도 다시 얻는다. 끊임없이 시도하고 단련한다면 반드시 두려움을 이겨낼 수 있다. 두려움은 인생이란 길 위에 있는 깊은 도랑이다. 그 도랑을 건너야지만 희망을 품을 수 있다.

꿈틀대는 용기에 부채질하라

두려움은 불길한 예감과 함께 찾아온다. 구름과 안개로 둘러싸인 채 폭발하기 직전의 화산처럼, 한 사람의 삶을 분진으로 모조리 뒤덮을 수 있다. 노벨문학상 수상자인 윌리엄 포크너William Faulkner는 "세상에서 가장 나약한 일은 두려움에 떠는 것이다. 우리는 두려움을 떨쳐내고, 모든 마음을 인간의 감정에 있는 진리 안에 두어야 한다."라고 말했다.

삶을 통조림으로 비유한다면, 두려움은 통 안에 들어 있는 음식이다. 깡통따개로 통조림을 열어야만 두려움을 내보낼 수 있다. 두려움이 무서워 뚜껑을 열지 않는다면 두려움은 팽창하고 결국에는 폭발

한다. 용기라는 따개를 손에 들었다면 두려움을 개봉하고 자기 인생에서 쏟아버려야 한다.

보스턴의 작은 마을에서 사는 잭Jack은 줄곧 바다를 동경해왔다. 우연한 기회에 바닷가에 온 그는 안개가 자욱한 데다 춥고 썰렁한 바다에 실망했다. 그는 '이제 바로 내가 오랫동안 동경해 온 바다란 말이지? 이제 더는 바다를 좋아하지 않겠어. 내가 선원이 되지 않은 게 정말 다행이야. 선원이 되었다면 정말 위험했겠지.'라고 읊조렸다. 그는 해안가에서 선원 한 명을 만나 이야기를 나눴다. 선원이 말했다.

"바다가 항상 이렇게 춥고 안개가 자욱한 건 아닙니다. 어떨 때는 반짝이는 아름다운 모습을 보여주죠. 전 언제나 바다를 사랑합니다."

"선원이 되면 너무 위험하지 않나요?"

잭이 물어봤다.

"자기가 좋아하는 일을 하면 위험이란 걸 생각지 않게 됩니다."

"당신의 아버지는 지금 어디에 계시나요?"

"바다에서 돌아가셨어요."

"할아버지는요?"

"대서양에서 돌아가셨죠."

"형은요?"

"인도의 어떤 강에서 수영하다 악어에게 잡아 먹혔어요."

"그렇군요. 만약 제가 당신이었다면 아마 평생 바다에 가지 못했을 거예요."

"당신의 아버지가 어디서 돌아가셨는지 알려줄 수 있나요?"

"침대에서 돌아가셨죠."

"할아버지는요?"

"역시 침대에서 돌아가셨죠."

"그렇다면 말이죠. 만약 제가 당신이었다면, 평생 침대에 눕지 못했을 거예요."

선원의 우문현답이었다.

두려움은 종양 덩어리처럼 우리 마음속에 존재한다. 꼭 불안을 느껴야 하는 상황이 아닌데도 불구하고 두려움은 무조건 반사적으로 솟는다. 어느 순간에는 감당하지 못할 두려움에 치를 떨게 된다. 극단적으로 판단하고 그것을 믿어버리기 때문이다. 그 결과 스스로 두려움이라는 철창 안에 고립된다.

두려움이 마음에서 꿈틀댈 때 적절한 통제로 공포를 완화할 방법을 연구하자. 두려움의 원인이 무엇인지 출처를 점검하고 두려움에 떠는 이유를 생각해야 한다. 극심한 두려움에 떨지만 어쩌면 안 해도 될 걱정에서 시작된 상황일지도 모른다. 불명확한 미래에 대한 막연한 두려움이 자신을 옴짝달싹 못 하게 묶고 있는 것일 수도 있다. 잠시 생각을 접어두거나, 불안을 느끼는 일에서 떨어져 다른 곳에 집중하는 방법이다. 노래를 불러도 좋고 미친 듯이 몸을 흔들어도 좋다. 뭐든 불안을 떨쳐내는 데 도움이 된다면 주저할 필요 없다. 두려움은 자신감과 전투력을 상실하게 만든다. 두려움은 기필코 자신을 해친다는 인식을 확고히 갖자.

용감함과 침착함은 자신을 더욱더 강인하게 만든다. 용감한 사람은 두려움이 없는 자가 아니다. 바로 두려움을 이긴 자이다.

성공을 위한 하버드 자기관리법

성공한 사람에게도 두려움과 근심이 있다. 반면 자신감도 충만하다. 한 단계 성공하면 바로 다음 단계를 상상하며 성공을 기약한다. 성공이 쌓일수록 자신감을 얻는다. 기회가 왔을 때 뒷걸음치지 말자. "난 무서울 게 없어!"라는 자신감을 가지고 성공으로 도약하자. 자신을 믿어라.

◆ 나를 바꾸는 하버드 '두려움 통제' 트레이닝

용기 있는 행동으로 '겁쟁이'라는 꼬리표를 던져버리자. 생활 속에 두려움을 느낄 때 다음의 방법을 이용하자.

1. 익숙한 물건으로 기분 전환하기

평소에 자신에게 익숙한 작은 소품을 한두 개 가지고 다니다가 두려움을 느낄 때 꺼내서 만지작거리자. 익숙한 물건들은 친근감과 신뢰감을 준다. 게다가 은연중에 힘을 불어넣어주기도 한다. 다양한 생각을 하고 사고의 폭을 넓힐 수 있도록 도와준다. 그리고 가벼운 운동, 산책, 음악 감상, 명상 등으로 주의력을 다른 곳으로 돌리면 두려움을 극복하는 데 효과적이다.

2. 근육수축 또는 근육이완하기

두려움을 느낄 때 손이나 다리 근육을 적당히 움직여주면 아드레날린이 더 많이 분비되어 두려움을 완화할 수 있다. 다만 너무 격렬하게 하지는 말고 시원함을 느낄 정도로만 하면 된다.

3. 복식으로 호흡하기

생리적 측면에서 보면 복식호흡은 효과적으로 산소를 마시고 이산화탄소를 내뱉는 호흡법이다. 복식호흡은 우리 몸을 가볍게 만들어준다. 숨을 들이마실 때는 가슴을 사용하지 않고 배를 내밀고, 숨을 내쉴 때는 배를 집어넣는 호흡이다. 숨을 천천히 마시고 내쉬자. 숨을 마시고 내쉬기 전에는 반드시 잠시 멈추어야 하며, 머릿속을 비우고 잡념이 들지 않도록 한다.

4. 자기암시로 짐 내려놓기

스스로 긍정적인 심리적 암시를 주며 생각의 짐을 내려놓자. '시험 때면 누구나 긴장하게 마련이야. 다른 사람이 시험을 잘 보면 나 또한 못 볼 거 없지.', '1등을 못 해도 상관없어. 최선을 다했으면 그걸로 충분해.' 등과 같은 자기암시가 효과적이다.

5. 독서습관 기르기

어리석음은 두려움을 낳고 지식은 두려움을 없앤다. 살면서 어떤 일에 두려움이 생긴다면 대부분이 그 일에 대해 잘 알지 못하기 때문이다. 평소에 심리, 역사, 자연과학 등 다양한 분야의 책을 많이 읽자.

태양을 쳐다보라,

그러면 그림자는 보이지 않으리라.

하버드 졸업생_헬렌 켈러

제 9강_완벽함 기르기

세상에
완벽한 것은 없다

H A R V A R D

S U C C E S S

C L A S S

모든 사람을
만족시킬 수는 없다

빌 클린턴Bill Clinton 미국 대통령은 백악관 담화에서 "나에 대한 비난의 글을 읽어 보면, 일일이 해명하는 것보다 차라리 사임하는 편이 낫습니다. 나는 내 지식과 능력으로 최선을 다하고 있고, 앞으로도 항상 변함없이 일할 것입니다. 만약 내가 옳다는 것이 증명된다면, 반대 의견은 저절로 사라지겠지요. 만약 내가 틀렸다는 것이 증명된다면, 10명의 천사가 나를 변호해줘도 소용없을 겁니다."라고 밝혔다. 어느 위치에 있건 모든 사람을 만족시킬 수는 없다. 그러므로 남의 관점에 좌지우지되지 마라. 자기만의 빛을 잃게 된다.

셀리아Celia는 어릴 때 리듬체조를 배워 몸이 매우 유연했다. 하지만 뜻밖의 사고로 한쪽 다리에 후유증이 생겨 절뚝이게 되었다. 낙심한 셀리아는 의기소침해졌고 밖에 나갈 엄두도 내지 못했다. 견디다 못한 그녀는 요크셔라는 작은 시골 동네로 이사를 갔다.

어느 날, 어떻게 알았는지 레이놀즈Reynolds 선생님이 춤을 배우려는 여자아이와 함께 셀리아를 찾아왔다. 셀리아는 그들의 간절한 부탁을 거절하지 못하고 춤을 가르치기로 했다. 셀리아는 항상 수업하기 전에 미리 등나무 의자에 앉아 있었다. 다리에 장애가 있다는 걸 들키고 싶지 않았기 때문이었다. 수업을 들으러 온 여자아이는 몸이 둔한 편이었고 리듬감이나 박자감이 전혀 없었다.

여자아이가 계속해서 동작을 틀리자 셀리아는 자신도 모르게 벌떡 일어나 시범을 보였다. 셀리아는 턴을 하는 순간, 여자아이가 무척 놀란 표정으로 자신의 다리를 바라보고 있는 것을 느꼈다. 그렇게 숨기려 했던 장애가 한순간에 드러난 것이다. 순간의 열등감 때문에 화가 치솟은 셀리아는 여자아이에게 험한 말을 퍼부었고, 자존심에 상처받은 여자아이는 밖으로 뛰쳐나갔다.

그 일로 셀리아는 여자아이에게 미안한 마음을 가지게 되었다. 며칠 후 셀리아는 직접 학교로 찾아가 레이놀즈 선생님과 함께 여자아이를 기다렸다. 셀리아는 여자아이에게 "너를 전문 무용수로 키워내기는 어렵겠지만, 네가 썩 괜찮은 수석 무용수가 될 수 있다는 걸 확신한단다."라고 말했다.

셀리아와 여자아이는 학교운동장에서 춤을 추었다. 많은 학생이 신기하다는 듯이 이들을 둘러싸고 구경했다. 여자아이의 서툰 동작을 본 학생들은 웃음을 터뜨렸다. 여자아이는 얼굴이 새빨갛게 변해 계속해서 실수를 거듭했다. 동작을 하나하나 할 때마다 가시방석에 앉은 것만 같았다. 셀리아는 이러한 열등감을 충분히 이해했기 때문에 여자아이에게 다가가 말했다.

"무용수가 자기 발만 쳐다본다면 춤추는 즐거움을 누릴 수 없단다. 게다가 다른 사람도 네 발에 시선이 쏠려서 네 실수를 발견하게 될 거야. 지금부터는 고개를 들고 미소를 지어보렴. 스텝이 틀려도 괜찮아. 아무 신경 쓰지 말고 이 곡의 춤을 춰보는 거야."

말을 마친 셀리아는 여자아이와 마주 보고 서서 레이놀즈 선생님께 인사를 했다. 잔잔한 아코디언 음악이 울려 퍼지자 둘은 박자에 맞춰 신나게 춤을 췄다. 사실 여자아이는 여전히 스텝을 제대로 밟지 못했고 동작도 잘 맞지 않았다. 하지만 놀라운 상황이 펼쳐졌다. 주위에 구경하던 학생들은 춤이 틀렸는지 따위를 전혀 신경 쓰지 않고 두 사람의 미소에 홀딱 빠져들었다. 점점 더 많은 학생이 자기도 모르게 같이 춤을 추기 시작했고, 해가 질 때까지 모두 신나게 춤을 추었다.

다른 사람의 시선에 갇혀 산다면 자기만의 길을 갈 수 없다. 관점은 사람마다 다르다. 기하학 도형은 보는 사람에 따라 매끄러운 곡선을 발견하기도 곧게 뻗은 직선을 보기도 한다. 또 어떤 이는 곡선과 직선이 합쳐진 반원을 찾아낸다. 각기 다른 관점에서 보고 평가한 까닭이다.

도형 하나를 보는 것도 이렇게 다른데 하물며 인간을 누가 평가할 수 있겠는가. 다른 사람의 의견 때문에 자기 재능과 개성을 썩혀두지 말자. 자기 마음의 소리를 듣고 최선을 다하면 된다. 하버드 어느 심리학자는 "신발을 신었을 때 자기 발에 맞는지는 자신만이 안다."라고 말했다. 타인의 견해에 쉽게 좌지우지되면 안 된다. 자신은 자신의 모든 것을 아는 유일한 사람이다.

성공을 위한 하버드 자기관리법

여론은 세계에서 가장 값어치 없는 상품이다. 사람은 저마다 견해를 가지고 타인에게 자기 생각을 주입할 준비를 하고 있다. 타인의 평가는 모두 일방적인 견해에 불과하다. 대부분 깊이 생각지 않고 내뱉는 경우가 많다. 우리에게 영향을 줄 만한 내용도 아니다. 자제력이 있는 사람은 어떤 판단이 옳은지, 자신이 귀담아들을 필요가 있는 의견은 무엇인지 판단할 수 있다.

남의 보석이 더 빛나 보인다

하버드는 학생모집에 소극적이다. 입학 시즌에 학교 명성을 이용해 우수한 학생들이 지원하도록 광고하거나 편지를 보내는 등 홍보활동도 하지 않는다. 그런데도 하버드에 대한 학생들의 열망은 사그라지지 않고 있다. 매년 지원자가 몰리기 때문에 하버드 합격률은 약 10%밖에 되지 않는다. 따라서 이처럼 현저히 낮은 합격률 때문에 하버드에 지원해서 떨어졌다고 인생을 실패했다고 볼 수는 없다.

살다 보면 실패를 겪기도 하고 좌절에 무릎 꿇을 때도 있다. 이상을 높이 두고 도전하기 때문이다. 현실적인 꿈을 가지고 도전하기도 하지만 소수의 사람은 자기가 닿을 수 없는 꿈을 실현하기 위해 분투한다. 자기 현실과 가까이 있는 것은 무시하고, 자기와 멀리 떨어져 있는 것은 힘들게 추구한다. 슬프게도 이런 일은 누구에게나 일어날 수 있다. 그들은 '가질 수 없는 것'을 바라보고, '가질 수 없는 게 최고'라는 함정에 빠진다. 그로 인해 삶의 만족을 찾아볼 수 없다.

옛날에 남을 잘 도와주는 사람이 있었다. 그는 세상을 떠난 뒤 천국으로 가 천사가 되었다. 천사가 된 뒤에도 열심히 다른 사람을 도왔고, 그들이 행복하기를 바랐다. 어느 날 그는 괴로운 표정을 짓고 있는 농부의 하소연을 들었다.

"농사일을 도와주던 물소가 병으로 죽었지 뭐예요. 저 혼자 밭일을 해야 하는데 정말 막막합니다."

그는 농부에게 건강한 물소를 선물했다. 농부의 행복함을 느낄 수 있었다. 다음 날 괴로운 표정을 짓고 있는 남자를 만났다.

"사기를 당해 고향으로 돌아갈 돈도 없어요."

남자가 하소연했다. 그는 남자에게 노잣돈으로 쓸 은자를 주었다. 남자는 행복해했다.

또 어느 날 한 시인을 만났다. 이 시인은 젊고 똑똑한 데다 재능과 부를 가지고 있었다. 그의 아내는 아름답고 상냥했다. 하지만 시인은 사는 게 즐겁지 않았다. 그가 시인에게 물었다.

"사는 게 왜 즐겁지 않나요? 제가 어떻게 도와드릴까요?"

"저는 모든 걸 가졌지요. 딱 하나만 빼고요. 그 하나를 저에게 주실

수 있나요?"

"물론이죠. 무엇을 원하나요?"

시인은 그를 똑바로 보며 말했다.

"저는 행복이 필요해요."

순간 그는 당황했다. 고민 끝에 알겠다고 답한 뒤 시인의 재능, 외모, 재산, 심지어 아내의 목숨까지 전부 가져갔다. 한 달 후 그는 다시 시인을 찾아갔다. 시인은 배를 곯아 피골이 상접한 데다 남루한 옷을 입고 간신히 목숨을 부지하고 있었다. 그는 시인에게 다시 모든 것을 돌려주었다.

보름 후 그는 다시 시인을 찾아왔다. 시인은 아내를 안은 채 끝없이 감사의 인사를 건네고 있었다. 행복이 무엇인지 비로소 알았기 때문이다.

어느 누가 진정으로 완벽한 행복을 얻을 수 있겠는가. 어떤 사람은 완벽을 추구하는 심리가 발전을 위한 적극적인 의지라고 말하지만, 사실 이들은 절대 완벽할 수 없는 것에서 완벽함을 추구한다. 완벽함은 세상 어디에도 존재하지 않는다. 이들이 추구하는 완벽한 행복, 완벽한 성공 자체는 허무한 공상에 불과하다.

격언 중에 "금도 순금은 없고 사람도 완벽한 사람은 없다."라는 말이 있다. 러시아 철학자 체르니셰프스키Chernyshevsky는 "태양조차도 흑점이 있는데, 어떻게 인간의 삶에 결함이 없을 수 있겠는가!"라고 말했다. 우리의 삶은 흑점투성이일 수밖에 없다. 저마다 결함이 있음을 인정하고 받아들여야 한다.

아직도 자기 처지를 한탄하고 하늘을 원망하는가? 자기 안에 깃든 행복이 아직도 보이지 않는가? 남들이 손에 들린 떡만 얻고 싶은가? 지금부터라도 자기 주위를 둘러보고 만족을 마음에 심어라. 뿌듯함을 선물로 받을 것이다.

성공을 위한 하버드 자기관리법

완벽함만 추구하는 것은 무서운 삶의 방식이다. 자신에게 매사에 완벽함을 요구하면 심리적 부담이 늘어나 삶이 즐겁지 않다. 완벽함이란 '마음의 보탑寶塔'이다. 마음속으로는 이를 동경하고 찬미할 수 있지만 현실적인 존재로 간주해서는 안 된다. 벗어날 수 없는 갈등 속에서 허우적거리게 된다.

완전해지려면 불완전을 껴안아라

누구나 완벽을 추구하려는 마음이 있다. 현실이 비참할수록 완벽함에 대한 그 욕구는 더 강해진다. 달이 둥글고 밝아서 좋다지만, 그 이면에는 달이 둥글지 않을 때도 어두울 때도 있다는 사실을 알아야 한다. 과일의 달콤한 맛을 좋아한다면, 과일이 자라는 과정에 떫은맛도 있다는 것을 받아들여라. 안타깝게도 인생은 늘 부족한 점이 존재하게 마련이다.

"지금까지 산 인생을 초고라고 했을 때, 다시 퇴고할 기회가 생기면 얼마가 좋을까?"라는 안톤 체호프Anton Chekhov의 이 글귀가 이반Ivan의 마음을 사로잡았다. 그는 하느님께 인생을 시험해볼 기회를 달라고 간청했다. 하느님은 침묵 끝에 체호프의 명성과 이반의 집요함에 못 이겨 허락했다.

결혼적령기가 된 이반은 아리따운 아가씨를 만났다. 그 아가씨도 이반에게 마음이 있어 이들은 곧 부부가 되었다. 얼마 지나지 않아 이반은 아내가 얼굴은 예쁘지만, 말을 너무 함부로 하는 바람에 일을 자주 그르치는 것에 실망했다. 두 사람 사이에는 마음도 통하지 않았다. 이반은 첫 번째 결혼을 '초고'로 여기며 그녀를 지워버렸다.

이반의 두 번째 결혼 상대는 얼굴이 아름다운 데다가 일도 잘하고 똑똑한 여자였다. 하지만 얼마 지나지 않아 여자의 성격이 고약하고 개성도 너무 강하다는 걸 알았다. 그녀의 똑똑함은 이반을 비웃는 무기가 되었고, 뛰어난 능력은 이반을 조롱하는 수단이 되어버렸다. 이반은 그녀의 남편이라기보다는 애완동물 같아 보였다. 이러한 고통을 참을 수 없었던 이반은 하느님께 인생의 '초고'를 다시 쓸 기회를 주셨으니, 기왕 주신 거 한 번만 더 쓸 기회를 달라고 간청했다. 하느님은 웃으며 승낙했다.

이반은 장점도 많고 성격도 좋은 사람과 세 번째 결혼을 했다. 두 사람은 결혼생활에 만족했고 화목했다. 하지만 얼마 지나지 않아 이반의 아내는 중병에 걸려 몸져누워버리고 말았다. 병세가 완연한 아내의 얼굴에서 젊음과 아름다움은 빠르게 사라져갔다.

도의적으로 생각해보면 이반은 아내와 서로 의지하며 평생을 살아야 한다. 하지만 삶의 관점에서 생각해보면 그는 불행하기 짝이 없었다. 이반의 결혼 상대는 모두 장점이 있었지만 단점도 가지고 있었다.

하지만 이반은 단점을 받아들이지 못했다. 그는 하느님께 퇴고할 기회를 달라고 요청했다. 하느님 얼굴에 분노의 기색이 완연했지만 결국 그에게 원고를 다시 쓸 기회를 주었다.

이반은 몇 차례 큰 소동을 겪어서 그런지 성격도 성숙해졌고 사교 능력도 노련해졌다. 마침내 그는 젊고 아름다운 데다 유능하고 상냥하며 건강한 여자를 만났다. 그녀는 천사처럼 모든 게 다 완벽했다. 그는 실로 만족스럽기 그지없었고, 하느님께 결혼에 성공했다는 보고를 올리려는 찰나였다. 그녀는 돌연 태도를 바꾸며 당신은 변덕스럽고 탐욕스러운 데다, 병이 난 아내를 돌보지 않는 무심한 남자라는 사실을 알게 되었다며 결혼을 없던 일로 하자고 선언했다. 이반으로서는 아이러니가 아닐 수 없었다. 그는 그녀를 너무나 사랑했다. 하지만 다른 사람에게 했던 괘씸한 일들이 부메랑이 되어 자신에게 돌아왔다. 그가 추구했던 완벽함은 결국 자신이 버림받는 운명을 초래했다. 그녀는 괴로워하는 이반에게 "많은 사람이 당신의 초고 대상이 되었지요. 당신이 적합한 아내를 찾기 위해 원고를 여러 번 썼으니, 우리도 한 번쯤은 다시 쓸 기회가 있어야 하지 않겠어요?"라고 당당하게 말했다.

"완벽은 일종의 이상이다. 10번을 수정한다고 한들 아쉬움이 없는 것은 아니다."라는 체호프의 말이 꼭 들어맞는다.

하버드 심리학자들은 "누구나 완벽을 추구하려는 마음이 있으며, 현실이 비참할수록 완벽함에 대한 욕구는 더 강해진다."라고 했다.

이런 강렬한 욕망은 사람의 이상을 만족시켜줄 수는 있지만, 욕망이 실현되지 않으면 곧 절망을 느끼게 된다. 많은 사람은 우정과 사랑에 대해 높은 기대를 건다. 상대방이 그 기대를 만족시키지 못하면 화를 내고 절망한다. 상대의 기분까지 자신에게 맞추려 하는 것이다. 사랑한다면서 상대를 온전히 받아주지 못하고 평가하고 재단하려 든다. 다시 한 번 되새기자. 완전무결한 사람은 없다. 누구나 흠이 있고 그 흠을 메우기 위해 최선을 다할 뿐 정말 완벽해질 수는 없다. 과도하게 완벽함을 추구하면 평생 만족할 수 없다. 자신조차도 완벽하지 않음을 받아들이자.

성공을 위한 하버드 자기관리법

모든 일이 뜻대로 되지는 않는다. 원하는 대로 척척 들어맞을 수 없다. 완벽을 추구하는 것은 긍정적인 태도이긴 하다. 하지만 지나치게 완벽만 추구하다가 그에 미치지 못하면 마음이 조급해진다. 그 결과 얻는 것보다 잃는 것이 더 많다. 완벽은 완전히 멀어진다.

◆ 나를 바꾸는 하버드 '완벽함 기르기' 트레이닝

정신적 멍에를 짊어지고 있으면 매일 초조하고 불안한 상태가 된다. 완벽주의에서 벗어나는 방법을 찾아보자.

1. 정확하게 자신을 평가하기

자기 포지션을 정확하게 설정해야 한다. 현실과 동떨어진 목표만을 추구해서는 안 된다. 포지션을 너무 높게 잡으면 자신이 해낼 수 없는 일을 하게 되므로 삶이 더욱 힘들어진다.

2. 실패를 두려워하지 않기

완벽주의자들은 실패를 용납하지 않는다. 실패를 인생의 오점이라 생각한다. 실패는 인생에 교훈을 주는 귀한 자산이다. 실패의 쓴맛을 봐야 성공할 수 있다.

3. 현실적인 목표 설정하기

자신이 할 수 있는 일을 하고 또 잘해낸다면 기분 좋다. 덕분에 삶은 다채롭고 풍부하며 인간미가 넘치게 된다.

제 10강_불만통제

불만으로 자신을 불태우지 마라

H A R V A R D

S U C C E S S

C L A S S

운명의 장난에 놀아나는 바보가 되지 마라

하버드 래드클리프대학을 졸업한 헬렌 켈러Helen Keller는 보이지도 들리지도 않는 장애를 갖고 있었지만 저명한 교육가, 자선가, 사회활동가가 되었다. 앤 설리번Anne Sullivan 선생님의 도움으로 영어, 불어, 독어 등 5개 국어를 습득했다. 그녀가 운명을 원망하지는 않았는지, 남과 다른 자신을 어떻게 받아들였는지, 대중 앞에 나설 때 어떤 각오였을지, 짐작하기도 어려운 그녀의 고통이 느껴진다. 니콜로 파가니니Niccolo Paganini도 헬렌 켈러 못지않은 고난의 삶을 살았다.

파가니니는 세계 최고의 바이올리니스트이다. 그는 고난의 현 위에서 삶의 노래를 연주한 음악가였다. 4살 때 홍역과 강경증catalepsy을 앓았고, 7살 때는 심한 폐렴을 앓아 방혈放血 치료를 해야 했다. 46살 때는 잇몸질환으로 거의 모든 치아를 뽑았다. 이후에는 안질도 앓았다. 50살이 넘어서는 관절염, 후두결핵, 장염 등의 질병으로 몸과 마음이 모두 피폐해졌다. 나중엔 성대마저 망가졌다. 그는 결국 57세의 나이에 사멸한 후 숨을 거두었다.

파가니니의 고난은 질병에서 그치지 않았다. 그는 13살 때부터 전 세계를 떠돌아다니는 삶을 살았다. 자신을 스스로 가둔 채 매일 미친 듯이 바이올린을 연습했다. 배고픔과 죽음을 거의 잊은 듯했다. 그의 바이올린 연주는 세상에서 가장 아름다운 음표를 만들어냈다. 사람들은 그의 연주에 열광했고 도취되었다. 평론가들은 파가니니를 '악마의 바이올리니스트'라 불렀다. 괴테Goethe는 "현 위에 화염의 영혼을 보여주고 있다."라고 평가했다. 리스트는 "맙소사, 이 네 개의 줄에 얼마나 많은 고난과 고통, 상처받은 영혼이 담겨 있는가!"라고 말하며 감탄했다.

고난은 영혼을 정화시키고 비극은 사람을 숭고하게 만든다. 아마도 신은 처절한 고통을 통해 천재를 빚어내는 것인지 모른다.

우리는 헬렌 켈러와 니콜로 파가니니에 비해 건강한 사람들이다. 그런데도 삶이 불공평하다고 불평한다. 그래서 "왜 나만…."이라는 말을 달고 산다. 자신이 얼마나 자주 이 말을 하는지도 모른 채 못마땅한 부분만 보이면 입 밖으로 뱉어낸다. 분명히 알아야 할 것은 아무리 투덜대도 삶은 달라지지 않는다.

어느 현인은 "고난이 없는 인생은 진정한 인생이 아니다."라고 말했다. 인생이 고난을 통해 단련되면 자기 존재의 찬란한 빛을 밝힐 수 있다. 고난은 굴하지 않는 사람에게 멋진 선물을 준다. 성숙하고 당당한 인격, 완강하고 강인한 의지력, 삶과 생활에 대한 깊은 이해라는 선물이다.

인도에서는 수천 년 전부터 수많은 선지자들이 안개가 자욱한 산속에서 요가로 마음과 지혜를 수련했다. 그들은 수련을 통해 인생의 비범함을 증명하고 고난의 진정한 의미를 깨달았다. 조개가 아픔을 견디며 진주를 품듯 애벌레도 인고의 시간을 통해 나비가 된다. 생명의 신비를 하나하나 음미하다 보면 고통을 이겨낼 수 있는 삶의 근원적인 힘이 생겨난다. 어디 그뿐인가. 우뚝 솟은 나무의 곧은 자세는 거센 바람이나 빗줄기와 싸우며 단련된 결과이다. 정교한 도끼날은 대장장이가 수백 번 담금질하여 만들어진다. 숱한 고난이 없었다면 자연의 신비가 경이롭지 않다. 땀 흘리는 고통이 없다면 무디고 힘든 삶이 연속된다. 고난과 고통 뒤에 오는 기쁨을 만끽하고 싶다면 희망을 갖고 어려운 시기를 이겨내자.

숲에 들어간 사람은 숲을 보지 못한다. 산 밖으로 나가거나 산꼭대기에 올라야 그 산의 참모습을 볼 수 있다. 지금 고통스럽다고 자기 인생 전체를 한탄하고 포기하면 안 된다. 신은 고통과 즐거움을 공평하게 주었다. 각자 나눠진 고통의 무게는 다르겠지만 그 고난을 이겨

냈을 때 희열이 찾아온다. 불평불만을 달고 사는 사람을 좋아할 사람은 아무도 없다. 뜻하지 않은 곤경에 처했을 때 어떤 태도를 취할지 고민하자. 자신의 행동과 생각에 따라 이겨낼 여지가 보인다. 긍정적으로 받아들일 에너지가 생긴다. 그 힘이 고난 중에도 웃을 수 있는 여유를 준다. 인생이 얼마나 아름다운지, 당신을 비추는 햇빛이 얼마나 따사로운지 알 수 있다.

성공을 위한 하버드 자기관리법

고민과 슬픔은 삶에 대한 불만을 증폭시킨다. 누구든지 고난이 닥치면 낙담하고 실망한다. 모든 게 무미건조해지고 삶의 의미를 잃는다. 갈피를 못 잡고 방황하지만 그 시간을 줄여야 한다. 당신의 적은 자신이다. 자신을 이기지 못하면 실패할 수밖에 없다.

비난하려고 든 활을 내려라

하버드 출신 시어도어 루스벨트 대통령은 에이브러햄 링컨 대통령의 영향을 가장 많이 받았다. 루스벨트는 미국 대통령 재임 시절, 난관에 봉착할 때마다 벽에 걸린 링컨의 초상화를 보며 말했다. '만약 링컨이 지금까지 살아 있었다면, 이 문제를 어떻게 해결했을까? 링컨도 다른 사람에게 비난의 화살을 돌렸을까?'라고 자문했던 것이다.

링컨은 미국에서 '가장 완벽한 통치자'라는 수식어를 갖고 있다. 그는 불평을 늘어놓거나 누구도 비난하거나 원망하는 일이 없었다. 링컨의 좌우명은 "남의 심판을 받기 싫거든 남을 심판하지 말라."였다.

남북전쟁 당시 링컨은 장군들이 계속 실수를 하는 바람에 절망에 빠졌다. 맥클래런Maclaren, 포프Pope, 번사이드Burnside, 후커Hooker, 미드Meade 등 여러 장군을 몇 번이나 교체했지만 결과는 마찬가지였다. 링컨이 사람을 잘못 뽑았다는 질책이 이어졌다. 그는 이 상황을 너그럽게 받아들였다. 영부인이 "남부 사람들은 정말이지 꼴 보기도 싫어요!"다고 투덜거릴 때조차도, 링컨은 "너무 나무라지만 말아요. 우리도 그들의 입장이 되면 남부 사람들과 똑같이 했을 거요."라며 타일렀다.

1863년 7월 1일, 게티즈버그전이 시작되었다. 4일째 밤이 되자 마침내 남부군은 버티지 못했다. 남부군의 리(Lee) 장군은 패잔병을 이끌고 퍼붓는 호우를 틈타 포토맥 강까지 퇴각했다. 앞에는 강이 범람하고 있었고 뒤에는 북부군이 쫓아와 궁지에 몰린 신세가 되었다. 링컨이 승리할 수 있는 절호의 찬스였다. 링컨은 미드 장군에게 즉시 공격할 것을 명령했다. 미드 장군은 링컨의 명령을 어기고 긴급군사회의를 열었다. 시간을 지연시켜 공격을 미루겠다는 의도였다. 결국 비바람이 멈췄고 리 장군과 남부군은 포토맥 강을 건너 퇴각했다. 링컨은 극도로 분노한 상태에서 미드 장군에게 편지를 썼다.

친애하는 장군

이번에 리 장군을 놓친 것이 얼마나 큰 불행인지 장군이 모른다고는 생각지 않습니다. 적들은 바로 우리 손아귀에 있었지요. 리 장군을 생포하고 승리로 이끌었다면 전쟁은 아마 종결됐을 겁니다. 이제는 전쟁이 언제 끝날지 알 수 없게 되었습니다. 지난 월요일 리 장군을 잡아두었다면 그가 포토맥 강을 건너 퇴각할 수 있었을까요? 앞으로 당신이 성공할 거라고는 장담할 수 없고 저 또한 기대하지도 않습니다. 한 번 온 기회는 다시 오지 않는 법입니다. 정말 유감이군요.

링컨은 편지를 쓴 뒤 생각했다. '서두르지 말자. 내가 성급했을 수도 있어. 이렇게 조용한 백악관에 편히 앉아 명령을 내리기는 아주 쉽지. 만약에 내가 게티즈버그 전선에서 매일같이 수많은 사람이 피 흘리는 모습을 보고 비명소리를 들었다면, 아마 나도 선뜻 공격을 감행할 수 없었을 거야. 내가 미드였다 해도 똑같은 결정을 내렸을지도 모르지. 어쨌거나 배는 떠났고 이 편지를 보내봤자 내 기분만 풀리지 아무 소용이 없어. 미드 장군은 자기 변론을 위해 애를 쓸 거야. 그렇게 되면 그의 원망이 나에 대한 공격으로 되돌아오겠지. 이건 모두가 손해를 보는 일이야. 기껏해야 미드의 앞날을 망치거나 군대를 떠나보내게 할 뿐이겠지.'

링컨은 편지를 부치지 않았다. 편지는 훗날 백악관 서류함에서 발견되었다.

타인에게 불만을 터뜨리는 것은 아무 의미가 없다. 상대에 대한 불만을 입버릇처럼 내뱉고, 틈만 나면 비난하고 질책하는 일은 현명하지 못한 처세다. 이를 즐기는 사람은 사람들 사이에서 신뢰가 바닥을 칠 것이다. 인간관계에서 문제가 생겼을 때 비난의 대상을 찾지 마라.

한 번 준 상처는 회복할 방법이 없다. 다른 사람을 비난하지 않는 것은 관용이자 이해이다. 성숙한 사람이 되어가는 하나의 관문이다.

사람은 누구나 실수를 한다. 하지만 다른 사람의 실수를 용납하지 않는 사람보다 더 자주 실수하는 사람은 없다. 안타깝게도 자신에게 관대하고, 타인에게 엄격히 대하는 사람은 항상 있게 마련이다. 이런 부류의 사람은 어려운 일에 부딪히면 늘 책임을 다른 사람에 돌리고 불평을 밥 먹듯이 한다. 결과적으로는 모든 불행의 장본인이 된다.

성공을 위한 하버드 자기관리법

지나친 불만은 건강에 해롭다. 불평을 습관처럼 내뱉는 사람은 자기 삶도 그 안에서 함께 썩어가고 있지만 그 냄새를 맡지 못한다. 결국에는 불만의 희생양이 되어버린다. 자기 분노를 최대한 자제하라. 도저히 참지 못하겠다면 링컨처럼 종이에 그 불만을 쏟아낸 뒤 찢어버려라.

긍정에너지로 삶에 시동을 걸어라

시카고의 어느 공장은 생활 편의 시설이나 오락 시설은 물론 각종 사회보험과 노후보장보험에 이르기까지 직원을 위한 복지 시설을 완벽하게 갖추고 있었다. 그런데도 일에 대한 직원들의 의욕이 높지 않고 판매실적도 좋지 않았다. 메이오 George Elton Mayo 하버드 심리학 교수가 그 원인을 조사해보았다. 2년 동안 직원들을 면담한 결과, 직원들이 회사에 대한 불만을 표출할 길이 없어 능률이 떨어진다는 원인을 밝혀냈다. 면담에서 회사에 대한 불평을 토로한 직원들은 심리적 안정을 찾고 일에 전념했다. 물론 의욕도 훨씬 높아졌다. 이것이 '불평효과'이다. 불평을 효과적으로 표출하면 기대 이상의 효과를 얻는다.

불평은 자기 판단에서 비롯되는 부정에 대한 심리의 암시에서 온다. 불만에 찬 사람은 주어진 문제에 소극적일 수밖에 없다. 자기 생활이 만족스럽지 않다고 여긴다. 자기가 기준으로 정한 삶과 현실에서 극복되지 않는 차이 때문에 불만이 생긴다. 그러나 대부분 불만 자체가 그다지 심각한 일이 아니다.

하버드를 졸업한 사람이 뉴욕의 유명한 심리학자 머피Murphy의 '마음의 과학'이라는 수업을 수강했다. 그는 "제 인생은 모든 게 다 엉망이에요. 저는 건강과 재산, 친구를 모두 잃었어요. 무슨 일이든 제가 건들기만 하면 탈이 나버리거든요."라고 고민을 털어놓았다. 머피는 잠시 생각하더니 그에게 조언했다.

"무언가를 생각할 때는 먼저 한 가지를 분명하게 내세워야 합니다. 그것은 바로 당신의 잠재의식입니다. 잠재의식은 당신을 무한한 지혜로 이끌지요. 당신의 정신과 마음, 물질적인 방면에서 더 좋은 방향으로 나아가게 만듭니다. 당신이 어떤 투자나 결심을 할 때마다 지혜를 가져다줄 겁니다. 그뿐 아니라 당신의 건강은 물론 마음의 안정도 되찾아 줄 겁니다."

머피가 제시한 잠재의식은 무한한 지혜를 끌어내고 몸을 건강하게 만들어준다. 몸과 마음의 조화 속에서 아름다움과 사랑, 평화, 만족감을 가져다준다. 올바른 행동과 원칙 그리고 선한 의지가 삶을 통제하게 만든다. 자신이 생각한 것이 영원한 생명의 진리 위에 있고, 잠재의식이 내 의식적 생각에 따라 반응할 것이라고 믿게 된다. 잠재의식이 가져다주는 자기 능력의 상승효과이다.

얼마 지나지 않아 이 하버드 졸업생은 머피에게 편지를 보냈다.

"하루에도 몇 번씩 저는 진심을 다해 천천히, 그리고 조용히 '나의 가능성을 믿는다.'라고 되새깁니다. 이 말들이 잠재의식에 깊이 파고들어서 나중에 꼭 좋은 결과를 가져다주겠죠! 교수님의 말씀에 진심으로 감사드립니다. 제 생활은 모든 면에서 벌써 좋은 방향으로 나아가고 있습니다. 이 방법은 정말로 근사합니다."

우리가 어떤 심리적 암시를 하느냐에 따라, 감정은 두 가지 반응을 보인다. 사막에서 반 컵의 물을 봤을 때 긍정적인 자기암시는 '와, 다행이다. 아직도 반이나 남았네!'라고 생각하지만, 부정적인 자기암시는 '어떡하지, 반밖에 안 남았네!'라며 울상을 짓는다. 누가 사막을 건널 수 있을까?

아마도 낙관적인 태도로 반 컵의 물을 받아든 자가 사막을 건널 수 있을 것이다. 불만으로 물컵을 든 자는 신세만 한탄하며 한 걸음을 뗄 동력마저 잃어버린다. 성공학의 거장인 나폴레온 힐Napoleon Hill은 "모든 성공과 부의 신념은 자기의식에서 출발한다."라고 말했다. 삶과 능력, 이상, 바람, 자기통제는 모두 자의식이 만들어내는 요소들이다.

어려운 상황이 닥치더라도 자신에게 긍정의 심리적 암시를 주어라. 가능하지 않은 일은 없다, 하나의 긍정적인 요인이 있다면 도전해볼 가치가 있다, 도전해본 뒤 포기해도 늦지 않다. 자기 의지에 불을

지필 수 있는 말들로 긍정의 마인드를 주입하자. 삶의 모든 면이 좋은 방향으로 흘러갈 물꼬를 트는 일이다.

성공을 위한 하버드 자기관리법

경기가 침체되면 기업들은 임직원감축, 정리해고, 임금삭감 등을 감행한다. 때문에 취업을 앞둔 사람들은 좌절과 고난에 부딪힌다. 자기 의지로 변화시킬 수 없는 사회적 어려움 속에서도 긍정에너지를 채우고 용감하게 나아가야 한다. 자포자기하지 않고 성실하게 하루하루를 살다 보면 기회가 반드시 온다.

◆ 나를 바꾸는 하버드 '불만통제' 트레이닝

불만은 부정적인 심리로 부정적인 메시지를 전달한다. 매사에 부정적인 꼬리표를 달아놓고 삶 전체를 부정적으로 만들어버린다. 불만을 터뜨리고 나면 마음이 홀가분해지기는커녕 오히려 암울하고 우울하며 무거워진다. 마음속에 불만이 자라나면 다음과 같은 방법을 시도하자.

1. 불만이 생길 때 껌 씹기

불평을 멈추는 최고의 방법은 집중력을 분산시키는 것이다. 마음이 복잡하고 불만이 생길 때는 껌을 씹어보자. 부정적인 감정을 풍선껌에 담아 터뜨려버리면 불만도 도망간다.

2. 자신한테 '없는 것'이 아닌 '있는 것'에 집중하기

사람들은 자신에게 부족한 부분이 있을 때 불만을 품는다. "나는 저 여자만큼 예쁘지도 않고 연봉도 더 적어!"와 같은 말은 자기에게 실망만 안긴다. "난 이것도 없고 저것도 없어!"라고 말하기보다 자신이 가진 더 많은 것들을 바라보자. 내가 가지고 있는 것을 생각하면 심리적으로 안정되고 더 나은 삶을 살아갈 의지가 생긴다.

3. 기분이 안 좋을 땐 강가에서 산책하기

사람은 태어나기 전 양수에 있었기 때문에 물과 매우 친숙하다. 고민이 생겨 불만이 가득할 때는 물가 근처를 산책하며 휴식을 취하라. 고민이 많다면 모든 것을 제쳐두고 푸른 나무와 잔잔한 호수 근처에서 여유로운 시간을 보내보자.

4. 주말에 맛있는 한 끼 먹기

제대로 된 한 끼 식사는 자신에게 주는 특별한 선물이 된다. 기분도 자연스레 좋아진다. 맛있는 한 끼 식사로 환경이 바뀌지 않겠지만 불평에서 멀어질 수 있다.

5. 짬이 날 때 운동하기, 잘 먹고 잘 놀기, 책 읽기

바빠지면 불만을 가질 시간도 없다. 바쁘지 않을 땐 운동을 하거나 외출을 하자. 책을 읽어도 좋다. 책 속에 펼쳐진 또 다른 세상을 만나면 여행하는 기분이 든다.

6. '감사하다'고 말하기

당신을 도와줄 의무가 있는 사람은 없다. 당신이 할 일인데 누군가 도와준다면 무조건 감사해야 한다. 감사의 의미를 깨달으면 불만이 눈 녹듯 녹는다.

어떤 인물이 될지는

당신 자신만이 결정할 수 있다.

하버드 졸업생, 미국의 저명한 시인_랄프 왈도 에머슨

제 11강_잠재력 기르기

보이지 않는 능력은 가늠할 수 없다

H A R V A R D

S U C C E S S

C L A S S

가능성의 문을 열고 희망을 직조하라

하버드 심리학과 교수이자 미국 심리학의 아버지 윌리엄 제임스William James는 "19세기 인류의 가장 위대한 발견은 자연과학 영역이 아닌 인간의 잠재의식에 존재하는 신앙이 만들어낸 힘이다."라고 말했다. 사람이라면 누구나 무궁무진한 잠재력을 가지고 있다는 의미이다. 보이지 않는 잠재력에는 무한의 가능성이 내포되어 있다는 함의가 담겼다. 자신에게 역경이 몰아닥쳤을 때 이 잠재력의 위력은 더 커진다.

한 심리학자가 대학 운동선수 몇 명을 선발해 실험을 진행했다. 지금 하는 훈련은 다른 선수들이 해내지 못한 훈련이라는 암시를 주고 당신들은 매우 특출나기 때문에 잘해낼 수 있을 거란 말을 덧붙였다. 선발된 운동선수들은 총 두 그룹으로 나뉘었다. 먼저 출발한 첫 번째 그룹은 최선을 다했지만 결국 실패했다. 두 번째 그룹이 체육관에 도착하자 실험 연구원은 첫 번째 그룹이 실패했다고 알려주었다. 알약을 나눠주면서 신약이며 이 약을 먹으면 초인적인 힘을 발휘할 수 있다고 말했다. 그 결과 알약을 복용한 두 번째 그룹은 정말로 그 어려운 훈련을 완수했다.

하지만 그 알약은 아무런 효능이 없는 분말로 만든 것이었다. 약의 효과로 해낸 게 아니라 플라시보 효과로 가능성을 믿고 스스로 할 수 있다고 믿었기 때문에 가능했다. 이것이 긍정적인 자기암시가 만들어낸 효과이다. 불가능도 이뤄낼 수 있는 잠재력이 자신에게 있다는 사실의 증명이다.

긍정의 자기암시는 잠재의식의 발현이다. 최신 과학기술을 총동원하더라도 그 힘은 측정이 불가하다. 언제 어디서나 발현될 수 있는 능력도 있다. 고민 중에도, 버거운 일로 힘들 때에도, 목표를 가지고 도전하는 시점에서 그 힘을 발산할 수 있다. 심리학 교수들은 "인간은 수면 상태에서 땀 분비가 더 많고 눈과 귀, 다른 감각기관들도 모두 쉬지 않는다. 위대한 과학자들은 수면 상태에서 더 많은 난제를 해결했다."라고 말한다. 이성이 해내지 못하는 일을 잠재된 의식이 감각적으로 작동했을 때 나타날 수 있는 일이다. 자기 능력 밖의 일이라고 치부했을지라도 불시에 불현듯 능력을 피워낸다. 그것이 잠재능력의 특징이다.

그러나 이 능력은 예민해서 자신을 믿어주는 사람에게 모습을 드러낸다. "내가 할 수 있겠어?"라는 자기 부정적인 말을 하는 사람은 결코 찾을 수 없게 꽁꽁 숨어버린다. 그로 인해 그들은 결코 잘될 수 없고 잘해낼 수 없다. 그로 인해 성공하지도 못한다.

잠재의식의 무한한 지혜와 힘을 믿어라. 당신이 해내지 못할 일이란 없다. 잠재력은 사람의 근본적인 심리를 통해 훨씬 더 큰 영향력을 행사한다. 스스로 확신이 생길 때 마음속에 있는 두려움은 사라지고 잘못된 생각들을 고칠 수 있다. 앞으로 일어나게 될 결과가 좋을 거라 믿고 미리 감사한다면, 마음속에서 부정적인 생각들은 사라지고 잠재의식이 이끄는 길로 가게 된다. 이 자체가 보이지 않는 잠재능력을 찾아내는 작업이다.

너무 쉽고 간단하게 잠재능력을 찾아낼 수 있지만 우리의 의식은 그 능력에 사사건건 간섭한다. 우려, 염려, 당황, 의기소침 같은 감정들이 불쑥불쑥 방해한다. 그때마다 무기력을 불러와 의욕이 상실되고 신체 건강에도 악영향을 끼친다.

기분이 좋지 않을 때는 일에서 손을 잠시 뗀 후 여유로운 마음을 갖자. "다 괜찮아."라고 말하며 기분전환을 위해 시선을 돌리자. 잠깐이면 된다. 좋아하는 차 한 잔의 여유도 좋다. 그러면 신체의 모든 기능도 다시 정상으로 돌아온다.

일상생활을 할 때도 의식적으로 좋은 생각을 해야 한다. 즐거운 생활을 위해 기본적이면서도 의미 있는 자기 응원이다. 마음의 언어는

들을 수도 볼 수도 없지만 가장 진실하다. 마음이 두려움, 근심, 조급함 혹은 공허함으로 가득 차 있다고 상상해보라. 매일 우울하고 풀이 죽어 있는 냉소적 인간으로 변하게 된다. 다시 한 번 당부하지만 마음에 있는 긍정의 잠재의식을 불러 가능성과 희망을 직조하라. 자신이 짠 '정신적 직물'이 화려하고 아름다울 때 삶이 윤택해진다.

성공을 위한 하버드 자기관리법

심리안정은 몸과 마음을 편안하게 해주고 스트레스를 쏟아낼 수 있도록 돕는다. 극도로 피곤하거나 우울함을 느낄 때는 잠시 눈을 감고 명상을 해보자. 생각을 멀리 떠나보냈다가 조금씩 돌아오게 하는 방법은 우리 정신을 이완시켜준다.

잠재력은 묻어둘수록 후회만 남는다

잠재의식은 지그문트 프로이드Sigmund Freud가 처음 제시한 개념이다. 정신을 빙산으로 비유해 일반인도 이해하기 쉽게 설명했다. 수면 위로 부유한 빙산의 일각은 우리가 의식적으로 하는 생각이나 이성에 의한 판단이다. 수면 아래 거대한 빙산은 잠재의식이다. 어느 정도의 크기와 가능성을 함유하고 있는지 가늠하기 힘들 정도로 어마어마한 에너지를 가지고 있다.

프로이드는 인간의 언행은 극히 일부분만이 의식에 의해 제어되고, 나머지는 모두 잠재의식에 의해 지배당한다고 보았다. 자신이 가진 잠재의식을 본인이 느끼지 못하고 있을 뿐 실제로는 능동적으로 작동하고 있다고 한다. 잠재능력은 마르지 않는 샘물이다. 우리는 이

샘물에서 필요한 걸 모두 얻을 수 있다. 거대한 잠재적 능력을 끄집어낼 수만 있다면 기적도 이뤄낼 수 있다.

존John은 하버드 음대생이다. 그는 평소처럼 연습실로 들어가 피아노 앞에 새로운 악보를 올려놓았다. 존은 악보를 넘기며 '너무 어려워.'라고 혼자 중얼거렸다. 피아노 연주에 대한 자신감은 바닥난 지 오래였다. 벌써 3개월이나 지났다. 존은 지도교수가 왜 그렇게 이상하게 가르치며 자신을 괴롭히는지 이해할 수 없었다. 그는 억지로 정신을 차리고 손가락으로 건반을 두드리고 또 두드렸다. 피아노 소리가 교실 밖에 있는 교수의 발걸음 소리를 덮었다.

지도교수는 세계적인 음악가였다. 수업 첫날, 교수는 존에게 악보 하나를 던져주며 한번 쳐보라고 했다. 굉장히 난이도가 높은 악보였다. 존은 서툰 솜씨로 겨우 연주를 마쳤다. 수업이 끝나고 교수는 존에게 아직 실력이 부족하니 돌아가서 열심히 연습하라고 다그쳤다.

존은 교수에게 검사를 받기 위해 일주일간 열심히 연습했다. 하지만 다음 수업시간이 되자 교수는 난이도가 더 높은 악보를 주며 쳐보라고 하는 게 아닌가! 지난번 수업시간에 연습시켰던 악보에 대해서는 전혀 언급하지 않았다. 존은 더 어려워진 악보를 힘겹게 연주했다. 세 번째 수업시간에는 전보다 훨씬 더 어려운 악보를 연주해야 했다.

이러한 상황은 계속 이어졌다. 존은 수업할 때마다 새로운 악보를 받았다. 존은 집으로 돌아가 열심히 연습했지만, 다음 수업시간에는 꼭 두 배 더 어려운 악보를 받았다. 아무리 열심히 연습해도 존은 도

무지 진도를 따라갈 수 없었다. 일주일 동안 꼬박 연습해도 실력이 늘었다는 기분도 들지 않았다. 존은 점점 더 불안감을 느꼈고 의기소침해져 갔다.

교수는 평소처럼 연습실에 들어왔다. 존은 더 이상 참지 못하고 교수님께 3개월 동안 자신을 괴롭힌 이유를 물었다. 교수는 아무 말도 하지 않고 맨 처음 존에게 주었던 악보를 건네며 쳐보라고 했다.

놀라운 일이 벌어졌다. 존 자신조차 깜짝 놀랐다. 너무나도 아름답고 유려하게 그 곡을 잘 연주해냈다. 교수는 두 번째 수업시간에 건넸던 악보도 꺼냈다. 존은 또다시 놀라운 실력으로 연주했다. 연주가 끝나고 난 뒤 존은 얼떨떨한 표정으로 감격에 젖었다. 교수는 존의 어깨를 다독이며 말했다.

"만약 내가 널 이렇게 훈련시키지 않았다면, 아마 처음 받았던 악보를 아직도 연습하고 있었을 게다. 그러면 지금처럼 연주하지 못했을 거라네."

하버드 교수들은 "사람은 누구나 무한한 잠재능력이 있다."라고 학생들에게 말한다. 거대한 잠재능력은 발견되고 인식되고 개발되기를 기다리고 있다. 자신은 가진 능력이 없다고 단정짓지 말고 미처 보지 못했던 잠재능력을 개발해내야 한다. 다양한 경험을 통해 잠재능력의 힘이 발휘될 때 우리는 무한한 자신감을 가질 수 있다.

미국 심리학자 제임스James는 "보통사람들은 자신의 잠재능력을 10분의1밖에 사용하지 못한다. 우리가 사용할 수 있는 자원의 아주 작은 일부분만을 사용하고 있다. 심지어는 방치하기까지 한다."라고 말했다. 자기 내면에 숨은 거대한 잠재능력을 찾아라. 자신이 얼마나 위대한 일을 해내고 얼마나 높은 성취를 일궈내는지 확인하자. 오늘부터 잠재능력을 찾아내는 술래가 되라.

성공을 위한 하버드 자기관리법

잠재의식을 통해 무한한 잠재능력을 발휘하자. 만능열쇠가 미래라는 문을 여는 것처럼, 우리에게 무한한 도전과 기쁨을 선사한다. 잠재의식은 무궁무진하고 끝없는 보물창고이다. 위대한 조물주가 우리에게 선사한 고귀한 자산이다.

한계에 도전하려거든 잠재력을 깨워라

1896년 제1회 아테네 올림픽의 첫 번째 경기 종목은 삼단멀리뛰기였다. 그때 13.71미터라는 기록으로 미국의 코너리Connery 선수가 우승을 차지했다. 올림픽 역사상 첫 번째 챔피언에 이름 올린 것이다. 당시 코너리는 하버드 학생이었는데 학교 측에서는 그의 올림픽 출전에 동의하지 않았다. 코너리는 갈등했다. 무엇이 자신을 위한 일인지, 교칙을 어기면서까지 올림픽에 출전하는데 메달은 딸 수 있는지, 순위 안에 못 들고 빈손으로 귀국해 웃음거리가 되는 것은 아닌지 마음이 갈팡질팡했다. 코너리는 생각이 복잡해질수록 '나는 올림픽에 나가고 싶다.', '나는 세계 1인자가 될 수 있다.'라고 단순하게 생각하기로 했다. 코너리는 자신의 가능성을 믿었다. 자기 마음이 그렇게 말하고 있었다.

코너리가 아테네에서 귀국하자 보수적이었던 하버드는 학교 규범 위반이라는 이유로 그의 학적을 박탈했다. 그렇지만 그로부터 50여 후 하버드는 코너리에게 명예박사 학위를 수여해 아테네 올림픽에서 이룬 공로를 인정했다.

세르게이 부브카Sergey Bubka는 유명한 장대높이뛰기 챔피언이다 장대높이뛰기의 '차르(제정 러시아 시대 황제의 칭호)'로 불렸다. 부브카는 장대높이뛰기에서 신기록을 수십 차례 세웠으며, 아직도 세계 신기록을 두 개나 보유하고 있다.

부브카가 장대높이뛰기 선수로 이름을 날리기 전, 그는 기록을 갱신하기 위해 부단히 노력했지만 번번이 실패했다. 그때마다 그는 낙담하고 깊은 고민에 빠졌고, 자기 능력을 의심하기까지 했다. 어느 날 그는 고개를 저으며 코치에게 정말이지 더는 못 뛰겠다며 이유를 말했다.

"출발선에 서서 높은 곳에 있는 장애물만 바라보면 두려움이 먼저 몰려옵니다."

코치는 부브카를 바라보며 근엄한 목소리로 말했다.

"부브카, 지금 네게 필요한 건 눈을 감고 먼저 마음으로 저 장애물을 넘는 거란다."

코치의 충고에 부브카는 번쩍 정신이 들었다. 코치의 말을 듣고 다시 폴을 잡은 부브카는 장애물 너머로 몸을 순조롭게 넘길 수 있었다. 코치는 밝게 미소를 지으며 의미심장하게 말했다.

"기억하렴. 먼저 마음이 저 장애물을 넘어야 너도 장애물을 넘을 수 있단다."

사람은 누구나 타성에 젖는다. 누구든지 따듯한 이불 속에서 편히 쉬고 싶어 한다. 심리학 연구에 따르면, 사람은 어느 정도의 스트레스를 받아야 잠재능력을 최대한 발휘할 수 있다고 한다. 맹자는 "근심과 걱정 속에서 살아날 길이 있고, 안정과 편안에서 죽을 길이 있다."라고 했다. 역경이 닥쳤을 때 그 스트레스를 원동력으로 삼아 더 큰 잠재능력과 투지를 발휘할 수 있다. 지금의 상황을 변화시키고 운명을 바꾸기 위해서는 끊임없는 노력과 전력을 다해 싸우는 정신이 필요하다.

남녀노소 누구를 막론하고 누구나 잠재력이라는 보물창고를 갖고 있다. 아무리 꺼내 써도 줄어들지 않는 화수분의 창고이다. 하지만 사람들은 그것을 활용할 줄 모른다. 분명히 뭔가 있는 것 같다는 느낌을 받지만 그 비밀을 캐내려 하지 않는다. 몰라서일 수도 있지만 대개는 "설마 그런 능력이 내게 있겠어?"라고 의심하며 자신을 믿지 못하기 때문이다.

화분에 물 주듯 자신에게 약간의 격려를 주자. 잠재능력이 싹틔울 수 있을 정도면 된다. 칭찬도 좋고 할 수 있다는 외침도 좋다. 한 번씨익 웃어주는 것만으로 된다. 그러기 위해 먼저 우리 앞에 놓인 마음속의 장애물을 넘자. 가능성을 둘러싸고 있는 불가능하다는 인식을 벗겨내야 한다. 그래야만 자기 역량을 발휘할 수 있다.

과거의 성공은 잊어라. 과거가 아무리 찬란했다고 한들 우리는 현재를 산다. 그리고 미래를 꿈꾼다. 과거가 일궈낸 편안한 삶을 포기하지 못해 용감하게 도전하지 못하는 잘못을 범하지 말자. 그것이 더 큰 성공을 막는 원인이다. 고착된 장애물을 마음으로 먼저 넘어보자. 당신은 언제든 가능하다. 당신은 무엇이든 가능하다. 스스로 자신에게 도전 기회를 줘라.

성공을 위한 하버드 자기관리법

우리는 누구나 거대한 잠재 능력을 갖고 있다. 자신을 믿을 때 비로소 잠재능력이 최대치로 발휘된다. 다시 말해 불가능을 가능하게 할 수 있다는 의미다. 이렇게 말하는 데도 주저할 것인가. 자신을 믿어라. 성공이 눈앞에 있다.

◆ 나를 바꾸는 하버드 '잠재력 기르기' 트레이닝

잠재능력의 힘을 발휘하고 싶다면 다음과 같은 훈련을 해보자.

1. 매일 아침 일어나서 자신에게 "~이 되고 싶다."라고 말하기

"나는 ~을 하고 싶어. 난 ~를 얻고 말 거야. 난 ~이 되고 말 거야."라고 집중해서 말해보자. 확신에 찬 큰소리로 이렇게 외친다면, 잠재의식이 이 소리를 듣고 당신에게 거대한 능력을 선사해준다.

2. 잠자기 전 30분 동안 명상하기

명상이란 의식적인 생각을 멈추고 무아지경에 빠지는 심리적인 행위를 의미한다. 의식을 잃는 것이 아니라 의식이 또렷한 상태에서 잠재의식을 아주 예민하게 활성화시킬 수 있다. 오늘부터 매일 밤 자기 전에 30분 동안 명상을 시도해보자.

3. 매주 2시간 동안 큐브 맞추기

잠재의식을 최대한으로 발휘하기 위해서는 고도의 집중력이 필요하다. 매주 2시간 동안 모든 정신을 큐브 색깔 맞추기에 쏟고 뇌를 편하게 하자. 큐브 맞추기를 지속하면 집중력이 향상된다.

4. 노트에 생각나는 대로 전부 기록하기

자기 전에 노트를 준비해서 생각나는 모든 것을 기록해보자. 2주에 한 번씩 꺼내서 읽다 보면 꽤 유용한 생각들을 찾아볼 수 있고 창의력도 덩달아 향상된다.

제 12강_습관통제

좋은 습관 하나가 성공을 불러온다

HARVARD SUCCESS CLASS

나쁜 습관은
통제가 답이다

마르크스Marx는 "삶을 바다라고 한다면 강인한 의지를 가진 사람만이 바다를 건너 부두에 도착할 수 있다."라고 말했다. 찬란하게 성공하는 비결은 자신을 얼마나 통제할 수 있느냐 여부에 달렸다. 자신을 제어할 줄 아는 사람은 성공적인 자기 지도력을 갖추었다. 자신을 가르치고 좋은 길로 이끌 수 있는 능력의 소유자이다. 자기 통제력은 자신의 의지로 자기감정을 조종하고 말과 행동을 가려 할 수 있는 능력이다. 성공의 비결이 바로 여기에 있다.

하버드를 졸업한 벤자민 프랭클린Benjamin Franklin은 프랑스어, 스페인어, 이탈리아어, 라틴어를 독학한 명석한 정치가이자 작가, 화가, 철학가, 발명가이다. 미국 독립전쟁에 참전했으며 '자유, 평등, 박해'라는 명언을 남겼다. 또한 미국의 '독립선언서'를 서명한 주요인물 중 하나이다.

폭넓은 분야에서 뛰어난 공헌을 한 프랭클린은 국경과 인종을 넘고 세대를 초월해 존경받았다. 79세가 되었을 때 프랭클린은 지나온 자신을 되돌아보았다. 젊은 시절에 했던 특별한 훈련이 모든 성공과 행복을 가져다주었다고 생각하고 글을 써 내려갔다.

프랭클린이 찾아낸 성공의 핵심은 절제, 침묵, 질서, 결단, 절약, 근면, 진실, 정의, 중용, 청결, 침착, 순결, 겸손이라는 총 '13개의 원칙'이었다. 13가지 원칙을 습관으로 만들어야만 진정한 자기 것이 된다고 믿었다. 그렇지 않으면 이 원칙들은 그저 책에 쓰여 있는 교훈에 불과하다고 생각했다.

프랭클린은 노트를 준비해 각각의 원칙에 해당하는 표를 그렸다. 한 번에 한 가지 원칙을 집중해야 효과가 있음을 분명히 했다. 그렇지 않으면 역효과가 난다. 첫째 주에는 절약에 집중했다. 매일 사람들과 어울리고 생활하면서 절약을 실천했는지 살펴보고 노트에 기록했다. 일주일 동안 절약을 잘하고 있는지 매일 같이 살피고 관리했다. 놀랍게도 자기 생활에서 절약이 서서히 몸에 익어가고 있음을 발견할 수 있었다.

효과를 알게 된 프랭클린은 둘째 주에는 첫 번째 원칙인 절약습관을 지속하면서 두 번째 원칙인 침묵을 훈련했다. 셋째 주에도 마찬가지로 앞서 지속했던 습관들을 이어가는 동시에 세 번째 원칙인 질서를 훈련했다. 그렇게 13주가 지나자 프랭클린은 자기 행동 하나하나가 완전히 바뀌었음을 알게 되었다. 그는 13주라는 시간으로는 습관에 고착되기가 부족할까 봐 다시 1년 동안 3번이나 반복해서 연습했다. 1년 후 프랭클린은 전혀 다른 사람이 되었다. 이 변화는 이제 그에게 녹아들어 거스를 수 없는 습관이 되었다, 이런 그가 어떻게 성공하지 않을 수 있었겠는가!

한 가지 일을 21일 이상 반복하면 습관이 되고, 90일을 반복하면 완전한 습관으로 자리 잡게 된다. 마찬가지로 한 가지 생각을 21일간 반복하면 습관적인 생각으로 변한다. 에베레스트를 최초로 정복한 뉴질랜드 산악인인 에드먼드 힐러리Edmund Percival Hillary는 어떻게 세계 최고봉을 오를 수 있었느냐는 질문에 "제가 진정으로 정복한 것은 산이 아니라 제자신입니다."라고 말했다. 의지력, 자제력 혹은 자기극복이 도전과 성공을 가능하게 했다는 뜻이다. 실제로 자신이 좋아하지 않거나 못 해낸다고 여겼던 일들을 매일 꾸준히 시도해보자. 자신의 강한 의지력과 자제력이 뒷받침된다면 충분히 개발될 것이다.

우리는 게으름을 피우기도 하고 욕심과 즐거움을 좇으며 자제력을 잃기도 한다. 그 결과 돌이킬 수 없는 길을 가게 된다. 지나친 욕심은 정신을 부식시킬 뿐만 아니라 우리를 무기력하게 만들고 황폐한 삶을 살게 한다. 잠깐의 편안함에 속아 세월을 낭비하지 말자. 나쁜 습관을 몸이 기억하면 안 된다. 하버드 심리학 교수는 "실천을 통해서만이 진정한 자제력을 얻을 수 있다."라고 말했다. 관성과 반복적인 자제력 훈련만이 우리 신경을 완전히 컨트롤 할 수 있다. 반복적인 노력과 반복적인 훈련 의지라는 관점에서 볼 때 자제력 배양은 일종의 습관 형성이다.

성공을 위한 하버드 자기관리법

우리 생활을 유심히 살펴보면 사람이란 본래 습관의 동물이란 걸 알 수 있다. 원하든 원하지 않든 습관은 틈만 나면 우리 삶 곳곳에 파고든다. 일상생활의 90%는 습관과 관성에서 나온다는 조사도 있다. 습관을 통제하지 못한다면 우리 삶은 그 영향권에서 벗어날 수 없다.

건강한 신체에 강인한 정신이 깃든다

하버드 의대 정신과 부교수 레이티John J. Ratey는 《활력_혁명적 교육 과학과 두뇌》라는 책을 통해 운동과 두뇌활동 간의 상관관계를 발표했다. 운동이 인간을 똑똑하게 만들지는 않지만 학습자의 대뇌가 공부하기 가장 좋은 컨디션으로 만들어준다는 원리였다. 뇌과학, 생물의학, 교육연구 등 다양한 분야의 자료를 수집해서 운동이 뇌에 미치는 결과를 분석으로 운동이 삶에 끼치는 영향이 고스란히 드러난다. 운동이 주는 장점은 주의력 향상, 스트레스 해소, 집중력, 노화 지연 등이었다.

하버드의 한 심리학자는 체력이 약한 중고생을 대상으로 한 달간 체력단련을 진행했다. 그 결과 학생들은 체력이 향상되었을 뿐만 아니라 자제력, 인내력이 향상되는 등 심리적으로도 긍정적인 영향을 끼쳤다. 그 때문에 하버드에서는 학생들이 체육활동에 참여함으로써 얻게 되는 긍정적 효과를 늘 강조한다. 건강하고 더 나은 습관을 형성하는 데 주안점을 두고 체육조직 관리기관인 체육부를 신설해 전교생의 체육활동을 도모한다. 하버드 체육활동은 크게 학교별 리그전과 오락 스포츠 활동으로 나뉜다. 학자의 경우 교육과정과 떼려야 뗄 수 없다. 체력이 뒷받침되어야 진공과목의 연구도 활발하게 이루어지기에 모든 학생이 흥미와 기술에 따라 원하는 활동에 참여하도록 유도한다. 실제 통계에 의하면 스포츠 활동을 활발하게 한 학생이 끈기와 집중력이 더 높은 것으로 조사됐다. 자기주도적인 학습에서는 탁월한 능력이 발휘되었다.

신체기관은 청소년기에 발달을 완성한다. 성인이 되기 전까지 신체기관은 계속 발달하며 에너지를 충전하는 시기라고 한다. 각 기관이 얼만 만큼의 에너지를 쓸 수 있는지, 얼마나 오래가는지는 이 충전의 질이 얼마나 좋은가에 달려 있다. 체력을 비축하고 신체를 단련해야 할 시기에 몸을 사리지 않고 체력을 소모시킨다면, 신체기능의 발달은커녕 오히려 체력을 저하시키는 결과를 초래한다. 청소년기에 잘못 들인 좋지 않은 습관은 신체뿐만 아니라 정신까지 나쁜 영향을 끼친다. 체력이 저하되면 매사에 의욕을 잃는다. 힘들다는 생각이 먼저 들어 같은 일을 하면서도 기쁨을 느끼지 못한다. 따라서 지속적인 운동으로 들인 좋은 습관은 미래의 생존과도 직결된다. 삶의 질까지 좌우한다.

규칙적인 운동은 골격과 근육의 성장에 도움을 주고 혈액순환, 호흡기, 소화기 계통 등의 신체기능을 효과적으로 개선한다. 또한 신체 발육을 촉진하고 면역력과 적응력까지 향상시켜준다. 신경계통 조절 기능을 개선해 신체활동의 복잡한 변화를 판단하는 능력을 높이고, 신체가 환경의 변화에 적응하고 정상적인 활동을 유지할 수 있도록 돕는다.

규칙적으로 운동하는 사람은 건강한 신체기능을 통해 미래를 위한 좋은 에너지를 축적한다. 운동을 통해 단련된 심장은 맥박수 대비 충분한 혈액을 몸에 제공한다. 그 때문에 심장박동이 비교적 느리고 더 오랜 기간 건강한 심장 역할을 해낸다. 물론 다른 신체기관에도 비슷한 효과를 준다. 여기에 더해 규칙적인 운동은 정신건강에도 유익한 영향을 끼친다. 결단력, 추진력, 자신감, 강인함, 책임감, 용기, 적극성, 독립성, 자제력 등 좋은 성품을 자극한다.

신체를 움직이는 운동이지만 종목에 따라 형성되는 성격이 달라진다. 자전거, 수영, 조정, 조깅, 스케이팅, 스키 등은 끈기와 자제력, 적극성, 독립성, 결단력 향상에 도움이 된다. 리듬체조, 역도, 육상, 멀리뛰기, 투창, 피겨 스케이팅, 사격과 같은 운동은 끈기와 자제력, 용기, 적극성, 독립성, 결단력을 증진시킨다. 다이빙, 허들 경주, 승마, 등산, 모터사이클, 스카이다이빙은 결단력, 용기, 적극성과 독립성 강화에 좋다. 구기 종목은 적극성, 독립성, 끈기, 결단력, 용기, 자제력을 향상시킨다. 펜싱과 레슬링은 적극성, 독립성, 용기, 자제력, 결단력, 끈기 향상에 도움을 준다. 하지만 무엇보다 자기에게 맞는 운동을 선택하는 것이 중요하다. 억지로 하는 운동은 오히려 신체 리듬을 파괴할 수 있다. 흥미를 가지고 즐겁게 할 수 있는 운동을 찾아야 한다.

건강한 신체와 정신은 운동에서 싹튼다. 그만큼 자신이 원하는 분야에서 원하는 만큼의 성공이 보장된다. 운동으로 건강을 챙기면서 삶의 알찬 열매를 풍성히 수확하는 기쁨을 누려보자.

성공을 위한 하버드 자기관리법

사람의 심리적 자질은 실천을 통해 훈련된다. 건강한 몸에서 더 좋은 심리적 자질이 드러난다. 운동으로 신체를 단련하면 부드러움과 강인함을 동시에 갖게 된다. 자기가 원하는 만큼 추진할 수 있는 동력이 여유 있게 마련된다.

휴대폰도
쉬어야 한다

하버드경영대학원 교수인 레슬리 펄로Leslie Perlow는 흥미로운 실험을 진행했다. 컨설팅 회사 직원들에게 일주일에 적어도 하루는 정시에 퇴근하고, 퇴근 후에는 휴대폰을 꺼놓도록 했다. 일정 기간이 지난 후 이 실험에 참여한 사람들을 조사했는데, 규칙에 따라 정시에 퇴근한 사람 중 78%가 자기 일에 대해 만족했다. 규칙을 따르지 않은 사람은 49%만이 만족감을 나타냈다.

오늘날 많은 사람이 '휴대폰 의존증'을 보인다. 휴대폰이 삶에서 차지하는 위치는 단순한 통신수단을 넘어섰다. 휴대폰이 손에 없으면 스스로 서비스 구역에서 벗어난 듯한 느낌을 받게 된다. 시시때때로 휴대폰을 꺼내보고 심하면 휴대폰 알림 환청을 듣는다. 걸려오는 즉시 전화를 받아야 하고 SNS를 수시로 확인해야 한다. 이런 강박증세는 손발 저림, 현기증, 소화불량 등과 함께 나타난다.

설문 조사에 따르면 응답자 중 79%는 휴대폰이 초조함을 가중시키는 요소로 조사됐다. "일상적으로 가지고 다니는 물건 중에서 어느 것을 집에 놓고 있을 때 가장 마음이 편치 않느냐?"라는 질문에 57%의 응답자가 휴대폰을 선택했다. '누가 나를 찾지 않을까?', '연락을 못 받아서 중요한 일을 그르치지 않을까?'라는 생각 때문에 불안함을 느낀다고 했다. 52%의 응답자는 이미 자신에게서 휴대폰 의존증이 생겼고, 휴대폰이 없는 나날은 상상조차 할 수 없다고 답했다. 응답자의 46%는 휴대폰 문자메시지 기능이 등장한 후로 걱정거리가 하나 더 늘어났다고 했다. 응답자의 96%는 매일 문자메시지를 보냈고, 61%는 매일 다른 내용의 메시지를 받았다. 또 43%는 자신이 메시지를 보냈는데 회신이 없으면 불안함을 느끼고 가능한 한 빨리 무슨 이유인지 알고 싶어 했다.

호주 모바일 통신협회는 검증을 통해 2시간 연속으로 전화통화를 하면 안면 신경이 손상될 수 있다고 우려를 나타낸다. 멜버른의 방사학 연구원이 2번 연속으로 1시간에 걸쳐 전화통화를 한 환자의 안면부에서 영구적 신경 손상이 일어났고, 우측 안면부에 신경마비가 왔다고 밝혔다. 손상된 안면부 신경이 전화 자기장이 노출되는 범위에 딱 들어맞는다는 지적이다. 시각에도 중대한 영향을 준다. 시력 저하는 안구건조증을 유발한다. 거북목이 되거나 체형의 변형을 가져온다. 실제로 이런 증상 때문에 병원을 찾는 환자가 느는 추세이다. 물론 이런 휴대폰의 폐해를 인정하지만 우리는 이제 휴대폰 없는 생활에 적응할 수 없다. '휴대폰이 없던 시절로 돌아가길 원하십니까?'라는 질문에 응답자의 87%가 원하지 않는다고 답했다.

연구진들은 휴대폰의 출현이 '양날의 검'이라고 말한다. 소통의 즐거움을 주지만 마음의 부담을 주기 때문이다. 휴대폰은 이미 인간에게 의존성을 심어놓았고 정서에 직간접적인 영향을 준다. 휴대폰을 통해 자유로운 생활을 영위하게 되었지만, 점점 휴대폰이 사람을 구속한다는 느낌 또한 지워버릴 수 없다. 휴대폰이 우리 삶에 미치는 여러 부정적인 영향을 줄이기 위해 전 세계적으로 노력을 기울이고 있다. 영국의 한 통신업체는 고객들에게 휴대폰을 끄도록 권장하는 홍보 캠페인을 진행하기도 했다. 영국에서 일부 급진적인 활동가는 계층을 구분할 때 '휴대폰을 사용하지 않는 계층'이라는 개념을 사용하기도 했다.

하루에 자신이 휴대전화를 이용하는 시간을 점검해보자. 어떤 기능을 가장 많이 활용하고 어느 앱에 자주 들어가는지 알아야 한다. 자기에게 유익을 가져다주는 효과적인 휴대전화 사용인지도 냉정하게 따져봐야 한다. 단순하게 흥미와 기분전환에 들인 시간을 계산해보자. '잠깐'만이라면서 들어간 앱에서 절대 '잠깐'만 있지 못한다. 시간의 흐름을 잊고 정신없이 그 세계에 빠져든다. 당신 잘못이 아니다. 그 앱 개발자가 그렇게 하도록 아주 매혹적으로 만들었기 때문이다.

당신은 거기에 걸려든 사냥감이다.

우리 삶은 타인과 연결되어 있고 서로 영향을 주고받는다. 자신감 결여와 자제력 부족에서 비롯된 현상이다. 자기 삶을 계획적으로 배치하여 언제 어느 시간대에 어떠한 일이 발생하는지를 미리 파악해야 한다. 물론 계획하지 않았던 뜻밖의 상황이 발생할 수 있지만, 매일매일 돌발 상황이 벌어지지는 않는다. 삶이 세세한 부분까지 계획할 수는 없지만, 삶의 방향은 우리가 정할 수 있다.

성공을 위한 하버드 자기관리법

'휴대폰 의존증'에서 벗어나자. 통제 불가능한 상황이 되기 전에 조치해야 한다. 휴대폰이 우리를 위해 일을 하게 만들어야지, 우리가 휴대폰을 위해 일해서는 안 된다. 휴대폰이 자기 시간을 잡아먹도록 놔두지 마라. 그 구속력에서 자유를 찾아야 한다.

◆ 나를 바꾸는 하버드 '습관통제' 트레이닝

하버드 의대 출신 오리슨 마든Orison Marden 박사는 "한 사람의 습관을 고치는 것은 나무를 굴리는 것처럼 간단하지 않지만, 진심으로 해내고자 한다면 얼마든지 할 수 있다."라고 말했다. 그는 습관을 고치기 위해서는 다음 6가지를 실천하라고 제안했다.

1. 습관을 고칠 수 있다고 믿자.

자기 자제력에 대해 믿음이 있어야만 습관을 근본적으로 고칠 수 있다.

2. 나쁜 습관이 자기 몸에 어떠한 부정적 영향을 주는지를 확실히 알자.

일시적인 손실을 받아들이거나 고통을 감수하더라도 변해야겠다는 강한 바람을 일으켜라. 예를 들어 비만이나 알코올로 인한 신체기관의 과부하, 수명을 단축하는 과도한 업무 등이 있다.

3. 마음에 드는 일을 찾아 잠시 위로를 얻자.

오랫동안 가지고 있던 습관을 없애려면 분명 고통의 시간이 뒤따른다. 이때 자신을 위로할 만한 다른 일을 찾아야 한다.

4. 그러한 상황까지 몰리게 된 근본적인 이유를 찾아보자.

무엇 때문에 좌절하고 있는가? 자기 가치를 평가절하하고 있지 않은가? 왜 자신을 미워하는가?

5. 자존감을 끌어내리는 문제들을 진지하게 고민하고 생각을 정리하자.

실패를 인정하고 이겨내는 방법을 찾아보자.

6. 긍정적인 습관은 우리 삶을 유익하게 한다.

자신을 위한 새로운 목표를 세우자. 긍정적인 행동 속에서 성공을 경험한다면 자기 능력과 열정을 발휘할 수 있다.

기회를 잡아야 할 땐 가만히 앉아 있지 말고
민첩하게 움직여라.

하버드 졸업생, 전 미국 대통령_조지 W. 부시

제 13강_실행력 키우기

우유부단함은 밑 빠진 독이다

HARVARD

SUCCESS

CLASS

미루면
될 일도 안 된다

하버드에서는 목표와 계획이 생기면 재빨리 계획을 행동에 옮긴다. "조금 있다가.", "내일 시작할까?" 등의 말은 하버드 학생들에게 존재하지 않는다. "하고자 하는 일이 있다면, 미루지 말고 즉각 행동하라!"는 말은 성공한 사람들이 제시하는 황금 철학으로 여긴다. "오늘 해야 할 일을 내일로 미루지 말라."는 격언도 반론할 수 없는 진리라고 믿는다. 미루지 않는 것은 성공한 이들이 가진 추진력의 핵심이다.

판단에 대한 즉각적인 행동은 그들이 일을 대하는 태도이다. 그로 인해 그들은 성공의 기회를 놓치지 않는다. 미루지 않고 즉시 행동한 결과 그들은 성공한 것이다. 이 점을 각인하고 모든 일을 내일 해도 된다는 생각을 버려라. 행동을 미루고 주저하지 마라. 일의 진전에 영향을 줄 뿐만 아니라 삶의 스트레스만 가중시킨다. 꾸물대고 미루려는 생각과 행동을 버리고 옳은 일이라는 결정이 떨어지면 바로 실행하자. 자신이 원하는 성공에 가까워지는 비결이다. 나태해지지 말고 일을 미뤄뒀다가 한꺼번에 처리하지 마라. 손에 쥔 일은 지금 당장 끝내라.

애플의 창업자 스티브 잡스Steve Jobs는 일을 번개같이 해치우던 사람으로 시간낭비를 매우 싫어했다. 어떤 일을 처리하든지 무척 과감했고 질질 끌지 않았다. 그의 이러한 특징은 한 직원의 거취 여부를 결정하는 문제에서도 드러난다.

당시 애플은 매킨토시 프로젝트를 준비하고 있었다. 사내의 유능한 직원만 선발해 테스크포스팀을 꾸리려고 했다. 직원 중에 앤디 허츠펠트Andy Hertzfeld의 투입은 당연시되었다. 허츠펠트는 이전에도 애플팀에 참여했던 우수한 소프트웨어 개발자로, 능력을 충분히 갖춘 사람이었다. 그러나 1981년 정리해고 바람이 애플을 휩쓸었다. 그때 허츠펠트는 파트너이자 막역한 친구를 잃었다. 그는 스티브 잡스에게 불만을 토로하고 퇴사하겠다는 의견을 내비쳤다. 하지만 내심 속으로는 매킨토시 작업을 너무 하고 싶어서 마음의 갈피를 잡지 못했다. 스티브 잡스는 허츠펠트에게 이렇게 물었다.

"매킨토시 프로젝트에 참여하긴 할 건가요?"

"참여할 수는 있습니다. 하지만 릭(허츠펠트의 파트너이자 친구)의 해고를 보고 마음이 착잡해지더군요. 더는 이 회사에서 일하고 싶은 마음이 사라졌습니다. 릭의 해고는 너무나 부당합니다."

"좋아요! 바로 일을 시작할 수 있겠군요!"

"네?" 허츠펠트는 이해가 가지 않는다는 듯 물었다.

"그러니까 오늘부터 짐을 옮기고 매킨토시 PC팀에서 작업을 시작하세요."

스티브 잡스가 거듭 말했다.

"알겠습니다. 그런데 아직 처리해야 할 일이 남았습니다. 몇 주 정도 지나면 다 끝날 것 같습니다."

"안됩니다. 지금 바로 옮기세요. 갑시다, 제가 지금 데려다줄 테니. 만약 다른 물건이 필요하면 나중에 찾으러 오세요."

스티브 잡스는 허츠펠트의 컴퓨터를 끄고 콘센트를 뽑은 다음 컴퓨터를 통째로 들어 옮겼다. 이것이 바로 스티브 잡스 스타일이다.

스티브 잡스는 자기만의 추진력으로 허츠펠트가 망설이지 못하도록 이끌었다. 회사를 위해 허츠펠트가 떠나지 않아야 했고, 허츠펠트도 친구의 해고 문제로 고민했지만 회사를 떠나고 싶지 않다는 걸 알았기에 가능했다. 스티브 잡스는 통찰력으로 이를 간파하고 즉각 행동했다. 잠시도 미룰 이유가 없었던 이유이다.

결정을 미루기 시작하면 적극인 행동을 할 수 없다. 제자리에 머문 상태에서 아무리 뛰어도 변화를 기대하기 어렵다. 시작도 도약도 결승점도 실행을 통해 가능하다. 하버드 심리학 교수는 "미루는 습관이 부정적인 감정을 초래하게 된다."라고 말했다. 미루는 것은 자기 가능성에 대한 방임이다. 자기 판단을 믿고 행동하라. 그만큼 유리해진다.

성공을 위한 하버드 자기관리법

어떤 일을 하기 전에 자료를 찾거나 관계자들과 소통하면서 미리 감을 잡아야 한다. 행동으로 옮기기 전에 자신에게 충분히 고려할 수 있는 시간을 주자. 결정을 내린 뒤에는 번복해서는 안 된다. 이러한 훈련을 여러 차례 거치고 나면 결단력을 키울 수 있다.

목표가 확실하면 즉시 실행하라

목표를 정했다면 먼저 행동을 계획하자. 실현해야 할 목표가 있다면 그것을 위해 무엇을 어떻게 추진되어야 하는지 설정하는 것이 먼저 되어야 한다. 생각을 정리하고 계획이 입력되면 행동이 체계적으로 움직이게 된다. 다음으로 체력, 지식, 의지 등을 제어해야 한다. 방해요소와 유혹을 이기고 의지를 실현하는 데 오롯이 집중할 수 있도록 계획대로 진행하려는 집념이 필요하다. 여기에 더해 과감한 결정을 내리고 생각과 몸을 목적에 맞추기 위해서는 자신에 대한 강한 통제력도 필요하다.

나폴레옹은 "진짜 지혜란 과감한 패기다."라고 단언했다. 과감한 패기는 용감한 자의 상징이다. 곤경에 처했을 때 망설이거나 주저하지 않고 용감하게 앞으로 나아갈 수 있는 내면의 힘이다. 알렉산더 대왕이 세계를 정복할 수 있었던 이유는 "즉시 결단!", "즉시 실행!"이라고 했다. 자기 판단을 확신하고 행동력을 발휘해야 한다는 뜻이다.

미국 육군사관학교는 사관생도들이 심사숙고한 뒤 제때 과감히 행동하는 주체적 군인이 될 수 있도록 군사훈련뿐만 아니라 정신훈련도 멈추지 않는다. 하버드에서도 깊이 사고하되 결단을 내린 부분에 대해서는 망설이지 말고 즉각 행동에 옮기라고 강조한다. 과감한 판단과 행동은 자기 의지만으로 되지 않는다. 수많은 경험이 축적되고 옳은 선택을 할 수 있는 지혜가 누적되어야 가능하다. 이를 위해 공부하고 훈련을 멈추지 않아야 한다.

카나키Carnacki는 몸집이 왜소하고 평범한 외모를 가진 청년이다. 철도회사에서 신호를 보내는 직원으로 근무하고 있다. 어느 날 아침, 고장 난 차량이 철로를 막아 그 구역의 차량 운행이 마비되었다. 카나키의 상사이자 해당 구역의 담당자인 스콧Scott은 마침 다른 일 때문에 자리에 없었다. 차량 운행을 제어하는 명령은 스콧만이 할 수 있었다. 만약 다른 사람이 명령하면 월권행위로 징계를 받거나 면직될 수도 있었다. 하지만 지금 모든 화물 열차가 멈춰 섰고, 이로써 급행열차의 출발 시간이 지연되어 승객들은 발을 동동 구르고 있었다. 이 일을 어떻게 해결해야 할까? 카나기는 스콧에게 즉시 연락할 방법을 강구해야 할지, 아니면 사무실로 돌아가 가만히 자기 할 일을 해야 할지 고심에 빠졌다. 사무실로 돌아가면 위험을 무릅쓸 필요도 없고 자리도 지킬 수 있었다.

고심을 끝낸 카나키는 징계에 대한 걱정을 떨쳐버렸다. 그는 가장 엄격하다는 철도규정을 어기고, 용감하게 노선 조정에 대한 전보를 쳤다. 전보 하단에는 스콧의 이름을 붙였다. 스콧이 현장에 도착했을 즈음에는 모든 여객과 화물 열차가 원활하게 운행되고 있었다. 그는 당혹스러웠지만 끝내 아무 말도 하지 않았다.

그리고 얼마 후 카나키는 다른 사람을 통해 스콧이 자신을 칭찬했다는 이야기를 전해 들었다. 스콧은 과감한 선택을 한 카나키에게 고마운 마음을 갖고 있었던 것이다.

추진력을 단순히 행동에 옮기는 힘이라고 말할 수 없다. 그 안에는 책임감과 의지가 동반되어 있다. 자신이 선택한 일에 대해 결과까지 자기 몫으로 감당하는 자세이다. 좋은 결과가 주어졌을 때는 그 일이 보람 있게 느껴진다. 자신감을 얻고 또 다른 일에 대한 도전을 겁내지 않게 된다. 하지만 적극적으로 추진했는데 결과가 좋지 않게 나올 경우 자책한다. "왜 그렇게 했을까."라고 후회도 한다. 자신감은 땅에 떨어지고 스스로 일어날 힘도 잃는다. 이제는 겁이 나서 당장 움직여야 할 일에서도 뒤로 물러서게 된다. 그래서는 안 될 일이다. 그 경험을 약으로 써야 한다. 생각을 행동으로 옮겼다는 것만으로도 당신은 더한 위기에 대처할 수 있는 능력을 갖게 되었다. 어려운 일도 감당할 자세를 갖춘 것이다. 이번 일이 잘못된 것은 실수일 수도 있고, 환경이 뒷받침되지 않았던 것일 수도 있다. 그러므로 주저앉아 있기보다 무엇이 어디에서 잘못되었는지 따져봐야 한다. 다시 과감하게 추진해 성공으로 이끄는 동력을 스스로 키워야 한다.

과감히 추진하라는 말이 급하게 서두르라는 의미가 아니다. 매사에 심사숙고해야 한다. 모든 전후 사정을 파악하고 가능성을 타진하라. 과감한 사람은 처음부터 완벽한 방법보다는 비교적 쓸 만한 계획을 내놓는다. 상황에 따라 실행 과정을 수시로 조정하고 보완하면서 방법을 개선시킨다. 추진력은 강력한 자기통제이다. 결단과 용기가 결합되어 표출되는 결과물이다. 성공에 대한 확신이 있을 때 움직여라. '지략'에는 '과감한 결정'이 필요하다. 용감한 결단은 자신만의 길을 개척하며 새로운 돌파구를 마련한다.

성공을 위한 하버드 자기관리법

망설이는 동안에도 시간은 간다. 어떤 일을 하기로 결정했다면 자신을 믿어라. "할 수 있을까?"라고 자문하지 말고 "할 수 있다."라는 각오를 다져라. 자기에게 가능성을 부여할 때 성공할 확률이 높아진다. 문제는 자기 판단을 신뢰하고 얼마나 적극적으로 추진했느냐가 관건이다.

우물쭈물하지 말고 달려나가라

하버드 인재학자 하릭Harik은 "세계 인구의 93%는 미루는 습관 때문에 아무것도 이루지 못한다. 미루기는 사람의 적극성을 해치기 때문이다."라고 말했다. 성공한 사람이 여유로운 것은 속도를 장악하고 결단력 있게 해나가기 때문이다. 그들은 발등에 불 떨어진 듯 허둥대지 않고 미리 준비하지 못했다는 후회도 없다. 그들은 일을 장악하고 앞으로 닥칠 일을 내다보는 선견지명으로 미리 준비한다. 미루다가 제대로 해내지 못하는 경우를 스스로 용서하지 않으며 임무를 완수한 후에 다시 점검할 기회까지 확보한다. 그들이 완벽하게 일 처리를 하면서도 여유로워 보이는 이유이다.

속도는 승부의 관건이다. "내가 승리할 수 있었던 비결은 내가 적보다 5분 빨랐기 때문이다."라는 나폴레옹의 고백에서도 알 수 있다. 하버드 교수들은 "우리는 경쟁자들보다 훨씬 빠를 필요는 없다. 딱 1분만 빠르면 된다. 하지만 그 1분을 통해 우리는 경쟁력을 갖게 된다."라는 말을 반복해서 학생들에게 들려준다. 그만큼 성공의 여부는 80%가 속도에 관건이 있다. 타인보다 한걸음 앞선다면 먼저 기회를 잡고 주도권을 차지할 수 있다. 기회는 왔을 때 잡아야 한다.

모건Morgan은 어린 북아메리카의 서부지역과 유럽 일대를 두루두루 여행했다. 대학을 졸업한 후에는 던컨 상업은행에서 근무했다. 모건의 무리한 생각과 도전 의식은 은행장인 던컨을 자주 놀라게 하곤 했다. 파리에서 뉴욕으로 출장을 갔을 때의 일이다. 한 낯선 사람이 그의 방문을 두드리며 급하게 말했다.

"선생님, 저한테 급히 처분해야 할 커피를 실은 배가 있습니다. 커피 회사가 파산해서 제가 운송비로 저당을 잡았습니다만, 저는 비즈니스에 대해 아무것도 모릅니다. 혹시 이 커피를 구매하실 의향이 있는지요? 아주 쌉니다. 시중의 절반 가격입니다."

낯선 사람은 커피 샘플을 건넸다. 모건은 샘플을 맛본 뒤 말했다.

"제가 사지요."

함께 간 동료는 물건을 보지도 않고 구매 결정을 내린 모건에게 "배에 실려 있는 커피가 이 샘플과 같은 것이라고 장담할 수 없지 않은가!"라고 말했다. 동료의 충고는 일리가 있었다. 당시 미국에는 시장경제의 혼란 때문에 사기꾼이 판을 치고 있었다. 당시 던컨 상업은 행도 이들에게 속아 손해를 많이 본 상태였다.

"알고 있습니다. 하지만 이번에는 사기당하지 않을 겁니다. 다른 사람의 손에 넘어가지 않도록 먼저 기회를 잡아야 합니다."

모건은 자기 안목을 믿었다. 이 소식을 들은 던컨은 놀란 목소리로 정말 자만하기 짝이 없다며 모건을 심하게 질책했다.

"가서 이번 거래를 없던 일로 하게. 안 그러면 자네가 모조리 배상해야 할 거야!"

그 일로 모건과 던컨의 관계는 틀어졌다. 모건은 아버지의 도움으로 던컨에게 커피값을 배상해야 했다. 모건은 커피로 승부를 보기로 했다. 커피를 판 사람의 소개로 더 많은 커피를 구매했다. 모건의 예상은 적중했다. 그가 커피를 사들인 지 얼마 지나지 않아 브라질 커피가 서리에 큰 피해를 입었다. 수확량이 대폭 감소했고 커피값은 폭등했다. 모건은 높은 가격에 커피를 판매해 돈방석에 앉게 되었다.

실패의 결과를 두려워하거나 무서워하지 마라. 끙끙 앓으면서 노심초사하면 되려던 일도 망치게 된다. 성공을 의심하며 일하면 그 어느 것도 이루어질 리 없다. 꿈이 그저 꿈으로만 남게 된다. 패기를 키우려면 성공에 대한 확신이 있어야 한다. 요행은 바라지도 마라. 시간을 끌면서 꾸물거리다가 결국 좋은 기회를 놓쳐버릴 수 있다.

다른 사람보다 1분 빨리 움직여라. "일찍 일어나는 새가 벌레를 잡는다."라는 격언은 빈 말이 아니다. 속도가 느리면 뒤처진다. 원하는 것을 얻을 기회도 줄어든다. 상대는 우위를 점한 상태에서 당신을 제압할 방법을 고안한다. 당신이 앞으로 나아갈 기회를 막으려 든다. 이래도 우물쭈물할 것인가. 실력이 승리의 전제라면 속도는 승리의 핵심이다.

성공을 위한 하버드 자기관리법

잘 갖춰진 조건은 사람을 나태하게 만들고 안락을 추구하게 만든다. 노력을 기울이려면 부족함을 인정하고 그것을 메우기 위해 매진해야 한다. 행동을 통해 성공의 유리한 조건을 만들어낼 수 있다. 단 5분이라도 행동하라. 분명코 더 나은 길이 나온다.

◆ 나를 바꾸는 하버드 '실행력 키우기' 트레이닝

추진력을 키우기 위해 다음 몇 가지를 훈련해보자. 어지럽고 복잡한 문제를 명쾌하게 처리할 수 있다.

1. 동기 살펴보기

결정을 내리지 못하고 고민이 될 때는 먼저 그 일을 왜 하려는지 생각해보자. 그 일을 하려는 동기가 무엇인지 생각한 다음에 정확히 분석해야 한다. 동기를 살펴볼 때는 각각의 이유에 대해 자기 생각을 확실히 제시한 후 전체적인 의견을 정리하자. 원인과 장단점을 살펴보고 선택을 내려야 한다. 결심했다면 즉시 행동하라.

2. 생활습관 바꾸기

적어도 3개월 동안 매일 아침 무엇을 입을지 생각하고 빠르게 결정을 내린 후에 고정된 스텝대로 정확히 준비하자. 계획을 엄격히 고수하고 절대 흔들리거나 포기하면 안 된다.

3. 최종 목표 명심하기

어떤 곳에 가려면 출발할 때는 정해진 코스대로 가지 말고, 어떻게 가야 하는지 스스로 생각해본 후에 가도 늦지 않다. 돌발 상황이 발생하더라도 신속하게 해결할 수 있다.

4. 행동 계획 세우기

효과적인 행동은 효과적인 계획에서 나온다. 최대한 상세하고 명료하게 계획하자. 시작할 시간, 단계, 방법, 어려움에 대처하는 방법 등을 모두 정리해야 한다.

5. 업무량 줄이기

전체 업무를 자신이 소화할 수 있는 단위로 잘게 쪼개는 방법을 터득해야 한다. 예를 들어 책 한 권을 읽어야 한다면, 책을 읽을 때마다 10분 또는 10쪽씩 읽겠다고 정한다. 본인이 생각하기에 가장 적당한 양을 정하면 된다. 매번 부담스럽지 않을 만큼 책을 읽으면 어느새 오랫동안 책을 읽고 있는 자기 모습을 발견할 수 있다.

6. 방해요소를 차단하고 집중하기

일할 때 방해요소가 발견되면 원인을 찾아내 가능한 한 배제하라. 집중할 수 있는 장소를 찾는 것도 좋다. 필요하다면 컴퓨터나 휴대폰 등 집중을 분산시키는 물건들의 전원을 꺼라.

7. 자기 자신 격려하기

행동을 시작했다면 과정과 결과에 상관없이 자신을 긍정하고, 자기에게 상을 주자. 일이 끝나면 맛있는 음식을 먹거나, 갖고 싶던 물건을 사고, 하고 싶었던 일을 하는 등 휴식을 취해야 한다. 절대 자기 노력을 부인하지 마라.

인생이란 즐기는 것이 아니라 경험하는 것이다.
우리는 생을 마감할 때까지 계속 인생의 의미를 생각한다.

하버드 교수_스티븐 제이 굴드

제14강_인내심 기르기

불굴의 의지는 자기관리의 불쏘시개다

HARVARD

SUCCESS

CLASS

성상에 오르려면
풍파를 견뎌내라

낙타는 말처럼 빨리 달리지 못하고, 비둘기는 바다제비처럼 멀리 날지 못한다. 하지만 낙타와 비둘기의 인내심은 높다. 자욱한 황사나 거센 태풍도 낙타와 비둘기 앞에서는 그 위력을 발휘하지 못한다.

인내심이란 괴로움을 참아내는 완강한 의지의 표현이다. 외부로부터 스트레스를 수용하는 능력으로 감정의 기복이 크지 않도록 자기 감정을 통제한다. 인생의 역경을 극복하기 위해서는 강한 인내심이 필요한데 삶의 본질을 인내와의 싸움이라 해도 과언이 아니다. 이를 증명하듯 인내력 강한 사람은 역경을 극복하고 성공한다. 에이브러햄 링컨Abraham Lincoln도 그중 한 사람이다.

1832년 링컨은 직장을 잃었다. 인생이 실망스러웠지만 낙담하지 않았다. 주 의원이 되어 정치가로 입문하고자 했다. 하지만 경선에서 떨어지고 말았다. 1년간 두 번이나 고배를 마셨다. 여기서 끝이 아니었다. 창업했지만 착수한 지 1년이 채 되지 않아 도산하고 말았다. 링컨은 그 빚을 갚기 위해 17년간 사방팔방으로 돌아다녀야 했다. 그 후 다시 주 의원 경선에 출마했고, 당선되는 쾌거를 거뒀다. 이 성과로 링컨에게 희망이 보였다.

1835년 링컨은 약혼했다. 불행하게도 결혼을 불과 몇 달 남겨두지 않은 시점에 약혼녀가 세상을 떠났다. 링컨은 정신적 충격을 받고 몇 달간 병상에 누워 지냈다. 1836년에는 신경쇠약까지 앓았고, 1838년이 되어서야 조금씩 회복하기 시작했다. 그 무렵 주 의회 의장 경선에 참여했지만 낙선했고, 1843년에는 미국 국회의원 선거에 도전했는데 실패했다. 기업 도산, 경선 실패, 약혼녀의 사망 등으로 최악의 삶을 살았지만 그는 결코 포기하지 않았다. 사업을 계속하며 자신의 이상을 위해 노력했다.

링컨은 1846년 미국 국회의원 선거에 다시 출마해 당선됐다. 2년 후 임기가 끝날 무렵, 링컨은 연임을 위해 주변의 힘을 도모했다. 의원의 자리에 있는 동안 일을 잘했다고 판단했기 때문이다. 유권자들이 계속 지지해줄 거라고 확신했다. 하지만 재선에서 다시 한 번 실패의 쓴맛을 보아야 했다.

재선의 실패로 큰 빚을 진 링컨은 토지 담당 공무원에 지원했다. 하지만 주 정부에서는 "우리 주 토지 담당 공무원은 탁월한 실력과 뛰어난 능력이 요구됩니다. 죄송합니다만 귀하께서는 이러한 요구를 충족시키지 못했습니다."라며 링컨의 요청을 반려했다. 1854년 다시 출마한 국회의원 선거는 또 실패로 돌아갔다. 2년 후 미국 부대통령 후보로 지명되어 경선을 펼쳤지만, 이 역시 상대 후보에 패배했다. 다시 2년 뒤 국회의원 선거에 나갔지만 낙선하고 말았다. 1860년 미국 대통령에 당선되기 전까지 그는 포기할 줄 모르고 끊임없이 도전했다.

강자는 실패를 통해 만들어진다. 성공하려면 길고 긴 고통의 시간을 거쳐야 한다. 순조롭게 달성할 수도 있지만, 목표를 이룬 뒤 더 큰 어려움이 따를 수 있다. 경험 부족일 수도 있고 쌓아놓은 노하우가 없어서일 수도 있다. 고통을 견디고 그 어려움을 알게 되면 성공이 값지고 그것을 지키기 위해 노력한다. 성공은 찍고 내려오는 게임이 아니라 계속 상승세를 타야 하는 힘겨운 자기와의 싸움이다. 그 자리를 지키기 위해 자신과 주변의 요구에 부응해야 한다. 성공은 전적으로 능력에만 의존하는 것이 아니라 인내의 힘이 훨씬 더 많이 작용한다. 현실과 실패에 절대 굴하지 않는 정신을 가져야 이길 수 있다. 성공한 사람이 반드시 똑똑한 사람이라고는 할 수 없지만, 모두가 포기할 때 계속 버틸 수 있는 사람임이 분명하다.

우리는 실패가 가져온 상처, 좌절에 대한 두려움, 타인의 비웃음과 같은 부정적인 요소의 영향을 받기 쉽다. 이런 부정적 심리 요소는 우리의 투지를 꺾어버린다. 의지가 쉽게 꺾여서는 안 된다. 질기고 질긴 의지로 자신이 가진 힘을 도모해야 한다. 목표를 정하고 자신이 해야 할 일에 주안점을 두자. 실패에 굴하지 않는 정신이 있어야만 역경에서 벗어나는 자신감을 얻는다. 이 자신감이 성공을 부른다.

성공을 위한 하버드 자기관리법

어려움과 실패에 직면하면 강력한 투지와 굳건한 인내심이 발휘하라. 기회가 왔을 때 과감한 결정을 내리고 올바른 방법을 취하면 원하는 일에서 성공할 수 있다. 성공한 사람은 탁월한 끈기와 의지로 괴로움을 참고 견딘 자이다. 어려움을 극복하고 앞으로 나아가 마침내 도달한 정상이다.

포기하고 싶을 땐
이를 악물어라

인내력은 자기 통제력의 일종이다. 은유적으로 배터리에 비유할 수 있다. 배터리의 용량과 시스템이 자기의 동력 에너지로 사용된다. 인내력은 에너지를 관리하여 앞으로 나가는 힘을 안정적으로 공급한다. 어떤 사건이나 특별한 상황에서 자극을 받으면 이 배터리 성능의 진가가 나타난다. 거대한 폭발력을 만들어내기도 하고 힘을 조절하여 견뎌내기도 한다. 장시간 동안 축적된 자기통제의 힘이다.

포기하기 때문에 사람들이 실패한다. 고대 그리스 철학자 소크라테스Socrates는 "수많은 달리기 주자들이 마지막 몇 걸음을 남겨두고 실패한다. 계속 뛰기는 쉽지 않은데 끝까지 뛰는 것은 더 어렵다."라고 했다. 하버드에서는 변함없는 꾸준한 마음으로 자기 길을 가야 한다고 가르친다. 온갖 유혹 앞에서도 자신이 추구하는 바를 포기하지 않도록 채근하고 다독인다. 그 결과 지속 가능한 인내력이 수많은 하버드생을 최후의 승리자로 만들어주었다.

하버드 졸업생인 시어도어 루스벨트Theodore Roosevelt는 인내의 대명사로 불린다. 그는 어렸을 때부터 심한 천식을 앓아서 매우 힘든 나날을 보냈다. 의사는 호흡이 심장에 무리를 주기 때문에 오래 살지 못할 거라고 예상했다. 다행히도 그의 아버지는 의지가 강한 사람이었다. 아버지는 루스벨트에게 "아들아, 넌 머리는 좋지만 몸이 너무 허약하구나. 건강하지 않으면 머리가 제아무리 좋아도 능력을 제대로 발휘할 수 없단다. 그러니 이제부터라도 몸을 튼튼히 하자꾸나." 라고 말했다.

루스벨트는 이 도전을 받아들이고 몸을 단련하기 시작했다. 그는 매일같이 헬스장에서 열심히 체력을 단련시켰다. 테니스, 필드하키, 카누, 수영 등 다양한 운동도 즐겼다. 의사는 그가 얼마 살지 못할 거라고 했지만, 루스벨트는 의사의 판단이 잘못되었음을 보기 좋게 증명했다.

학교 다닐 때나 일을 할 때도 루스벨트는 언제나 같은 결심을 했다. 15세 때 하버드 입학을 목표로 열심히 공부했다. 매주 5일간 하루에 6~8시간씩 공부하는 학습 계획을 세워 실행했다. 하버드 입학한 뒤에는 자기 스스로 미래를 만들어 가야 한다고 믿었다. 정부의 책임은 기회를 균등하게 보장하는 것이고, 국민의 책임은 도전을 받아들이는 것으로 자기 발전을 이루어내야 한다고 했다. 루스벨트의 이상은 그를 이끌어주었고, 결심은 그의 힘이 되었다.

군인 시절에는 자유를 쟁취하기 위해 기병대를 조직하여 쿠바, 스페인과 전투를 벌였다. 뉴욕 주지사로 재임할 당시에는 기업가들의 부패를 척결하여 이민 노동자의 권리를 보호하였다. 대통령으로 당선된 후에는 대기업의 착취와 억압을 규제하여, 노동자와 경영자 모두에게 이익이 돌아갈 수 있도록 했다. 이를 '공정거래'라고 불렀다.

윈스턴 처칠Winston Churchill 전 영국 총리 또한 포기하지 않는 성격과 인내력으로 역사에 이름을 길이 남겼다. 그 역시 젊은 시절 큰 어려움을 여러 차례 겪었다. 해로스쿨 기숙학교를 9년이나 다녔는데, 열심히 공부해도 성적은 늘 좋지 않았다. 하지만 노력을 멈추지 않았다. 그는 역사의 방관자가 되기보다는 역사의 창조자이자 지도자가 되기를 바랐다. 그는 3번의 도전 끝에 샌드허스트 육군사관학교의 입학허가서를 받게 되었다. 몇 년 후 그는 자신이 졸업한 해로스쿨에서 졸업식 축사를 했다.

"절대로 포기하지 마세요! 절대로 포기하지 마세요! 절대로! 절대로! 절대로! 절대로! 명예와 선의를 위한 것이 아니라면, 어떠한 일이든 절대로 포기하지 마세요!"

이 축사는 역사상 가장 짧은 졸업식 축사이다. 포기하지 않는다면 누구든지 성공할 수 있지만, 포기하면 제아무리 뛰어난 사람이라도 실패한다. 꾸준함과 인내는 탁월한 인재의 자질이다. 자기 인내를 기르고 부정적인 감정을 다스리며, 끊임없이 에너지를 축적하자. 이를 꾸준히 지속한다면 난관을 넘어서 '불가능'을 '성공'으로 만들 수 있다. 지속적인 인내는 승리의 초석이다. 오래 버티지 않고서는 뛰어난 성과를 거둘 수 없다.

성공을 위한 하버드 자기관리법

우리는 사물을 마음대로 선택하거나 통제할 수 없지만, 어떠한 태도로 대할지는 결정할 수 있다. 낙타가 모래사막을 자유롭게 거니는 것처럼 삶의 온갖 불공정함에 맞설 때 자신을 자유롭게 할 수 있다. 자기 투지를 스스로 꺾지 마라. 그만하겠다고 포기하는 순간 성공은 달아난다.

폭풍이 지나야 하늘이 맑아진다

우리 인생은 조그만 배로 바다를 항해하는 것처럼 아슬아슬하다. 높은 파도와 소용돌이가 언제든지 덮칠 수 있다. 배 주변을 맴도는 상어 떼는 언제든 자기 밥이 되리라고 믿는다. 잠깐 한눈파는 것도 허용되지 않는 나날의 연속이다. 자기 인생을 이끄는 현명한 조타수가 되기 위해서는 어려움을 극복하려는 끈기와 용기를 가져야 한다. 소용돌이를 벗어날 방법을 찾아서 거친 파도를 헤치고 나가는 지혜를 몸에 새겨야 한다.

강인함은 어려움에 맞서 끊임없는 변화에 대응하는 방법이다. 거세게 몰아치는 파도를 가르는 힘이다. 성공한 사람들은 마지막 1초까지 잘 버텨냈다. 성공을 눈앞에 두고 중도에 포기하지 말자. 돌이킬 수 없는 후회만 남게 된다.

존John은 대기업 회장이다. 매년 이윤이 수억 원에 달한다. 그는 일흔은 넘은 나이에도 집에서 편안히 쉬기보다는 매일 회사에 나가는 것을 좋아했다. 그는 직원들에게 화 한번 낸 적 없는 온화한 사람이나. 어떤 사람이 일을 제대로 하지 못하면, 그는 커피를 한 모금 마신 뒤 직원에게 말했다.

"여보게, 일을 잘못해도 괜찮다네. 낙담하지 말게나. 조금만 더 버티면 틀림없이 해낼 걸세."

그의 이런 방법은 직원들의 마음을 사로잡아서, 모든 직원이 게으름피우지 않고 열심히 일하는 결과를 가져다주었다. 어느 날 신제품 개발부의 매니저 필Phil이 회장실 문을 두드렸다.

"회장님, 이번 테스트도 실패했습니다. 벌써 23번째입니다. 저는 그만두는 것이 좋을 것 같습니다."

"내가 자네에게 이 일을 시킨 것은 자네가 반드시 성공할 거라 믿기 때문이라네."

존이 커피를 한 모금 마시고 이야기를 시작했다.

"나는 서른한 살에 신형 절전등을 발명해냈다네. 그 당시엔 적잖은 센세이션을 일으켰었지. 절전등을 더 완벽하게 만들려면 많은 돈이 필요했지만 난 빈털터리였어. 가까스로 투자자를 설득해 투자를 받기로 했다네. 하지만 누가 알았겠는가. 내가 그 투자자와 계약하려고 할 때, 담낭염에 걸려 병원에 입원하게 되었다네. 의사는 수술하지 않으면 위험하다고 했지. 투자자는 투자를 망설였다네. 더 큰 문제는 다른 회사에서도 절전등을 연구하는 데 박차를 가했다는 것이지. 그들이 나보다 먼저 성공하면 내 노력은 전부 물거품이 되어버리는 것이었어."

존은 커피 한 모금을 다시 마신 뒤 말을 이어갔다.

"당시 나는 위험을 무릅쓰고 수술을 포기한 채로 투자자와 약속한 날짜에 만났지. 내 사무실에서 투자자를 만났을 때, 난 고통을 참으며 아무렇지 않은 척했지. 투자자의 어깨도 두드리고 악수도 하며 이야기꽃을 피웠어. 하지만 시간이 길어지니 약 기운이 떨어지더군. 내 배는 칼에 베인 것처럼 아팠고 등 뒤로 식은땀이 흘렀어. 그래도 나는 이를 악물고 투자자와 계속 이야기를 나눴네. 그때 난 '성공과 실패가 여기서 판가름 난 거야. 마침내 통증은 내 강한 의지력 앞에서 무릎을 꿇었어. 나는 조금의 허점도 드러내지 않았고, 결국 그의 신임을 얻어 계약을 체결했다네. 엘리베이터 입구까지 배웅하며 웃는 얼굴로 작별 인사를 했다네. 그런데 엘리베이터 문이 닫히는 순간 나는 바닥에 쓰러져 의식을 잃고 말았네. 나중에 의사가 말해주기를, 내 담낭이 고름으로 가득 차서 아주 위험한 상황이었다고 하더군! 나는 이런 정신력으로 지금까지 버텨왔지."

필은 존의 이야기에 감동했다. 결국 25번째 실험에서 마침내 성공을 거두었다.

누구나 언제든지 힘든 고비를 맞는다. 희망이 없는 사람은 신념을 잃고 자신을 무너뜨린다. 의지가 강한 사람은 괴로움 견디고 찬란한 내일이 오기를 기다린다. 모진 풍파가 지나간 뒤에는 아름다운 무지개가 뜬다. 인생은 자신의 노력 정도에 따라 성공 여부가 결정된다. 7점으로 노력하는 인생과 10점으로 노력하는 인생은 분명 큰 차이가 있다. 중도에 포기하면 우승 트로피를 거머쥘 수 없다. 성공은 끝까지 포기하지 않고 노력한 사람에게 주어진다. 폭풍이 지나고 나면 다시 태양이 떠오른다. 자신을 믿고 끝까지 포기하지 않는 끈기를 가져라.

성공을 위한 하버드 자기관리법

성공은 꾸준함에 달려 있다. 굳은 의지가 있어야 성공한다. 성공은 그 사람의 역량보다는 얼마나 오래 버틸 수 있느냐가 관건이다. 어려움이 닥치면 그 행동은 차이를 보인다. 달콤한 귓속말로 속삭이는 포기의 유혹에 넘어가지 말자. 강인한 마음으로 어려움에 대항하고 버티는 사람이 성공한다.

◆ 나를 바꾸는 하버드 '인내심 기르기' 트레이닝

일상에서 다음과 같은 방법으로 인내심을 길러보자.

1. 의지박약 극복법

"나는 반드시 해야 한다!"라는 정신력을 기르자. 잠재의식을 일깨워 의지박약을 극복하는 방법이다.

2. 의지부족 극복법

결정을 내릴 때는 신중해야 한다. 일단 결정을 내리면 자기 선택을 끝까지 견지하자. 포기하려고 핑곗거리를 찾지 말고 꼭 해내야 한다는 이유를 찾아라.

3. 인내력 훈련법

의식적으로 단기적이고 간헐적인 권태감을 극복해야 한다. 일에 집중할 수 있는 동기를 찾아보자.

제 15강_의지력 키우기

의지는 단련할수록 강해진다

HARVARD

SUCCESS

CLASS

자기 의지는 성공가도를 비추는 가로등이다

의지력이란 스스로 목표를 설정하고, 목표에 따라 행동을 조정하여 어려움을 극복하고 목표를 실현하는 힘이다. 무엇인가를 달성해야겠다는 의식으로 피곤이나 스트레스, 역경이나 장애물을 이겨내게 한다. 특별한 에너지의 방출로 자신을 변화시키는 위대한 조력이자 바탕이다. 의지력이 강하면 자기통제력이 강해진다. 그에 반해 의지력이 약하면 자제력도 부족하고 추진력도 갖지 못한다. 성공과 실패를 나누는 갈림길의 기준이 의지력에서 시작된다고 보면 된다. 그래서 의지력이 굳건한 소수의 사람만이 성공한다.

프랭클린 루스벨트Franklin Roosevelt는 소아마비를 앓았지만 끝내 자신을 포기하지 않았다. 거동이 불편했지만, 미국을 이끌 대통령이 될 수 있다는 사실을 전 세계에 증명했다. 하버드 재학 시절 적극적으로 사회운동을 했다. 거동이 불편했지만, 유럽 여행을 여러 차례 다녀왔으며, 하버드 학보사인《더 하버드 크림슨The Harvard Crimson》의 편집장까지 역임했다. 그는 자기 명예를 위해 하버드에서 다시 1년간 대학원생으로 공부했다.

하버드에서 수학한 헬렌 켈러Helen Keller 역시 강한 의지력이 소유자였다. 장애가 있었지만 슬픔에 빠지지 않고 충실하게 삶을 살았다. 그녀는 우수한 성적으로 하버드를 졸업한 뒤 유명 작가 겸 연설가가 되었다. 굳건한 의지력이 없었다면 불가능한 일이었다.

루스벨트와 헬렌 켈러 모두 굳건한 자기 의지로 어려움을 극복하고 성공했다. 타고난 재능, 운, 기회, 지혜, 태도는 성공을 가르는 주요 열쇠이다. 기회와 운을 제외한 다른 요소들도 삶을 살아가는 데 중요한 부분이 된다. 하지만 이러한 요소들을 갖추었다 하더라도 굳건한 의지력이 없다면 성공할 수 없다. 눈부신 성과를 거둔 사람들은 목표가 명확하고 어떠한 상황에서도 굴하지 않고 계속 노력했다. 그들은 목표를 완성할 때까지 포기하지 않았다.

하버드 교육자들은 의지력이 정신적 생활을 이끄는 위대한 힘이라고 믿는다. 현실에서 부딪히는 문제에 대해 도전의 지혜와 어려움에 대처하는 용기를 준다는 사실도 안다. 하버드의 존 F. 케네디 공공

정책대학원의 전 학장인 조지프 나이Joseph Nye는 "어떤 일이든 성공하고 싶다면 자기 의지가 있어야 한다. 하느님의 도움으로는 이룰 수 없다."라고 말했다. 아무리 전지전능한 신이라도 의지가 바닥인 사람을 일으켜 세울 수 없다는 뜻이다. 의지를 강하게 단련하고 흔들림 없이 유지하는 일은 전적으로 자기 몫이다.

인생을 시작할 때 좋은 조건을 가지고 있는 사람은 많다. 남들보다 뛰어난 천부적인 자질이 있는 데다 좋은 교육을 받을 기회, 더 높은 사회적 지위를 가지고 있어 목표대로 성공하기 수월해보인다. 하지만 이들이 성공하는 사례는 드물다. 그들에 비하면 상대적으로 열악한 환경, 낮은 교육을 받은 이들이 성공의 반열에 더 높이 오른 예가 더 많다. 왜 그럴까? 그것은 의지력 차이에서 온 결과이다. 의지력이 약하면 우수한 두뇌와 좋은 교육, 좋은 기회에서도 닥치는 어려움을 극복하기 힘들다.

자기 조건이나 능력을 따지기 전에 자기 의지를 확인해야 한다. 자기관리를 위한 필수조건이며 자기 주관을 가지고 생활하기 위한 기본 조건이다. 의지력과 끈기가 없다면 바람에 흔들리는 갈대가 된다. 온갖 유혹이 가득한 사회에서 중심을 잡을 수 없다. 하물며 기회가 온들 어떻게 잡을 수 있겠는가? 치열한 경쟁에서 두각을 나타내려면, 과감하고 확고한 신념을 가진 사람이 되어야 한다. 자기 의지력을 살펴보면 자신의 발전 가능한 잠재력을 판단할 수 있다.

하버드생들이 신뢰를 얻은 비결도 의지가 강하다는 데 있다. 세계 일류대학에 입학해 학업을 수행하기 위해서는 자기를 철저하게 통제하고 끊임없이 노력해야 한다. 사회는 확고한 의지가 있는 사람을 신뢰한다. 눈앞의 장애물을 자신의 성장 발판으로 삼는 사람, 실패와 비판을 두려워하지 않는 사람, 어떠한 역경 앞에서도 포기하지 않고 목표를 이루기 위해 노력하는 사람을 믿는다. 그에 대한 투자와 응원도 아끼지 않는다. 그만큼 자기 의지가 뒷받침된 사회적 신뢰는 성공의 길을 비추는 가로등이 된다.

성공을 위한 하버드 자기관리법

의지력은 많은 부분에서 필요하다. 목표에 도전할 때, 성과를 완성할 때, 아플 때, 자신감이 떨어질 때, 남들보다 앞서고 싶을 때, 낙오되고 있다고 느낄 때 등등. 자기 삶을 원하는 대로 이끌기 위한 필수요소이다.

의지력은 기적을 부른다

4~5월은 하버드의 춘계 시험기간이다. 하버드 조교수 매튜 플랫Matthew Platt의 《국회 개론》 강의 역시 시험과목이었다. 플랫 교수는 학생들이 집에서 시험을 4차례 볼 수 있도록 했다. 요구사항은 "이 시험은 공개적으로 책, 필기 노트, 인터넷을 사용할 수 있다. 그러나 시험 문제를 구체적으로 교수, 과제 도움센터 등을 포함한 타인과 논의할 수 없다."라는 오직 한 가지였다.

그런데 플랫 교수는 채점하다가 일부 학생들의 답안지가 거의 똑같다는 사실을 발견했다. 답이 맞았다면 그나마 이해할 수 있었겠지만 틀린 답안까지도 거의 비슷한 게 문제였다. 플랫 교수가 발견한 사실은 하버드를 충격에 빠트렸다. 하버드 행정이사는 부정행위가 있었다는 결론을 내렸다. 조사를 받은 학생 중 절반은 퇴학 조치를 당했고, 일부는 학적보류 관찰처분을 받았다. 그리고 몇몇은 결백이 증명되었다.

제아무리 명문대생이라도 강한 의지력이 없다면 학업의 어려움을 극복하지 못하고 그처럼 잘못된 선택을 할 수 있음을 보여준다. 자기를 통제하지 못하고 관대해질수록 모든 것을 잃을 수 있다는 좋은 예이다.

삶에서 자기 의지가 굳건하다면 어려움과 장애물은 극복의 대상이 되고 반드시 넘어선다. 자신의 의지력을 앞세운다면 어려움은 종이호랑이가 된다. 반면에 어려움 앞에 무릎 꿇고 무서워 앞으로 나아갈 엄두조차 내지 못한다면, 그 어려움은 포효하며 인생을 송두리째 집어삼키려 사납게 달려든다. 어떤 상황을 원하는가. 두 상황 모두 자기 의지력의 상태에 의해 선택되어진다.

미국의 심리학자는 의지가 강한 사람들의 특징을 10가지로 정리했다.

1. 유혹이 될 만한 장소에 자신을 두지 않는다. 자기 의지력을 시험하지 않고 의지력이 약해질 수밖에 없는 상황을 미리 차단한다.
2. 도움이 될 만한 장소까지 스스로를 데려간다. 높은 목표에 대한 도전도 시작과는 달리 몇 번 시도하다 보면 지친다. 핑계가 생기고 정신력이 나태해진다. 이때 자기 의지로 계획을 실천해야 하는 장소에 자신을 서 있게 한다.

3. 조급해하지 않는다. 단기에 성과를 내기보다는 멀리 보고 성실하게 지금 움직여야 하는 한 걸음에 집중한다. 그들은 소소한 일에 전전긍긍하지 않는다.
4. 자신이 하는 일에 의미를 부여한다. 의지가 강할수록 자신이 지금 하는 일의 중요성을 안다. 꼭 필요한 일, 대충해서는 안 되는 일이기에 적극적으로 임한다.
5. 지칠 때까지 하지 않는다. 중도에 포기하는 사람들이 범하는 실수이다. 초반에 전력을 다하다 한계에 부딪힌다. 탄력을 받아 제대로 뛰어야 할 시점에서 주저앉아버리는 꼴이다. 어떤 일을 진행할 때는 의지력의 안배도 중요하다.
6. 본인에게 적절한 보상을 해준다. 자기 의지로 꾸준히 노력하는 것은 말만큼 쉬운 일이 아니다. 그러므로 노력하는 자신을 위해 격려나 작은 선물을 해주자. 기분이 전환되며 의지를 끌어올릴 수 있다.
7. 여러 가지 일을 해내려고 아등바등하지 않는다. 인간의 집중력은 무한하지 않다. 보다 더 중요한 일에 매진해 마무리짓고 다음 일을 찾아라. 가장 빠르게 일을 처리하는 방법이다.
8. 상황에 따라 계획대로 실천한다. 일희일비하지 않고 차분하게 자신의 역할을 담당해야 한다.
9. 자기만의 리듬을 갖고 있다. 한꺼번에 일을 몰아서 하고 다음 날 완벽하게 쉬려고 하지 마라. 매일 꾸준히 하는 법을 택해야 한다.
10. 실패했다고 좌절하지 않는다. 실패를 거울삼아 일어설 준비를 해야 한다.

성공으로 가는 길에 자기 의지 부족이 장애물이 되지 않도록 각별한 주의가 필요하다. 방심과 나태함, 게으름, 교만 등은 의지력의 적이다. 이기적이고 향락만 탐하는 태도는 자기 발전을 가로막으며 나약함, 의심, 두려움은 실패의 길로 유인한다. 자기 의지를 꺾는 이런 요소들은 지치고 힘들다고 느끼는 순간 찾아든다. 자신도 모르는 사이에 의지력이 잠식되어 기를 펴지 못하게 된다. 자기에게 실망하는 순간이 되어버린다.

자신을 믿어라. 약한 의지와의 분투 중이라면 자신에게 조금 더 엄격해지는 방법으로 주도권을 잡아라. 의지력 함양이 매우 중요하다. 강한 의지력 없으면 아무리 사소한 일도 해결할 수 없다. 자기와의 싸움은 치열할수록 좋다. 자기 의지가 승리하면 세상에 두려울 게 없다.

성공을 위한 하버드 자기관리법

의지력은 나쁜 습관을 개선하고 좋은 습관을 양성할 수 있도록 돕는다. 다이어트를 하든 시험을 치르든, 성과를 내야 하든 모두 의지력이 필요하다. 자신에게 부족한 의지력을 키우는 것이 성공으로 가는 지름길이다.

의지력을 충전하라

계획을 세우고 완벽하게 이행하는 사람을 보면 부럽다. 이들은 항상 힘이 넘치고 의지력이 무한한 것처럼 보인다. 정말로 그럴까?

로이 바우마이스터 심리학 교수와 존 티어니 뉴욕타임스 기자가 쓴 《의지력의 재발견》에서는 우리가 배워야 하는 유일한 것은 자기 충동을 더 잘 다스리는 것이라고 언급했다. 의지력은 근육과도 같아서 과도하게 사용하면 피로가 쌓이지만 훈련을 통해 더 강화할 수 있다는 사실이다.

하버드 심리학 교수는 "우리가 의지력을 물이 마르지 않는 샘물로 오해하고 있다."라고 말했다. 하지만 의지력은 사실 정신적 에너지

자원이다. 상황에 따른 결정을 견지하고 유혹에 맞서는 등 자기 행동을 통제하는 데 쓰인다. 전력 공급기지처럼 곳곳에 전력을 공급하는 것이다. 예를 들어 물건을 사러 갈 때 예산을 초과하지 말자고 끊임없이 자신을 통제하면서 전력을 공급한다. 식사를 마치고 과제를 다 못 했다는 사실이 떠올라 과제를 하면 전력이 공급된다. 숙제를 끝내고 나니 벌써 12시였다. 바로 침대에 누워 자고 싶지만 세수와 양치를 하니 전력이 또 소모되었다. 이렇듯 매일 수많은 의사결정과 행동, 그리고 고민 과정, 정서 조절, 논리적 추론 등에도 의지력은 가감 없이 소모된다. 미리 준비하지 않거나 방심하면 전력은 금방 고갈될 수 있다. 그렇다면 우리는 의지력을 향상하기 위해 어떤 준비를 해야 할까? 하버드 교수진이 제시한 제안을 들어보자.

1. 가장 필요한 일에 의지력을 쏟아야 한다. 가장 급한 일, 가장 중요한 일을 먼저 처리하는 데 의지력을 사용하면 효율을 높일 수 있다. 일을 처리할수록 의지력이 점점 줄어들기 때문에 가장 중요한 일을 맨 마지막에 배치하면 문제가 발생한다. 피곤할 때는 침대에 누워 쉬고 싶다는 생각이 간절하다. 내일 해야 하는 핑곗거리를 찾고 그 유혹에 굴복한다. 이러한 상황이 자주 발생하면 정작 중요한 일을 완성하지 못하는 결과를 초래한다.
2. 의지력의 리듬을 파악해야 한다. 사람마다 생활 리듬이 다르다. 그에 따라 의지력의 파동 곡선도 달라진다. 어떤 사람은 자정 12시에 일해야 효율이 가장 높다. 그렇게 하려면 밤 8~10시에는 공부를 시작해야 한다. 각

자의 생활 리듬에 따라 시간 분배와 업무 스타일이 다르다. 효율이 높은 시간에 중요한 일을 하고 능률이 떨어지는 시간대에 사소한 일을 처리하면 된다.

3. 영양가 있는 음식을 섭취해 에너지를 충전하라. 의지력도 신체적 에너지의 일부이다. 음식물 섭취로 소모한 에너지를 보충해야 한다. 원래 똑같은 효율을 가진 사람이라도 아침을 먹은 사람이 그렇지 않은 사람보다 효율이 더 높다. 씹는 운동을 통해 뇌에 산소가 공급되고 신체가 활성화된다고 한다. 한 실험에서 아이들에게 아무것도 먹이지 않은 채 등교하게 한 뒤, 무작위로 절반은 풍성한 아침을 먹이고 나머지 절반은 아침을 주지 않았다. 그 결과 아침을 먹은 아이들은 오전 내내 더 많이 배우고 발표력도 좋았다. 그 후 모든 아이에게 아침과 점심시간 사이에 간식을 제공하자 이 차이는 사라졌다. 아침을 꼭 먹어야 하는 이유이다.
4. 좋은 생활습관과 심리상태를 유지하자. 단정한 용모는 활기찬 생활로 이끈다. 타인의 긍정적인 평가와 인정으로 자기 생활에 더 만족하게 된다. 여기에 더해 사회적 관계에서 자신감을 얻는다. 목소리와 행동이 당당하기에 에너지 넘치는 사람이라는 인상을 준다. 자신의 칭찬이나 인정도 충전 역할을 한다. 근육을 단련시키는 것처럼 의지력을 더욱 튼튼히 할 수 있다.

목표에 도전하면서 의지력은 소모되지만 우리 스스로 에너지를 만들어 낼 수도, 충전할 수도, 절약할 수도 있다. 충전의 요소, 방전의 요소를 분명하게 알아두자. 이는 자기 성향에 따라 다르다. 자기 의지력을 쾌속 충전할 수 있고 더 많은 에너지를 받을 수 있다면 기꺼이 그 일을 담당하자. 또한 의지력에 대한 사용처를 분명하게 알고 최대의 효과를 내도록 활용하자. 생각보다 훨씬 멋진 자신을 만나게 된다.

성공을 위한 하버드 자기관리법

마르크스Marx는 "생활은 바다와 같아서 의지가 강한 사람만이 그 너머에 닿을 수 있다."라고 말했다. 굳건한 의지력이 있는 사람은 사회를 움직이는 위대한 힘을 가지고 있다. 이런 거대한 힘은 목표와 인생의 가치를 실현하는 데 도움을 준다.

◆ 나를 바꾸는 하버드 '의지력 키우기' 트레이닝

성공하려면 7가지 의지력이 있어야 한다.

1. 정태적 의지력

정태적 의지력은 축적된 의지력이라 불린다. 인류가 갖는 힘의 원천이다. 생명과 에너지가 모두 태양에서 비롯되는 것처럼, 정태적 의지력은 개인의 소망과 염원을 만들어내고 동태적 의지력을 통해 드러난다.

2. 돌발 의지력

돌발 의지력은 대뇌의 작용이다. 긴급한 일에 정신을 집중하면 모든 의지력을 사용하여 놀랄 만한 힘을 만든다.

3. 인내의 의지력

인내의 의지력은 어려움을 극복하는 힘이다. 어떤 사람은 본래 위대한 성과를 거둘 수 있음에도 인내력 부족이라는 치명적인 약점을 가지고 있다. "해야 할 일은 모두 끝냈으니 이제 마지막으로 인내하기만 하면 된다."라는 격언은 중요한 순간에 성패를 가르는 교훈이다.

4. 자기격려의 의지력

성공하려면 반드시 끝까지 해야 한다. 자기격려의 의지력은 인생이라는 배의 조타수와 같아서 잔잔한 바다든 거센 풍랑이든 상관없이 용감하게 전진해 목적지에 도달하게 한다.

5. 동태적 의지력

동태적 의지력은 정태적 의지력이 어떠한 과정에서 드러나는 것을 말한다. 누구든지 용감하게 앞으로 나가거나 흔들림 없이 노력할 때는 동태적 의지력을 사용한다. 자신의 동태적 의지력을 컨트롤할 수 있는 사람이라면 보통 사람이 할 수 없는 일도 해낸다.

6. 자제의 의지력

의지력의 장점은 많지만 자제의 의지력을 통한 통제가 필요하다. 엔진을 제어하지 못한다면 기계는 결국 미쳐 날뛰고 다른 부속품까지 망가뜨린다.

7. 결단의 의지력

의지력을 양성하려면 다양한 유혹을 뿌리칠 필요가 있다. 때로는 새로운 결정을 내리기 위해 현실과 부합한 목표를 세울 필요가 있다. 하고 있던 모든 것을 중단하고 방향을 틀거나 후퇴해야 할 때도 있다. 긴급 상황이 발생했을 때는 신속히 결단을 내리고 어려움과 장애물에 대응해야 하는데, 이때 결단의 의지력이 필요하다.

당신 삶의 주인이 되라. 인생을 살아가는 법칙이 간단해지고
외로움, 배고픔, 연약함을 초월할 수 있다.

하버드 교수_헨리 데이비드 소로

제 16강_독립심 기르기

독립 투쟁은 역사에만 있는 게 아니다

H A R V A R D

S U C C E S S

C L A S S

자신만의 길을 가라

바넘 효과Barnum Effect란 1948년 심리학자 버트럼 포러Bertram Forer가 실험을 통해 증명한 심리효과이다. 사람들 사이 보편적으로 적용되는 성격적 특성을 자기 성격과 일치한다고 믿으려는 현상을 일컫는다. 사람들의 일반적인 성격을 자기에게 대입했을 때 듣는 사람은 자신의 성격을 정확히 묘사한다고 느끼게 된다는 심리반응이다. 화를 잘 낸다, 소심하다, 성격이 급하다 등등 아주 일반적이고 상황에 따라 언제든 나타날 수 있는 현상이다. 그런데도 "너는 좀 배려심이 많은 것 같아."라고 말했을 때 대체로 의심하지 않고 수긍한다. 누구나 가지고 있는 성격인데도 자신에게 그런 점이 있다는 사실을 찾아내고 정확하게 판단했다고 믿는다. 물론 사회적 기준으로 나쁘다고 인식되는 이기적이다, 고집이 세다, 독단적이다 같은 성격을 말하면 발끈하기도 한다. 이런 경우도 상대 앞에서는 아니라고 부정했지만 혼자된 시간에 곰곰이 생각해보고 자신에게 그런 면이 있음을 인정하게 된다. 누구나 바쁘면 급해지고 지기 싫으면 고집이 나온다. 이것은 아주 일반적인 반응으로 자신에게만 적용되는 것은 아니다. 바넘 효과를 피하려면 객관적으로 우리 자신을 들여다보고 자기만의 독특함을 찾아내야 한다.

타인의 잣대로 자기를 판단하거나 구속해서는 안 된다. 그들의 길을 따라갈 필요도 없다. 자신을 믿어야 한다. 인생에서 가장 두려운 일은 가난이 아니라 주체성을 잃은 삶이다. 다른 사람의 평가에 휘둘리고 휩쓸리면 자기 삶을 스스로 놓아버린 꼴이 된다.

1929년, 미국 시카고 교육계를 뒤흔든 큰 사건이 일어났다. 불과 몇 년 전만 해도 로버트 허친스Robert Hutchins는 주경야독으로 예일대학교를 졸업한 청년일 뿐이었다. 그는 작가, 벌목꾼, 가정교사, 기성복 판매원 등 수많은 일을 했다. 그런 그가 미국 4대 명문대학 중 하나인 시카고대학의 총장이 되었다. 그의 나이 겨우 30세의 일이었다.

어린 나이에 명문대학의 총장이 된 천재 청년에게 매서운 비판이 쏟아졌다. 너무 어려서 경험이 부족하다, 교육 관념이 설익었다는 등의 뒷말이 오갔고, 신문사도 그에 대해 무자비한 공격을 가담하기 시작했다. 로버트 허친스가 취임한 날 친구가 말했다.

"오늘 아침 신문 사설에서 자네를 욕하는 것을 보았네. 정말 놀라지 않을 수 없었어."

"나도 봤어. 아주 신랄하더군. 하지만 '죽은 개를 발로 차는 사람은 없다.'라는 말도 있지 않은가!"

맞는 말이었다. 용맹스러운 개는 발에 차일수록 더 투지를 불태우게 마련이다.

예전에 위선자, 사기꾼, 살인자보다 못한 놈이라고 욕을 먹은 사람이 있었다. 어느 신문의 삽화는 그를 단두대에 누워 있는 개로 묘사했다. 칼이 그 사람의 머리를 내리치기 직전이었고, 사람들은 그를 둘러싸고 야유하는 모습의 삽화였다. 그는 누구일까? 바로 조지 워싱턴이다.

예일대학교의 드와이트Dwight 전 총장은 "이 사람이 대통령이 된다면 미국은 매춘이 횡행하고, 옳고 그름을 구별하지 못하는 사람들로 넘쳐날 것이다. 신을 공경하고 사랑을 베푸는 사람도 찾아보기 힘들 것이다."라고 말했다. 히틀러 이야기가 아니다. 그가 경멸했던 대상은 다름 아닌 미국의 '독립선언문'을 쓰고 민주주의의 선구자로 칭송받는 제퍼슨Jefferson 대통령이다.

사람은 스스로 개척한 길을 통해서 자유를 느낀다. 타인의 말에 휘둘려 자신이 나아갈 방향을 잃은 사람은 영원히 자기만의 행복에 도달할 수 없다. 진정으로 성공한 삶은 성과의 크기로 결정되지 않는다. 자아실현을 위해 노력했는가, 자기만의 목소리를 내었는가, 자신만의 길을 만들었는가에 달려 있다.

유전학에 따르면 사람의 탄생 자체는 자연의 가장 위대한 기적이다. 당신과 같은 사람은 이전에도 없었고 이후에도 없다. 그러니 자신만의 가치 있는 색깔을 유지해야 한다. 고유한 색깔은 잠재력의 중요한 통로이자 자신감의 원천이다. 인생의 가치를 실현하기 위해 없어서는 안 될 필수요소이다.

하버드는 학생들에게 "인생에 있어 가장 안타까운 일은 자기 자신이 되지 못하는 것이며, 육체적으로나 심리적으로 자기를 지키지 못하는 일이다."라고 가르친다. 기억하길 바란다. 당신은 이 세상의 단 하나뿐인 존재이다.

성공을 위한 하버드 자기관리법

꿈과 인내력 그리고 자기 주관은 성공한 사람의 필수요소이다. 용감하게 삶의 방향을 선택한 사람은 강인한 의지력으로 좌절 속에서 시련을 견뎌낸다. 고난을 통해 성실하고 창의력을 지닌 사람으로 용감하게 변화한다.

혼자서 일궈낸
보람을 만끽하라

독립적인 삶이란 자기 의지로 꿋꿋하게 살아간다는 의미이다. 다른 사람에게 기대지 않고, 경제력을 스스로 해결하고, 성실하고 진취적인 노력으로 성장해나가는 과정이다. 독립적인 삶을 통해 발전의 주도권을 손에 쥐고 강력한 자기 통제력을 구현해낸다. 나폴레옹은 "세상에 의지할 사람은 많지 않다. 인생은 스스로 어떻게 하느냐에 달렸다."라고 말했다.

독립성과 자기개선은 미군 육군사관학교의 기본강령으로 학생들이 의식적으로 독립심을 지니도록 교육하고 있다. 하버드 교수들은 "사자는 새끼 사자를 일부러 골짜기에 떨어뜨려 스스로 위험 속에서도 살아남는 법을 배울 수 있도록 한다."라는 내용을 인용하며 학생들을 가르친다. 어미 사자가 새끼 사자를 골짜기에 떨어뜨릴 때마다, 새끼 사자는 다시 일어나는 방법을 배우게 된다. 깊은 골짜기를 오를 때에도 다른 사람에게 의지하지 않고 자기 힘으로 나아가는 값진 경험을 한다. 사자의 용맹스러움은 이렇게 길러진다. 사자의 교육방식이 잔인하다고 생각될 수 있지만 이러한 시련을 이겨낸 새끼 사자는 이후에 동물의 왕이 된다.

엄격한 부모에게서 태어난 소년이 있었다. 부모는 소년에게 용돈도 잘 주지 않았다. 영화를 보고 싶었던 소년은 스스로 돈을 벌기 위해 레몬에이드를 만들어 팔기 시작했다. 그런데 한창 겨울이라 부모님 외에는 레몬에이드를 마시려는 사람이 아무도 없었다. 소년은 포기하지 않고 다른 길을 모색했다. 아버지에게 신문을 가져다주면서 문득 '이웃들에게 신문을 배달해야지!'라는 생각을 하게 되었다. 이웃 주민들은 소년의 아이디어에 흔쾌히 응했다. 소년은 한 달에 1달러씩 받으며 매일 새벽 이웃집 대문 아래로 신문을 배달해주었다. 몇 개월 만에 소년은 70달러를 모았다. 적은 액수가 아니었다. 이후 소년은 새벽 신문을 배달하면서 이웃집 쓰레기 치워주기, 애완동물 돌봐주기, 집 봐주기, 식물에 물 주기 등을 자처했다. 더불어 그의 수입도 점점 늘어났다.

1년 후, 소년은 아버지에게 컴퓨터로 광고 쓰는 법을 배우기 시작했다. 자신이 돈을 벌 수 있는 모든 방법을 컴퓨터에 썼고, 아이디어가 생각나면 바로 실행으로 옮겼다. 그의 저축액은 빠르게 늘어났다.

소년의 어머니는 장부 작성하는 법을 가르치면서 언제 돈을 수금해야 하는지도 알려주었다. 돈 버는 방법이 점점 늘어나자 소년은 친구를 고용해 소득의 절반을 주기도 했다.

그런 소년을 주의 깊게 본 한 출판사가《아이가 돈 버는 250가지 아이디어》라는 제목으로 책을 쓸 것을 권유했다. 소년은 12세의 나이에 베스트셀러 작가가 되었다. 그 후로 수많은 TV 프로그램에서 소년을 인터뷰했다. 소년의 자연스럽고 당당한 모습에 사람들은 열광했다. 15세의 나이에 소년은 자기 이름을 내건 토크쇼를 진행하게 되었다. 17세에 그는 이미 백만장자가 되어 있었다. 소년의 독립심이 없었다면 불가능한 일이었다.

연약한 사람들은 무조건 남에게 의지하려 든다. 하지만 인생을 망치는 조건으로 의지하려는 심리보다 더 위험한 것은 없다. 타인에게 의지하는 사람은 절대로 강해질 수 없다. 삶의 여러 단계에서 필요한 독립심을 키워야 한다. 현대인이 사회를 살아가는 데 필수적인 덕목이자, 서바이벌과 같은 세상 속에서 살아남는 방법이다. 진정한 자아를 찾아 독립심을 키우고 잠재력을 끄집어내야 한다.

록펠러Rockefeller가 어린 손자와 놀아주고 있었다. 손자가 떨어져도 다치지 않을 정도의 높이로 기어오르자 록펠러는 잡아주던 손을 놓아버렸다. 당연히 손자는 굴러 떨어졌다. 록펠러가 실수한 것도 아니고 악의적으로 장난을 친 건 더더욱 아니었다. 그는 손자가 어린 시절부터 무슨 일이든 스스로 해야 하고, 가장 가까운 사람이 도와줄 때 전적으로 기대서는 안 된다는 점을 알려주려고 했던 의도였다.

자기 독립성을 실험하고 싶다면 원하는 일의 바닥부터 시작해라. 차근차근 올라가다 보면 몰랐던 사실을 알게 되고 경험이 쌓여 앞으로 닥칠 문제에 대한 현안을 갖게 된다. 남의 손을 빌려 쌓은 성공은 모래성처럼 비바람에 쉽게 무너진다. 독립적이고 자주적으로 일궈낸 성공은 당당하고 견고하다.

성공을 위한 하버드 자기관리법

어떻게 살아야 할지 길을 안내하는 항해사는 자신이다. 어떤 인생을 살든지 스스로 무엇을 하고 싶은지 깊이 성찰해야 한다. 운명의 주인이 되어 자신을 믿는다면, 분명 험난한 장애물들을 하나씩 넘어서는 승리를 맛본다. 자신만의 특별한 무언가가 필요하다.

기대던 등받이를 잘라내라

남에게 의지하기 좋아하는 사람은 순종적이다. 거절당할지 모른다는 두려움으로 적극성이 떨어지고 자신감도 저하된다. 타인의 비위를 잘 맞추기 때문에 초반에는 많은 사람에게 호감을 얻는다. 하지만 이러한 붙임성과 의존성은 머지않아 상대를 힘들게 하고 인간관계를 어렵게 만든다. 남들이 하는 이야기에 휩쓸리고 자기중심을 잡지 못해 주관이 없는 사람으로 찍힌다. 은연중에 몸에 밴 비관적, 피동적, 소극적인 행동으로 대인관계에서도 항상 수동적인 위치에 놓이게 된다.

심리학 관점에서 보았을 때, 의존성은 습관적 성향이다. 의존성이 강한 사람들은 자기를 지지해주는 등받이를 잘라내야 한다. 기댈 수 있는 등받이를 잘라냄으로써 자기 힘으로 꼿꼿이 설 수 있다. 처음에는 어렵지만 시도해야 한다. 강인하게 성장하는 방법이다.

존 케네디John F. Kennedy는 1963년 하버드에 입학했다. 케네디의 아버지는 아이의 독립성을 매우 중요하게 생각했다. 아버지가 어린 케네디를 마차에 태우고 놀러 갔을 때이다. 마차의 속도가 너무 빠른 나머지 방향을 틀던 중에 아이가 떨어지고 말았다. 마차가 멈추자 아이는 아버지가 부축해주기를 기다렸다. 하지만 아버지는 마차를 세우고 아이가 오길 기다렸다.

"아버지, 저 좀 도와주세요."

"혼자 힘으로 일어나 마차에 타거라."

아이는 낑낑대다 겨우 일어나 흔들거리는 마차에 간신히 올라탔다. 아버지가 물었다.

"내가 왜 널 돕지 않은 줄 아니?"

아이는 고개를 저었다.

"인생이란 넘어지면 다시 일어나서 달려야 한단다. 또 넘어지면 다시 또 일어나 달려야 하고. 어떠한 순간에도 자신을 믿어야 한단다. 누구도 널 도와주지 않거든."

이후로도 아버지는 케네디의 교육에 더욱 주의를 기울였다. 그는 케네디를 여러 사교 모임에 데리고 다니며 손님들과 어떻게 인사해야 하는지, 다른 계층의 사람들과 어떻게 대화를 이어나가야 하는지에 대해 가르쳤다. 어느 날 한 손님이 아이가 어린데 너무 어려운 걸 가르치는 것 아니냐고 물었다. 케네디의 아버지는 예견이나 한 듯 즉각 대답했다.

"아, 나는 지금 얘를 대통령이 될 수 있도록 가르치는 걸세!"

케네디는 하버드 재학 동안 갖은 병에 시달리면서도 유럽을 두 차례나 다녀왔고 방학에는 미국 대사관에서 일했다. 졸업논문으로 우수논문상도 받았다. 1940년 케네디는 우수한 성적으로 하버드를 졸업하고 국제관계 영예 학위를 받았다. 누구의 도움도 없이 자기 스스로 해낸 결과이다.

사람들은 누군가에게 도움을 받으면 이익이라고 믿는다. 도움의 손길 이면에 도사리는 자신의 나약함은 생각지 못한다. 계속 타인에게 의지하면 절대 강해질 수 없다. 자기만의 독창성을 갖출 수도 없다.

사람이 살아가는 방법은 두 가지다. 뚜렷한 주관을 가지고 독립적으로 살아가거나, 웅대한 포부를 묻어두고 평생 평범하게 사는 것이다. 큰일을 성취하려는 사람은 타인의 의존을 거부하고 주체적인 삶을 추구한다. 도와달라는 손을 내밀기보다 넘어져 무릎에 피가 나더라도 울지 않고 일어나는 법을 배우려 한다. 자신에게 닥친 어려움은 자기 능력을 시험하는 기회라고 여긴다. 그 결과에 대해 책임지는 행동으로 자신을 보여준다. 믿음직한 신뢰로 사회적 인정까지 받는다.

평생 남에게 의지해 산 사람은 인생의 반쪽만 사는 사람이다. 주관이 없어 자기감정이나 행동을 통제하지 못하는데 어떻게 온전한 삶을 산다고 할 수 있겠는가. 내면의 성장은 기대하지도 못한다. 이제라도 의존성에서 벗어나자. 누군가에게 의지하고 그 사람의 말에 따라 살아왔다면, 자기가 할 일을 고민해보고 미래를 설계해보자. 자기 주관을 가질 때 자유로운 삶과 성공이라는 목표에 한 발짝 더 다가갈 수 있다.

성공을 위한 하버드 자기관리법

성공하기 위해서는 자기를 믿어야 한다. 의존에서 벗어나 용감하게 자기 힘으로 살아갈 때 성공과 가까워진다. 남에게 의지하고 내맡기는 삶의 끝은 실패일 수밖에 없다. 실패를 두려워 말고 삶을 선택하고 성공의 방향을 정하라.

◆나를 바꾸는 하버드 '독립심 기르기' 트레이닝

독립심은 당신이 꼭 지녀야 할 필수 덕목이다. 의존적인 마음을 용기 있게 던져 버리자.

1. 자기 힘으로 일 처리하기

모든 일을 자기 힘으로 노력하고 쟁취해야만 성장할 수 있다. 남이 도움을 받아 이룬 성과는 그 영광이 반감되게 마련이다.

2. 게으름 이겨내기

의존적인 심리의 원인은 게으름에 있다. 의존성을 없애기 위해서는 먼저 게으름에서 벗어나야 한다. 일을 처리할 때는 더욱 과감해져라.

3. 독립심과 주인의식 기르기

자신이 주인 되는 삶을 살기 위해서는 오직 내 힘으로 얻어낸 소득과 성과만이 진정 자기 것이라고 여겨라. 자신이 해낸 성과를 누릴 수 있을 때, 진정한 성취감을 느낄 수 있다.

4. 현실에 접목하기

매일 자기 생각을 진지하게 되새기며 차근차근 실천에 옮겨라. 무엇이든 한 번에 이루어지는 일은 없다. 조금씩 차곡차곡 쌓아야 나중에 성공할 수 있다.

5. 독립적인 사고 기르기

사고력은 이자를 두둑하게 주는 은행과 같다. 많이 저축할수록 더 많은 이자를 받을 수 있다. 독립적인 사고를 기르면 당신은 진정한 삶의 주인이 된다. 이를 위해 사고력을 길러야 하고 부지런히 행동하라.

제 17강_책임감 기르기

더불어 사는 아름다움을 피워라

HARVARD SUCCESS CLASS

안주하지 말고 더 나은 가치를 추구하라

책임감은 보통 두 가지로 나뉜다. 하나는 직책이나 사명같이 자기가 맡은 일에서 당연히 해야 할 책임이다. 다른 하나는 불이익을 감수하면서까지 소임을 다하는 책임이다. 책임은 자신을 강요하는 일지만, 강한 통제력을 갖춘다면 책임감은 자발적으로 감수하고자 하는 사명감으로 승화된다. 책임감이 강한 사람은 자기만의 신념이 있으며, 자신에 대한 요구치가 훨씬 더 높다. 책임감이 강할수록 더 멀리 내다보고 오늘의 행동을 결정한다.

중국의 한 짝짓기 예능프로그램에 하버드 출신 안텐이 게스트로 출연해 인기를 끌었다. 그는 관심 있는 여성 파트너에게 천만 달러가 넘는 큰돈이 있다면 무엇을 하겠냐고 물었다. 지금처럼 변함없이 산다고 그녀가 대답하자, 그는 그 대답에 실망스러워했다. 이를 눈치챈 사회자가 그 돈이 있다면 무엇을 할 것인지 그에게 되물었다. 그는 공익재단을 세우거나, 고아를 입양하는 등 자선사업을 하고 싶다고 답했다. 십만 달러 정도의 적은 돈이라면 자동차를 산다거나 다른 걸 할 수 있겠지만 천만 달러라는 큰돈이라면 전액을 학교에 기부해도 좋다고 했다. 타인을 위해 봉사해야 한다는 소신을 피력했다. 그러면서 안텐은 "지혜를 배우고 더 나은 세상과 인류에 봉사하기 위해 학교에 다닌다."라는 하버드 교문의 유명한 글귀를 덧붙였다.

사회 환원에 대한 책임감은 몇백 년 하버드의 역사를 통해 이어져 내려오는 전통이다. 하버드를 졸업한 사람이라면 자기 힘을 통해 조금이라도 사회에 봉사하고 환원하고자 노력한다. 사회적 책임감이 사회 분위기로 조성되면 많은 사람이 혜택을 볼 수 있고, 더불어 잘 살게 된다.

"조국이 여러분을 위해 무엇을 할 수 있는지 묻지 말고, 여러분이 조국을 위해 무엇을 할 수 있을지 스스로 물어보십시오."

케네디 대통령의 명언이다. 사명감을 지닌 사람은 자발적으로 자기 목표에 모든 것을 쏟아붓는다. 사명과 열정이 없는 사람은 인생을 방황하고 더 높은 곳으로 발돋움할 수 없다.

플랜더Flander는 포부가 넘치는 사람이었다. 어린 나이에 뉴욕 철도 회사의 대표를 인생 목표로 삼고, 13세부터 친구와 함께 얼음 나르는 일을 시작했다. 그리고 시간이 날 때마다 열심히 공부해서 철도업계에 발을 담글 기회를 엿봤다. 18세가 되던 해에는 롱아일랜드 철도회사의 야간 하역인부가 될 수 있었다. 이후 상사의 신임을 얻어 철도와 철로 노반을 검사하는 역할을 맡았다. 철도원으로 자리를 옮긴 플랜더는 늘 성실하게 작업하고 야근도 마다하지 않았다.

몇 년 후 플랜더는 영문도 모른 채 해고되었다. 그는 회사 책임자를 찾아가 롱아일랜드 철도회사에서 계속 일할 수만 있다면 어떤 일이든 하겠다고 말했다. 그의 진심에 감동한 책임자는 화물칸에 가득한 먼지를 청소하게 했다. 얼마 지나지 않아 플랜더는 특유의 성실함으로 뤼데스하임을 오가는 우편열차의 수동제동기 관리자가 되었다. 무슨 일을 하든 플랜더는 시종일관 자기 사명을 잊지 않았고 철도에 대한 지식을 쌓아갔다. 30년 후, 마침내 플랜더는 롱아일랜드 철도회사의 대표가 되었다.

플랜더는 "저는 일에 대한 사명감을 가진 직원이라면 무슨 일이 있어도 변하지 않으며, 무슨 일이든 해낼 수 있다고 생각합니다. 다시 말하자면, 사명감 있는 직원은 우수하고 책임감이 강하며 언제 어디에서나 환영받습니다. 이런 사람은 자신의 노력으로 앞으로 나아가며, 사람들의 도움과 지지를 받습니다."라고 연설했다.

사명감은 우리가 적극적으로 행동하고 인생의 목표를 이룰 수 있도록 돕는다. 개인의 행동과 방향을 결정하는 중요한 요소이다. 강한 사명감을 지닌 사람은 앉아서 꿈이 이루어지기를 기다리지 않는다.

적극적으로 자기 목표를 가지고 꿈을 이루기 위해 움직인다. 적극적으로 탐구하고 환경을 개선하기 위해 모든 노력을 다한다. 사명감과 열정이 없는 인생은 삶의 포인트를 찾지 못하고 언저리에서 배회할 뿐이다. 앞으로 나아갈 수도 없다. 자신에게 사명감을 부여하자. 자신에게 숨어있는 엄청난 가치를 발견할 수 있다.

성공을 위한 하버드 자기관리법

사명감이 없는 사람은 일에서 즐거움을 찾지 못한다. 열정을 누리지 못하고 즐거움을 발견할 수 없다. 모든 일에는 책임이 뒤따른다. 어떤 환경이든, 어떠한 상황에 부딪히든 적극적인 의지를 불태워라. 사명감으로 가득한 사람은 자기 일을 통해 더 큰 가치를 창출하고 인생의 의미를 만들어간다.

위대함은
사소한 일에서 움튼다

하버드는 책임감 강한 학생을 선호한다. 하버드의 입학사정관인 블라이스Blyth는 "우리는 이수한 과목, 수상 이력, 선생님의 평가뿐만 아니라 학생이 일상적으로 하는 생각에 관심을 둡니다. 지원서에 적힌 단어나 문장에서 그것을 발견할 수 있지요. 이는 학생을 이해하는 데 도움이 될 뿐 아니라, 자신을 돌아보는 데도 도움이 될 겁니다."라고 말했다.

실제로 충칭重慶에 사는 한 여학생이 마작을 하면서 느낀 감정들을 대학 지원서에 적었는데, 하버드는 마작을 통해 발견한 생각이 마음에 들어 여학생을 합격시켰다. 흥미와 재미로 하는 마작을 하면서도 단순한 오락으로 즐기지 않고 그 안에서 확실한 자기 주관과 생각을 끌어낸 데서 높은 점수를 받았다.

하버드의 입학사정관들은 일상에서 학생을 정확히 파악할 수 있다고 말한다. 아무리 사소하더라도 할 만한 가치가 있는 일이라면 잘할 가치도 있는 법이다. 작은 일이라도 잘하기 위해서는 책임감으로 임해야 한다. 작은 일을 해내야 큰일도 해낼 수 있다.

러시아 우주비행사 가가린Gagarin은 1961년 인류 최초로 우주에 진출한 우주비행사가 되었다. 그가 특별한 역사의 영웅이 될 수 있었던 이유는 아주 사소한 딱 한 가지 이유 때문이었다.

우주비행사를 최종적으로 뽑는 과정에서 마지막으로 20여 명이 후보자로 올랐다. '보스토크 1호' 비행선의 설계자 세르게이 코롤료프Sergei Korolev가 최종 선발을 선택하는데 쉽게 결정을 내리지 못하고 있었다. 그들 모두 지식으로나 신체적으로나 모두 뛰어난 인재들이기 때문이었다.

어느 날 코롤료프는 우주비행사 훈련 과정 중 가가린을 주목하게 되었다. 모든 우주비행사 후보자들 중 유일하게 가가린만 신발을 벗고 양말을 신은 채로 우주선 안으로 들어갔기 때문이다. 기내에 먼지가 들어가는 것을 막기 위함이었다. 코롤료프가 심혈을 기울여 만든 우주 비행선이었기에 가가린의 이와 같은 행동은 자신에 대한 존중으로 보였다. 그렇게 인류 최초 우주비행사의 영예는 가가린의 몫이 되었다.

가가린의 운명은 아주 단순하고 사소한 것에서 바뀌었다. 그가 우주비행사라는 명예를 얻고 이름이 영원히 기억될 수 있었던 비결은 사소하지만 놓치기 쉬운 일에도 심혈을 기울였기 때문이다. 작은 것에 대한 세심함은 그의 책임감을 보여준다. 상황에 따라 성공을 결정짓는 중요한 요소가 된다. 사람의 됨됨이든 사업이든 모두 멀리 내다보고 작은 것부터 시작해야 한다.

매일 반복되는 일상을 지내는 우리가 하는 일들은 새롭거나 획기적이거나 특별하지 않다. 실제로 평범하고 자질구레한 일이다. 작은 일 하나라도 놓치지 않고 하는 사람은 냉정한 이성과 분별력이 있다. 부주의와 경솔한 행동 없이 성심성의껏 그 일을 마주한다. 작은 일부터 최선을 다하고 책임을 진다면 성공에 가까워질 수 있다. 목표한 성공은 한 번에 불쑥 이루어지지 않는다. 구슬을 하나하나 꿰어야 목걸이를 완성할 수 있는 것과 같다. 하찮다고 구슬 하나 꿰기를 단념하거나 대충 끼운다면 성공은 바라볼 수 없는 희망이 되고 만다.

위대함은 늘 일상의 사소함에서 시작된다. 일상의 단순한 일을 단순하지 않은 것처럼 여겨라. 평범한 일을 평범하지 않게 해내라. 삶의 작은 일상 속에는 성공과 실패의 가능성이 숨어있다. 작은 일, 일상에서 반복되는 일, 귀찮아 미루어두었던 일에서 성공이 싹틀 수 있다. 실패의 경우도 마찬가지다. 커다란 항아리에 물을 담을 때 금이 간 항아리라면 결코 가득 물을 채울 수 없다. 금이 간 자리를 보수하지 않으면 모든 노력이 허사가 된다. 이쯤이야 하고 무시해서는 안 될 일이다. 작고 사소한 일이라도 어떻게 바라보고 어떤 자세로 임하는가에 달려 있다. 작은 일에 최선을 다하고 진심 어린 마음으로 임한다면 성공하기 위해 거센 파도를 타는 것과 같은 고난을 겪지 않아도 된다.

꽃 한 송이로 세상을 보고 모래 한 알에서 천국을 볼 수 있다. 손에 있는 작은 일을 완벽하게 해낼 수 있어야 성공도 눈앞으로 다가온다.

성공을 위한 하버드 자기관리법

사람은 본능적으로 책임을 회피하려 한다. 하지만 인류의 발전은 책임감을 지닌 성공한 인재들을 통해 이루어졌다. 책임을 져야 할 때는 어떠한 불이익을 당하더라도 회피하지 말자. 사소한 일이라도 책임지려는 자세로 임하면 신뢰를 얻고 설 자리를 얻는다.

◆ 나를 바꾸는 하버드 '책임감 기르기' 트레이닝

책임감은 성공의 기준점이다. 어떤 일을 하건 최선을 다하며 사소한 일도 허투루 넘기지 않는 사람이 성공한다. 강한 책임감을 지닌 사람이 되려는 연습을 해보자.

1. 직업 정신 기르기

본업에 몰두하고 최선을 다하면 자기 잠재력을 최대치로 끌어올릴 수 있다. 자신이 하는 일 자체를 필요하고 즐기면 강한 책임감이 부여된다.

2. 훈련을 통해 책임감 기르기

책임감은 타고나는 것이 아니라 후천적으로 길러진다. 책임감을 기르기 위해서는 평상시 책임감에 관심을 기울이고 훈련해야 한다. 계속 훈련한다면 자기 인생관, 가치관, 주인의식, 직업에 대한 열정을 북돋을 수 있다. 잘못을 인정하고 책임져야 한다는 인식을 갖자. 과감히 책임지는 사람만이 신뢰를 얻는다.

3. 혼자서 업무 끝내기

책임감이 부족한 이유는 본인이 해야 할 일을 타인에게 미루기 때문이다. 이는 책임 전가이다. 책임감 형성에 매우 부정적인 영향을 끼친다.

4. 자기반성

언제나 핑겟거리를 찾는 사람이 있다. 이런 악습관은 책임감 형성에 장애가 된다. 어떤 문제에 직면했을 때에는 핑계 대지 말고 자기반성을 해야 한다. 실수를 돌아보는 자세는 책임감 형성에 도움이 된다.

제 18강_자신감 키우기

자신감에 대항할 적은 없다

HARVARD

SUCCESS

CLASS

장점을 키워 열매 맺게 하라

하버드 졸업생 중에는 뛰어난 업적을 가진 성공한 사람이 많다. 그들은 성공사례를 보이며 매력을 풍기지만, 사실 늘 성공의 길만 달려온 행운아는 아니다. 한 명 한 명 그들의 배경을 살펴보면 모두 고단하고 치열한 삶을 산 경험이 있다. 그러나 그들은 늘 자신감을 잃지 않았으며, 그 자신감으로 인생의 전성기를 열었다.

자신감은 낙관적인 태도로 자기 능력을 신뢰할 때 나온다. 탁월한 능력이나 재능, 가진 부의 가치가 높아서가 아니다. 용기 있는 도전정신으로 자신이 원하는 것을 이루어낼 수 있다는 확신에서 나온다. 자기 이상을 정하고 정진할 때 뿜어 나오는 '기氣'다. 이 '기'가 할 수 있다는 자신감을 만들어내고 하면 된다는 가능성을 만든다.

복싱계의 전설 무하마드 알리Muhammad Ali는 다양한 권투 방법, 민첩한 발놀림, 빠른 주먹, 지치지 않는 체력과 조화로운 동작을 갖춘 권투선수였다. 총 60번의 경기에 출전해 56번을 승리했다. 알리가 이처럼 뛰어난 성적을 거둘 수 있었던 건 그가 승리의 비결을 알고 있는 덕분이었다.

알리는 어린 시절 가족이 사준 자전거를 매일같이 타고 다니며 즐거워했다. 그러던 어느 날 자물쇠를 잠그지 않은 채 경찰서 앞에 세워두었다가 도둑맞고 말았다. 알리는 너무 화가 나서 발을 동동 굴렀다. 경찰은 울상이 된 알리에게 복싱을 배워볼 것을 권유하며 상대 선수를 자전거 도둑으로 생각해보라고 말했다.

처음 복싱을 시작했을 때 알리는 매번 자기 능력을 의심했다. 상대방과 대결조차 할 수 없으리라 생각했다. 그때마다 '절대 자신을 의심하지 마. 너는 최고의 재능이 있어.'라고 되뇌었다. 할 수 있다는 자기암시를 걸었다. 점점 용감해졌고, 결국 미국 챔피언과 세계 챔피언 트로피를 거머쥐었다. 그 후 알리는 자기 능력을 의심하지 않았다. 언제나 자신이 더 잘 해낼 수 있다고 믿었다.

알리는 매 경기 시작 전 거울을 보며 "너의 능력을 의심하지 마. 네가 최고야. 널 이길 사람은 없어. 너는 챔피언이야!"라고 소리쳤다. 그 결과 알리는 상상하지 못한 결과를 만들어냈다. 하늘 아래 알리를 대적할 선수는 없었다.

알리는 열등감을 이겨내고 복싱계의 전설이 되었다. 좌절은 두려운 일이 아니다. 자신을 믿지 못하고 자기 능력을 의심하는 마음을 두려워해야 한다. 실패와 좌절 앞에서 자신을 비난하지 말자. 물건을 내던지거나 욕을 하고, 머리를 쥐어박으며 한숨만 내쉬어서도 안 된다. 내가 하는 일이 그렇지, 난 할 줄 아는 게 아무것도 없어, 난 안 되는 인간이야 등과 같은 생각에 잠식되어 의욕이 상실된다. 그런 행동들은 실패에서 벗어나게 해주기는커녕 스스로를 더욱 막막하게 만들 뿐이다.

자기 능력을 의심하는 사람은 실패에 시달릴 수밖에 없다. 외모 때문에 근심하는 사람은 점점 더 못생겨진다. 예쁘고 잘생긴 사람들과 비교하면 자기 외모는 언제나 흠이 있게 마련이다. 공부 못 하는 자신을 자책한다고 성적이 오르는 건 아니다. 직업이 별로라고 불평해도 모두가 선망하는 직장에서 출근하라고 연락이 오지 않는다. 왜 스스로 어렵게 만들고 불가능하게 만드는가. 모든 사람은 독립된 존재이다. 각자 자기 방식으로 살아가야 한다.

사람마다 각기 다른 장점이 있는 반면 단점도 갖고 있다. 그러므로 자기 단점 때문에 울지 마라. 자신이 가진 장점과 재능을 발휘한다면 우리 또한 성공의 상징이 될 수 있다. 자신이 할 수 있는 일을 찾아라. 이제까지의 생활에서 불만이었던 요소를 찾고 그것을 채울 수 있는 길을 모색하라. 자신이 먼저 달라져야 한다. 자신을 믿고 도전해라. 자신에 대한 의심이 싹트거든 '해낼 자신 있다. 누구보다 나를 믿는다.'라고 스스로 세뇌하라. 천릿길도 한 걸음부터이고 늦었다고 생각될 때가 오히려 가장 빠른 때이다.

시련의 순간에도 정신 차리고 자신감 한 방을 뻗으면 승리의 희망이 맞아준다. 누구나 꿈을 현실로 만들어낼 수 있다. 자기 능력을 의심하지 말고 원대한 꿈이 실현될 수 있음을 믿어라.

성공을 위한 하버드 자기관리법

자신이 결정한 선택에 따라 직면하는 상황이 다르다. 현재 상황이 불만스럽다면 왜 이런 상황을 초래했는지 자신을 점검하자. 남을 탓하거나 남과 비교해서 상황을 더 비극으로 만들지 마라. 변화를 만들어낼 의무와 책임은 자신에게 있다. 자기 능력을 믿어라.

불가능이란
없다는 진리를 증명하자

하버드 교수들이 인생철학을 가르칠 때 "불가능이란 없다."라는 말을 가장 먼저 한다. 모든 것이 가능하다는 신념을 심어주기 위함이다. 이 철학은 학생들이 과제를 다 끝내지 못했을 때조차 핑곗거리를 찾는 것이 아니라, 적극적으로 해결방법을 찾아 임무를 완수할 수 있도록 격려한다. 수업을 받고 과제를 해내는 과정이 난관 그 자체임에도 불구하고 강한 의지로 해낼 수 있는 것은 자기 도전에 대한 확신이 있기 때문이다.

평생을 순풍에 돛 단 듯 평온하게 사는 사람은 없다. 실패를 경험해보지 않은 사람도 없다. 원하는 대로 사는 사람도 없다. 그러니 자기 인생에서 못마땅한 점을 발견하더라도 불만스러워하지 말자. 툭

하면 울고불고 자살을 떠올리지 마라. 스스로 그 장애물을 이겨보려 하지 않는 사람에게 발전은 없다. 열등감과 나약함은 성공의 장애물이다. 열등감으로 가득 찬 사람은 평생 비극의 소용돌이 속에서 몸부림치게 된다. 나약함을 이겨내야 자신을 변화시킬 수 있다. 잔잔한 파도에서 성공에 닻을 올리려거든 자신감과 용기를 갖자.

실패하더라도 담대하게 해나가라. 시간이 지나면 긴장감, 두려움, 열등감의 굴레에서 벗어나게 된다. 열등감을 치유하는 특효약은 "나는 할 수 있다."라는 자기 긍정이다. 매사에 이 생각을 복용하면 정신력까지 강해지는 효력까지 보게 된다.

몹시 가난한 청년이 혼자 파리를 떠돌고 있었다. 그는 아버지의 옛 친구를 찾아가 생계를 꾸릴 수 있도록 어떤 일이라도 맡겨주길 부탁했다.

"수학 잘하니?" 아버지의 친구가 물었다. 청년은 머뭇거리며 고개를 저었다.

"역사나 지리는?" 청년은 또다시 민망한 듯 고개를 저었다.

"그럼 법은 잘 아니?" 청년은 난처해하며 고개를 숙였다.

"회계는?"

"저는 잘하는 게 하나도 없네요."라고 청년은 고개를 푹 숙이며 기어들어가는 목소리로 말했다.

"그러면 여기에 주소부터 적어라. 어쨌든 내가 일을 하나 찾아주마."

청년은 붉어진 얼굴로 이름과 주소를 쓰고는 자리를 떠나려 했다.

"이름을 아주 잘 썼구나. 이게 너의 장점이다. 입에 풀칠할 수 있는 일만 찾기에는 너무 아깝구나."

청년은 아버지 친구가 "이름을 잘 쓴 게 장점이다."라고 말하는 눈빛에서 확신을 느꼈다. 격려를 받은 청년은 자기 장점을 조금씩 넓혀 나가기 시작했다. 몇 년 후 청년은 세계적으로 명성을 얻은 작품을 발표했다. 그가 바로 19세기가 배출해낸 프랑스 소설가 알렉상드르 뒤마Alexandre Dumas이다.

누구나 장점을 하나 이상 갖고 있다. 미약하거나 소소하거나 아주 형편없다고 치부하는 것이라도 장점이 될 수 있는 한 가지가 있다. 물을 잘 마시는 것도 장점이 될 수 있고 손가락이 긴 것도 장점이 된다. 어디 그뿐인가. 남들보다 잘 웃는다든지, 눈치 빠르게 행동하는 것, 화를 잘 참는 것, 매사에 도전하려는 의욕, 실패를 두려워하지 않는 용기도 대단히 유용한 장점이다.

하지만 우리는 사회적 기준으로 자기 장점을 찾으려 한다. 어쩌겠는가? 학창시절도 이미 끝나 성적을 올릴 수 없고, 우수한 대학을 나오지도 못했으며, 운동도 잘하지 못하고, 특출난 개인기가 없는 현실이다. 남과 비교해보니 자기 단점이 너무 크다. 그 많던 장점은 사라지고 하필이면 딱 그 단점 하나로 괴로워한다. 상대평가의 굴레에서 벗어나지 못하니 안타까울 뿐이다. 그렇다고 자기 열등감에 빠지지 마라. 평범해보이는 자기 인생 속에는 숨겨진 보물상자가 있다. 아무리 작은 장점이라 할지라도 그 단서를 찾아가 발굴하다 보면 자신조차 놀랄 만한 보물을 발견하게 된다.

나뭇잎 하나하나가 각자의 풍경을 만들어내듯, 사람이라면 저마다 독특한 풍경을 가지고 있다. 스스로 비하하지 마라. 타인의 장점을 부러워할 필요도 없고, 자랑할 게 없다고 자괴감에 빠질 필요도 없다. 세계 최고의 판매원 슬라겔Slagel은 "우리가 사는 인생 속의 모든 위대한 일들은 자신감에서 시작된다. 자신감은 우리가 첫걸음을 내딛는 동력이며, 내면의 두려움을 내쫓는 빛이다."라고 말했다. 자신을 믿어라. 고난을 이겨낼 용기가 생긴다. 자신 있는 당당함이 당신을 빛나게 한다.

성공을 위한 하버드 자기관리법

당신은 이 세상에서 가장 똑똑한 사람이 아니다. 가장 성공한 사람도 아니다. 하지만 충분한 자신감을 가지고 성실하게 노력하는 사람이다. 일단 시작하면 불가능이란 없다. 자기 확신을 부여할 때 당신은 사회에서 인정받는 뛰어난 사람이 된다.

할 수 있다는 믿음으로 도전하라

심리효과는 우리 몸과 정신건강에 매우 큰 영향을 준다. 어리석은 사람은 "난 못 해.", "난 안 돼."라는 말을 입에 달고 산다. 심리적 암시로 그처럼 부정을 주입하고 있는데 잘될 리가 없다. 결국 자기 인생은 안 되는 방향으로 나아가게 된다.

하버드 학생이었던 버락 오바마Barack Obama는 "자신감은 모든 미국인의 피를 타고 흐른다. 미국인들은 초창기 매우 힘겨운 시절을 보냈다. 1750년대 식민지 개척자들은 40년 후 그들이 새롭고 독립적인 나라에 살게 될 거라고는 생각지도 못했다."라고 말했다. 그는 국민이 이루어낸 역사를 보여주며 개척자의 정신을 후손이 이어받아 새로운 역사를 창조하는 데 힘을 도모하자고 했다. 어려움을 극복하고 지금은 세계 최강의 나라를 이룩한 미국인의 자부심에 부채질을 한 것이다. 대통령이 된 뒤에도 그는 언제나 자신과 국민에게 자신감을 심어주기 위해 힘을 쏟았다. 연설을 통해서든 정책을 통해서든 미국인임을 자랑스러워할 수 있도록 국민의 자존감을 높여주었다.

한 사람이 가지고 있는 자신감이 모여 단체를 이루고 사회를 이루고 국가를 이룬다. 사람들 자신감이 하나둘 모일 때마다 위력이 커지는 것은 당연한 이치다. 국력은 국민성에서도 나온다. 나라에 큰 위기가 닥쳤을 때 국민이 똘똘 뭉쳐 위기를 타파해나가는 모습에 세계인은 감동한다. 오바마는 이 점을 깊이 인식했다.

2008년 1월 4일, 미국 아이오와 주에서 대통령 경선 1차 예비 선거가 진행되었다. 오바마는 상대가 생각지도 못한 방법으로 승리를 거두었다. 예비 선거 승리 후 흑인 대통령 후보자인 오바마는 멋진 연설을 했다. 짧고 간결하게 오바마의 자신감을 여실히 드러냈다.

"저는 모든 사람이 평등하게 진료받고, 치료받을 수 있는 나라를 만들겠습니다. 저는 글로벌기업의 해외탈세와 우대를 없애고, 중산층이 감세정책을 누리는 나라를 만들겠습니다. 저는 농부, 과학자, 사업가와 모두 머리를 맞대고 석유의 굴레에서 벗어날 수 있는 나라를 만들겠습니다. 저는 이라크 전쟁을 종식시키고 우리 병사들이 돌아오게 함으로써, 우리의 도덕적 지위를 회복시키는 대통령이 되겠습니다."

처음부터 오바마는 강인한 어투로 자기 태도를 대변했다. 그 덕분에 유권자들의 신뢰를 얻었다. 오바마의 자신감은 책임감과 합쳐져 훌륭한 감화를 끌어냈다. 미국 국민의 가능성을 믿고 출마해 최초의 흑인 대통령이 되었다.

오바마는 자신감 있는 사람이었다. 후보자 지명 수락 연설에서 당원들과 국민의 우려를 불식시키고 비전을 제시했다. 명확한 국가관으로 자신이 이끌 나라를 보여줌으로써 신뢰를 끌어냈다. 아직 대통령 선거를 치르지도 않은 당내 경선이었지만 국민은 오바마를 지지했다. 흑인이라는 불리한 조건은 오바마에게 장애물이 되지 않았다. 오히려 상대 후보와 차별화할 수 있는 장점으로 활용했다. 이제껏 단 한 번도 흑인 대통령을 배출하지 못한 미국의 역사를 국민이 부끄럽게 여길 수 있도록 선거유세에서도 자신의 출생에 대한 사실을 언급했다. 또한 흑인이지만 분명히 미국인이라는 점, 미국을 위해 일할 적임자라는 점을 국민에게 각인시켰다.

오바마처럼 자기 가능성을 믿자. "난 못 해.", "난 안 돼."라는 말을 자기 삶에서 몰아내자. 심리적 암시 효과의 힘은 실로 대단하다. 우리 인식은 암시를 명령으로 받아들인다. 명령이 내려지면 잠재의식은 우리와 논쟁할 필요도 없이 곧이곧대로 수행한다. "난 안 돼."라는 인식을 가지면 가질수록 조금씩 잠재의식에 스며들게 된다. 시간이 지나면 인생은 자기가 암시한 방향으로 흘러간다. 따라서 가능했던 일도 불가능하게 된다. 잠재능력이 힘을 잃고 의지를 상실해버린다. 절대 자기 불신을 키우지 마라. 그것의 열매는 처절한 패배이다.

생각을 전환하라. 자신감을 가지고 "도전!"이라고 외쳐라. 할 수 있다는 가능성을 믿고 움직여야 일이 순조롭게 진행되고 성공 가능성도 커진다. 자기 확신과 자신감으로 잠들어 있는 잠재력을 불러일으켜라. 그것의 열매는 빛나는 성공이다.

성공을 위한 하버드 자기관리법

절대 "난 못 해.", "난 안 돼." "난 실패할 거야."라는 말을 입에 담지 마라. 좋은 일을 생각하면 좋은 마음이 따라온다. 성공의 밑거름이다. 반대로 나쁜 일을 생각하면 나쁜 마음이 따라온다는 걸 반드시 기억하자.

◆ 나를 바꾸는 하버드 '자신감 키우기' 트레이닝

1. 자신을 정확히 바라보고 객관적으로 평가하기

열등감, 짜증, 자신감이 부족하다고 느낄 때는 다방면으로 원인을 살펴볼 수 있다. 가정환경은 어땠는가? 좋은 교육을 받았는가? 어린 시절은 어땠는가? 친한 친구의 도움이 부족한가? 삶의 철학이 있는가? 인생 목표는 무엇인가? 이렇게 질문에 스스로 답해가면서 자신감 부족의 원인을 찾아볼 수 있다. 사람마다 조건이 다르고 목표도 다르다. 이성적이고 객관적으로 분석해 원인을 찾아낸다면 남보다 못 해도 열등감을 느끼지 않는다.

2. 독립성과 자립성 유지하기

독립성과 자립성은 살아가는 데 필수적인 덕목 중 하나이고 자신감의 원천이라 할 수 있다. 독립성과 자립성을 가진 사람은 자신을 잘 지키고, 어떠한 시련과 좌절이 들이닥쳐도 자신을 신뢰한다. 시련을 훈련의 기회로 삼을 수 있다.

3. 인간관계 속에서 자신감 키우기

다른 사람들에게 무시받는다고 해서 사람들을 떠나지 마라. 자신을 존중한다면 아무도 당신을 무시할 수 없다. 좋은 인간관계 속에서 격려를 받을 수 있느냐는 자신에게 달렸다.

4. 다른 사람에게 먼저 말 걸기

주도적인 대화는 자신감을 키우는 데 큰 도움이 된다. 혼자 생각하는 폐쇄적인 태도는 자신감을 짓밟는 것과 다름없다.

5. 앞자리에 앉는 습관 기르기

모임과 강의 장소엔 늘 뒷자리가 먼저 찬다. 뒷자리에 앉고 싶어 하는 사람들은 다른 사람의 주의를 끌지 않고 싶어서인데 이는 자신감이 부족하기 때문이다.

6. 대화할 때 상대방의 눈 바라보기

눈은 마음의 창이다. 사람의 눈빛은 성격과 감정을 모두 드러낸다. 다른 사람과 마주 볼 용기가 없다는 것은 열등감과 두려움이 있음을 의미한다. 상대방의 눈을 바라보는 행위는 상대방에게 "당신을 존중합니다. 나도 당신의 존중을 받을 만한 사람입니다."라고 말하는 것과 같다.

7. 공적인 장소에서 말하기

공적인 장소에서 발표하는 것은 많은 용기와 배짱이 필요하다. 자신감을 키우는 가장 확실한 방법이다. 자주 공적인 장소에서 발표해보자.

8. 자기 암시하기

자신감을 키우기 위해서는 여러 활동에서 자기 암시를 하는 방법을 배워야 한다. '나는 나약하지 않아, 나는 저 사람보다 부족하지 않아, 다른 사람은 할 수 있다면 나도 못 할 리 없어.'라고 끊임없이 자신에게 주문을 걸어야 한다. 하고자 하는 일은 포기하지 말고 꼭 쟁취하자. 계속하다 보면 자기 능력을 발견하고, 열등감이 자신감으로 변하는 과정을 볼 수 있다.

9. 좋아하는 사람을 만나고 좋아하는 일을 하기

자신이 좋아하는 사람을 만나고 좋아하는 일을 하자. 끊임없이 꿈꾸는 것도 자신감의 중요한 원천이다.

10. 들뜬 마음 자제하기

자기를 제어하는 능력이 필요하다. 강제적으로라도 자신을 억제해보자. 자제력을 통해 자기감정을 통제하고 침착함과 자신감을 유지할 수 있도록 해야 한다.

감성지수가 높은 사람은 자신의 감정을 잘 파악한다.
타인의 감정 변화를 민감하게 포착하고 적절하게 대응함으로써
삶에서 경쟁력을 확보한다. 감성지수는 어떻게 하면 우리의 천부적인 능력을
포함한 모든 능력을 잘 발휘하느냐를 결정짓는다.

하버드 심리학 박사_다니엘 골먼

제 19강_감성지수 높이기

타인에게 영향력을 발휘하라

H A R V A R D

S U C C E S S

C L A S S

경청은 신뢰를 낳는다

누구든지 자기 말을 귀담아 들어주기를 바란다. 인정받고 싶은 인간의 심리적 욕구이면서 존중받고 싶은 욕망이다. 만약 대화의 상대가 자기중심적이고 끊임없이 자기 얘기만 한다면, 상대방은 금방 지루함을 느끼고 지친다. 하버드 심리학 교수는 "사람과의 대화는 현악기를 연주하는 것과 같다. 상대방이 지루해졌을 때쯤 현을 눌러 진동을 멈추고 소리를 내야 한다."라고 말했다. 이것저것 자랑하고 싶어서 입이 근질거릴 때는 듣는 사람의 입장에서도 한번 생각해보자.

그리스 철학자는 "신이 우리에게 두 개의 귀와 한 개의 입을 주었다. 우리가 듣는 말은 우리가 하는 말보다 두 배나 많다."라고 했다.

적게 말하고 많이 들어야 한다는 의미이다. 경청이 성공적인 소통의 출발점이다.

해안 도시 뉴저지에서 어떤 남자가 옷을 한 벌 구매했다. 하지만 곧 실망했다. 겉옷 때문에 셔츠의 옷깃 부분이 까맣게 물들어버렸다. 그는 옷을 들고 매장으로 가서 판매직원을 찾았다. 무엇이 문제인지를 자세히 얘기하려 했지만, 직원은 그의 말을 자르고 "제가 여기서 이 옷을 수천 장이나 팔았는데요, 당신처럼 이렇게 트집 잡는 분은 처음입니다."라며 반박했다. 한창 다투는데 다른 직원이 와서 "원래 검정색 옷은 다 처음에 물이 조금씩 빠져요, 별다른 방법이 없습니다. 이 정도 가격이라면 다른 옷들도 마찬가지예요. 염료가 문제거든요." 라고 말하며 판매직원 편을 들었다. 남자는 그때 일을 회상하며 다음과 같이 말했다.

그때 저는 화가 치밀어 올랐습니다. 첫 번째 직원은 저를 의심했고, 두 번째 직원은 값싼 옷을 사놓고 왜 그러느냐는 식이었으니까요. 너무 화가 나서 한바탕 퍼부으려던 찰나에 매니저가 들어왔습니다. 그는 자기 책임이 무엇인지 잘 알고 있는 사람이었습니다. 제 태도를 완전히 바꾸어놓았으니까요. 잔뜩 화가 나 있던 저를 서비스에 만족하는 고객으로 바꿔놓았습니다.

첫째, 제게 있었던 일을 처음부터 끝까지 한 마디도 빼놓지 않고 주의 깊게 들었습니다.

둘째, 직원들은 자신들의 입장을 이야기하려 했지만, 그는 저의 관점에서 그들을 꾸짖었습니다. 그는 제 셔츠 옷깃이 분명 검정색으로 물들었다고 지적했을 뿐만 아니라 매장에서 고객을 만족시킬 수 없는 이런 상품을 절대로 팔아서는 안 된다고 강조하기까지 했습니다.

셋째, 그는 왜 이런 문제가 생겼는지 잘 모르겠다고 인정하면서 저에게 "이 옷을 어떻게 처리하면 좋을까요? 말씀하시면 그대로 하겠습니다."라고 솔직하게 털어놓았습니다.

매니저는 제게 일주일을 더 착용해보고 그때도 여전히 마음에 들지 않으면 새 옷으로 교환해 주겠다고 약속했습니다. 그리고 "이렇게 불편을 끼쳐 죄송합니다."라며 사과했습니다. 저는 만족스럽게 매장을 나섰습니다. 일주일이 지나자 옷에서 검은 물이 더 빠지지 않았고 그 매장에 대한 신뢰도도 전부 회복되었습니다.

시종일관 까탈스러운 사람도, 격렬한 비판가도 자기 말에 공감해주며 인내심 있게 들어주는 사람 앞에서는 한없이 약해진다. 매니저는 고객의 불만 사항을 잘 들어주고 존중하는 방법으로 갈등을 해결했다. 서비스 정신이라고 일갈할지 모르지만 그마저도 회피하려는 사람이 많다. 자기입장에서 변명만 하려 들고, 자기 책임이 아니라는 의미를 한껏 피력한다. 당신도 자기중심적으로 말할지 모른다. 사람들의 보편적인 심리가 그렇다. 자기 말만 하면 상대에게 자기주장을 우격다짐하는 격이다. 그때는 당신이 계속 말해도 상대는 듣지 않는다. 오히려 독선적이고 이기적인 사람이라는 인상만 남긴다.

똑똑하고 교양 있는 사람은 상대방이 장황하게 얘기해도 절대 끼어들지 않는다. 생각이 활발하다고 상대방의 감정을 고려하지 않은 채 때와 장소를 가리지 않고 말을 가로챈다면 예의에 어긋나는 행동이다. 상대의 기분을 불쾌하게 만든다. 경청하라. 상대가 당신과 얘기하기를 더욱 원하게 된다.

성공을 위한 하버드 자기관리법

경청은 기묘한 삶의 이치를 만든다. 경청은 인간에 대한 깨달음이자 인생에 대한 통찰이다. 다른 사람의 관심과 사랑을 받고 싶다면 상대방을 꾸준히 격려하라. 그리고 경청하라. 감성지수가 높은 사람의 소통 방식이다.

진정한 예의는 예술로 승화된다

중국 속담에 "군자는 낯빛이 변하지 않고 실언하지 않는다."라는 말이 있다. 도덕적인 사람은 상대를 점잖고 예의바르게 대하며, 태도가 난폭하지 않고 불손하지 않다는 뜻이다. 예의 있게 사람을 대하고 예의바른 언어를 사용하는 것은 그들의 자랑스러운 전통이다.

하버드도 예의를 중시해온 학교이다. 학생은 교양인으로서 지녀야 할 품격과 예의를 보여준다. 예의는 그 사람의 아름다운 품격을 밖으로 드러내는 표현이다. 예의바른 학생은 온화하고 깊은 학식과 태도도 의젓하다. 어디를 가도, 어디에서도 우아한 품격과 생기를 잃지 않는다.

품격 있는 행동은 아름다운 외모보다 매력적이다. 예의를 갖춘 행동은 누구에게나 사랑을 받으며 인기가 높다. 상대에게 같이 있는 즐거움을 주고 함께할 때 유익을 준다. 하지만 기본적인 예의가 없는 사람은 상대방에게 무례하다는 인상을 남기고 호감도를 크게 떨어뜨린다.

어느 추운 겨울밤, 작가는 식사하러 작은 식당에 들어갔다. 식당은 손님으로 붐볐다. 작가가 들어갔을 땐 문 맞은편 자리 하나만 남아있었다. 주문한 지 얼마 지나지 않아 음식이 나왔고, 배가 너무 고팠던 그는 이미지를 생각지 않고 허겁지겁 음식을 먹어 치웠다.

그때 그의 뒤에 앉아 있던 두 사람이 밥을 다 먹고 계산한 뒤 문을 제대로 닫지 않고 나가버렸다. 손바닥만큼 열린 문틈으로 찬바람이 쌩하니 들어왔다. 그들의 뒷모습을 힐끗 쳐다본 작가는 '매너가 정말 꽝이네!'라고 속으로 생각했다.

작가가 문을 닫으려 일어서자 눈치 빠른 종업원이 얼른 뛰어가 문을 닫았다. 그때부터 작가는 오가는 사람들을 관찰하기 시작했다. 그가 식사를 마칠 때까지 총 아홉 팀이 이 문을 드나들었는데, 그중 네 팀만 문을 제대로 닫았다. 작가는 생각했다.

'이렇게 사소한 것만으로도 그 사람의 인품을 살펴볼 수 있구나!'

하버드 예학 교수는 "예의는 그 사람의 인성과 품격을 나타내며, 내면의 본질을 외재적으로 표현한다."라고 말했다. 예의는 본인의 품위, 감정, 품격을 나타낼 뿐만 아니라 다른 사람에게 자신이 어느 정도의 사람인지도 알려줄 수 있는 절호의 기회이다. 내면에서 나오는 진실한 예의만이 진심을 전달한다. 진심이 담긴 예의만이 자제력과 도덕 수양을 통해 일생 생활 곳곳에 스며들 수 있다.

예의는 겸손함과 어진 마음을 통해 행동으로 나타난다. 그래서 행위의 예술이라고도 불린다. 말이나 행동, 몸짓 하나에서도 드러나는 특이점이 있다. 어떤 어휘를 사용해 말을 하느냐에 따라 언어 표현을 통해서도 타인에 대한 진심 어린 관심을 반영한다. 예의는 잘 아는 사람에게만 국한되는 것이 아니라 낯선 사람에게도 동일하게 나타나야 한다.

예의를 몸에 체득하려면 작고 사소한 일에서부터 예의 바른 습관을 길러야 한다. 비뚤어진 생각을 갖고 있어서도 안 된다. 생각은 곧 그 사람이다. 행동은 곧 그의 내면이고 정신을 보여주는 관문이다. 말과 행동으로 내재적인 인품을 드러내기 때문에 언제 어디서나 예의를 갖추어야 한다. 장소가 변했다고 해서 예의 있는 품격이 변해서는 안 된다. 시시각각 "감사합니다.", "안녕하세요.", "부탁드립니다."와 같은 예의 바른 언어를 자주 사용해야 한다. 말 한마디일 뿐인데 분위기를 바꾸기도 한다. 존중받고 있다는 생각을 전하며 상대방을 흐뭇하게 한다.

우리 사회는 사람과 사람의 작용이 맞물려 돌아간다. 상호작용으로 살아가고 지탱된다. 언제나 사용자의 입장에만 설 수 있는 사람은 아무도 없다. 갑의 위치에서 을의 위치로 활동의 범위에 따라 하루에도 몇 번씩 바뀐다. 그렇게 생각하면 자신이 남에게 갖추는 예의바름이 결국 자신에게도 돌아온다는 사실을 알 수 있다. 배려 또한 마찬가지여서 사회적 분위기로 자리매김해야 한다. 형식적인 예의 갖춤이 아니라 같은 인권을 가진 사람에 대한 인간애를 드러내야 한다. 그래야만 서로 존중하고 존중받는 사이가 된다. 이에 대해 반론할 사람은 없다. 진실한 예의는 사람의 행동을 예술로 빛이낸다. 그 품격에 따라 빛의 강도가 다르다.

성공을 위한 하버드 자기관리법

괴테Goethe는 "행동은 자신의 이미지를 보여주는 거울이다."라고 말했다. 좋은 인간관계를 맺고, 타인에게 영향력을 끼칠 수 있는 사람이 되고 싶다면 행동을 바르게 하라. 품격 있고 온화하며 겸손하고 성실한 태도를 유지해야 한다.

즐거움을 나누고 행복을 전달하자

모두가 즐거워야 진짜 즐거운 일이다.

혼자만 즐거운 일이라면 즐거움을 나누기 힘들다. 다 같이 즐거울 때 기쁨의 크기가 배가 된다. 모두가 즐거운 삶을 유도하기 위해 도움이 필요한 이웃에게 언제든 도움의 손길을 뻗자. 상대방의 고민을 덜어주기 위해 노력하는 일은 아름답다. 타인을 도와주는 즐거움은 더불어 행복한 기쁨을 추구한다. 물질적 이익을 뛰어넘는 인격과 품격이 향상된다.

하버드 신입생이 된 후 첫 학기의 반이 지나갔는데도 친구들은 톰Tom의 웃는 얼굴을 본 적이 없었다. 톰은 친구들에게 먼저 말을 걸지 않았을 뿐만 아니라 대화 자체를 즐기지 않았다. 혼자 머리 숙이고 앉아 공부만 했다. 반년이 지나도록 학교를 제외하고는 다른 곳에 간 적도 없었다. 톰의 이러한 괴팍한 성격 때문에 친구들은 톰에게 '외로운 고수'라 별명을 붙여주었다.

하루는 톰의 친척이 그를 보러 왔다. 잭은 그 친척을 통해 톰의 안타까운 사연을 알게 되었다. 톰의 부모님은 어린 시절 교통사고로 돌아가셨다. 톰과 그의 여동생은 의지할 곳이 순식간에 사라져버려 어찌할 바를 몰랐다. 다행히 멀리서 외삼촌이 찾아와 남매를 맡았지만 외숙모는 걸핏하면 톰과 여동생을 꾸짖고 때리는 등 모질게 대했다.

하루는 여동생이 열이 나기 시작했다. 외삼촌이 계시지 않아 톰은 외숙모에게 병원에 데려다달라고 말했지만, 외숙모는 거들떠보지도 않았다. 외삼촌이 오고 나서야 겨우 병원에 갈 수 있었지만 여동생은 이미 시력을 잃은 후였다. 이후 톰은 동생을 외에는 아무하고도 이야기하려 하지 않았다.

톰의 이야기를 알게 된 잭은 먼저 "톰, 네 얘길 들었어. 정말 마음이 아프다. 널 도와주고 싶어."라고 말을 걸었다. 톰은 잭을 그저 바라만 볼 뿐 아무 말도 하지 않았다. 하지만 잭은 포기하지 않고 도움을 주고자 노력했다. 톰의 이야기를 반 친구들에게 알려주었고 다 같이 톰에게 도움을 줄 방법을 찾아보자고 했다. 하지만 톰이 모든 도움을 거절했기 때문에 딱히 좋은 방법이 떠오르지 않았다. 그러다 갑자기 잭은 톰의 여동생이 떠올랐다. 동생이 열 때문에 실명했다는 점을 생각해냈고, 어쩌면 치료할 수 있을지도 모른다는 생각에 병원을 찾았다. 의사는 치료가 가능하다고 말해주었다.

잭은 기쁜 마음으로 학교로 돌아가 모금 활동을 벌였다. 톰 모르게 여동생을 병원으로 데려가 치료를 받게 했다. 그동안 톰은 친구들이 너무 이상하다는 생각이 들었다. 친구들도 자신을 이상한 눈빛으로 바라보는 것 같았다. 잭이 자기 일을 반 친구들에게 모두 얘기해서 그런 것으로 생각한 잭은 더욱 차갑게 대했다.

어느 날 잭이 "톰, 누가 널 찾아왔어."라고 말했다. 톰은 평소에 자신을 찾는 사람이 없었기 때문에 의아해하며 밖으로 나갔다. 자기 여동생을 본 톰은 눈물을 멈출 수 없었다. 여동생도 기쁨의 눈물을 흘렸다. 톰은 감정을 주체하지 못하고 여동생을 와락 껴안았다.

"이제 오빠를 볼 수 있어."

여동생은 그동안 있었던 일을 톰에게 알려주었다. 모든 사실을 알게 된 톰은 활발한 성격을 되찾고 친구들과 어울렸다. 톰의 반에는 즐거운 웃음소리가 끊이지 않았다.

진정한 즐거움은 모두가 함께 즐거울 때이다. 이것이 인간관계의 최종 목표이다. 하지만 이를 이해하는 사람은 드물다. 행복하고 싶다면 먼저 주변 사람도 행복하게 만들어라. 현실 속에서 이 말을 실행에 옮기기는 힘들다. 이런저런 이유로 자기 행복을 먼저 찾고 자기 즐거움을 위해 애쓴다. 그러다 보니 처음에는 기쁘지만, 점차 즐거움의 빈도수가 줄어들고 나중에는 자기 기쁨마저 잃고 만다. 혼자만 즐거운 일에 같이 웃어줄 사람은 없다.

즐거움을 나누고 즐거움을 더하려면 타인에게 행복을 주는 방법을 배워야 한다. 고통에서 벗어나도록 돕는다거나, 위로의 말을 전한다거나, 아픔을 공감해주는 역할을 담당해보자. 타인을 기쁘게 하면서 자신에게 더해지는 행복을 누릴 수 있다.

성공을 위한 하버드 자기관리법

존 밀턴John Milton은 "자신의 격정과 욕망, 두려움을 제어할 수 있는 사람은 국가의 왕을 이길 수 있다."라고 말했다. 다른 사람에게 좋은 감정을 전달하는 일은 위대한 일이다. 눈빛과 미소 혹은 사소한 행동으로 좋은 감정을 가져다준 사람은 기억에 오래 남는다.

◆ 나를 바꾸는 하버드 '감성지수 높이기' 트레이닝

감정조절은 생각하는 것만큼 어렵지 않다. 제대로 된 인생관을 갖고 엄격한 기준을 세우고 노력한다면 주체하지 못했던 감정을 잘 조절할 수 있다.

1. 감정 분출 방법 배우기

언짢은 일이 생기거나 억울한 일이 생기면 마음에 담아두지 말고 친구에게 이야기하자. 사람이 없는 곳에 가서 소리를 질러도 좋고 한바탕 크게 울어도 좋다. 다만 감정을 분출하는 대상과 장소, 상황과 방법이 적당해야 하고, 다른 사람에게 피해를 주어서는 안 된다.

2. 감정 전달 방법 배우기

화가 치밀어오를 때는 일부러 화제를 돌리거나 다른 일을 해서 주의를 분산시켜보자. 흥분된 마음이 자연스레 가라앉는다. 예를 들어 공놀이, 산책, 음악 감상, 등산 등이 있다.

3. 긴장 푸는 방법 배우기

긴장되거나 고민, 두려움이 몰려올 때는 숨을 깊이 들이마셔보자. 숨을 깊게 들이마시고 천천히 내뱉으면 몸과 마음이 자연스럽게 편안해진다. 자기암시를 사용해도 좋다. 마음속으로 '나는 이미 편안하다. 내 몸과 마음은 이미 편안한 상태다.'라고 스스로 반복해서 말하자.

4. 감정의 중요한 순간 파악하기

현대 심리학 연구에 따르면 인간의 감정은 하루 중 총 두 번의 중요한 시간대가 있다고 한다. 한 번은 아침에 일어났을 때 다른 한 번은 잠이 들기 전이다. 이 시간대에 감정을 잘 통제한다면 하루를 기분 좋게 보낼 수 있다.

5. 소리 질러 감정 배출하기

해외에서는 이러한 증상을 치료할 때 소리 지르기 심리치료법을 사용한다. 거침없이 자유롭게 소리를 지르는 방법을 통해 내면에 쌓여 있던 울분을 발산하고 평정심을 되찾는 심리치료법이다.

사랑이란 황금 열쇠가 있다면
모든 마음이 당신을 향해 열릴 것이다.

하버드 교수_오리슨 마든

제 20강_관대함 기르기

좋은 사람 곁에는 사람이 모인다

H A R V A R D

S U C C E S S

C L A S S

용서는 닫힌 마음을 여는 비밀번호이다

관용은 인간의 미덕이자 현명한 처세술 중의 하나로 사람과 사람 사이를 오가는 윤활유와 같다. 이에 반해 분노와 슬픔은 속 좁은 사람의 그림자이다. 관용에 관해서는 여러 사람이 명언을 남겼다. 프랑스 문학가 빅토르 위고Victor Marie-Hug는 "이 세상에서 바다보다 넓은 것은 하늘이고, 하늘보다 더 넓은 것은 인간의 마음이다."라며 철학적으로 관용에 접근했다.

마이클 블룸버그Michael Rubens Bloomberg는 2014년 하버드 졸업식 축사에서 "타인의 생각을 존중하고 표현의 자유를 보장하는 것은 최고의 대학이 가져야 할 가치이다."라고 말하며 졸업생들에게 자유와 관대함을 가질 것을 강조했다. 하버드 리안Ryan 학장은 "저는 교육계의 진솔한 분들을 많이 만나왔습니다. 물론 그분들과 제 목표는 같지만, 어떻게 교육을 바꿔야 하는지에 대해서는 관점이 달랐지요. 저는 서로 다른 관점을 연구하고 토론하며 도전하고 질문해야 한다고 생각합니다. 그리고 이러한 관점들도 마땅히 존중받고 칭찬받아야 합니다."라는 내용의 편지를 직접 써서 학생들에게 읽어주었다. 명망 있는 학자라도 자기 견해를 앞세우기 전에 상대의 관점을 받아들이고 생각한다는 점을 보여준다.

하버드에는 관용과 포용의 전통이 오랫동안 존재해왔다. 서로 의견이 다르고 충돌이 발생해도 늘 평화적인 방법으로 해결해야 한다고 강조한다. 하버드에서는 논쟁을 즐긴다. 의견 충돌이 아니라 합리적인 의견 교환이다. 그 덕분에 하버드는 최고의 대학이 되었다.

건축자재 판매사업가 존스Jones는 최근 경쟁업체 때문에 어려움을 겪고 있다. 경쟁자 쪽에서 존스의 거래처 건축사와 도급업자에게 "존스네 회사는 믿을 만하지가 못합니다. 품질도 떨어지고 장사도 안 돼서 폐업할 지경입니다."라는 소문을 퍼뜨렸다.

존스는 경쟁자가 자기 사업에 엄청난 피해를 줄 거라고는 생각지 않았지만, 그래도 이 일이 신경에 거슬리고 은근히 부아가 치밀어 올랐다. '그 뚱뚱한 녀석의 머리를 벽돌로 내리쳐야 하는데.'라는 생각까지 했다. 그때를 회상하며 존스는 다음과 같이 말했다.

어느 일요일 아침이었습니다. 목사님께서 "당신을 힘들게 한 자에

은혜를 베풀어라."는 주제로 설교를 하셨는데, 저는 그 말씀을 가슴 깊이 새겨두었습니다. 그 설교를 듣기 직전에 경쟁자 때문에 25만 장이나 되는 벽돌 주문 기회를 놓쳤습니다. 하지만 목사님께서는 "원수에게 은덕을 베풀고 적을 친구로 삼으라."며 다양한 사례를 들어주셨습니다.

그날 오후 저는 다음 주 일정표를 작성하다가 버지니아 주에 있는 고객이 큰 빌딩에 지을 벽돌이 많이 필요하다는 걸 알게 되었습니다. 하지만 그 고객이 원하는 벽돌은 우리 회사에서 취급하지 않았어요. 경쟁자가 판매하는 제품 유형이었지요. 그런데 그 헛소리만 해대던 경쟁자는 이 사업에 대한 소식을 아예 모르고 있었습니다.

존스는 한동안 깊은 고민에 빠졌다. 목사님의 충고가 머릿속을 맴돌았기 때문이다. 목사님 말씀처럼 경쟁자에게 이 기회를 알려줄 것인가? 아니면 자기 생각대로 경쟁자가 이 주문을 모르게 할 것인가? 존스는 고민 끝에 수화기를 들어 경쟁업체에 전화를 걸었다. 전화를 받은 사람은 존스를 험담한 그 사람이었다. 존스는 난감해하면서 어쩔 줄 모르는 그에게 예의를 갖춰 사업 얘기를 들려주었다. 그 사람은 존스에게 크게 감동했다.

경쟁자는 더 이상 존스에 대한 헛소문을 퍼뜨리지 않았다. 게다가 그가 처리할 수 없는 주문을 존스에게 소개해주는 놀라운 변화까지 생겼다. 존스의 마음은 이전보다 한결 가벼워졌고 경쟁자와의 벽도 허물게 되었다.

관용은 우유부단함이 아니라 강인함이다. 내면에 힘이 있을 때 상대를 용서하고 포용해줄 수 있다. 존스의 양보는 목적과 계획이 있었으며 주도권도 그의 손에 있었다. 지금부터 상대에게 연민의 감정을 느껴보자. 그것이 관용의 최고 경지이다. 타인의 잘못을 자신이 벌하지 않겠다는 의미이며 자기 이익을 위해 이용하지 않겠다는 뜻이다. 자그마한 일에도 속 좁게 복수하지 않는다는 대인배의 아량을 보여줘라. 너그러운 처세술로 타인에게 존경받는 존재가 된다. 관대를 베풀 때 성공과 영예를 실현할 수 있다.

성공을 위한 하버드 자기관리법

인내와 관용은 무기력하거나 두려워하는 것이 아니다. 배려와 이해로 상대방의 입장을 고려하는 것이다. 타인과 원만한 관계를 유지할 수 있고 적과도 친구가 될 수 있어야 한다. 갈등과 분노를 평화롭게 해결하려면 당신을 음해하려는 사람에게 우호적으로 먼저 다가서라. 당신의 덕이 올라간다.

관용의 왕좌를
타인에게 내주지 말자

관대한 사람은 실용, 관용, 자율, 존중, 함양 등 다섯 방면에서 남다른 능력과 자질을 갖추었다고 심리학자들은 말한다. 실용은 자신이 바꿀 수 없는 상황을 겸허히 받아들인다. 관용은 타인의 장점을 잘 찾아내고 타인의 단점도 받아들인다. 자율은 언제든지 자기감정을 통제하고, 존중은 자신과 다른 타인의 의견을 받아들이고 지지한다. 함양은 과도하게 이해득실을 따지거나 이익이나 욕구를 채우고자 마음대로 행동을 하지 않음을 의미한다. 너그러움이란 나약함도, 부득이한 선택도 아닌 얼음을 녹여내는 온화함이다. 너그러움으로 관대해지면 생활이 더욱 즐겁고 의미 있는 인생을 살게 된다.

관대한 마음으로 세상을 품어라. 양보하고 인내할수록 아량이 넓어지고 주변의 적도 줄어든다. 웨스트포인트 육군사관학교에서는 생도들에게 "사람의 마음은 무력이 아닌 관대함과 너그러움으로 얻을 수 있다."라고 가르친다. 하버드에서도 많은 책임과 의무를 져야 하는 학생들에게 더욱더 너그러운 마음을 가지라고 요구한다. 관용의 힘이 얼마나 위대한지 아는 데서 오는 지혜를 전수하는 것이다. 너그러움은 갈등을 해결하는 최고의 무기이다. 냉혹한 마음도 녹여낼 수 있고 당신을 겨눈 총구를 돌릴 수도 있다. 누구든지 너그러움 앞에서는 백기를 들 수밖에 없다. 당신에게 포용하는 마음이 있다면 인생은 더욱더 탄탄대로를 달리게 될 것이다.

NBA 역사상 가장 위대한 농구 선수 중 한 명인 마이클 조던Michael Jordan은 수많은 세계 기록을 세웠고 아직도 깨지지 않은 기록이 있다. 조던은 다른 사람에게 무척 관대하고 자기 단점과 부족한 성품을 직시할 줄 알았다. 당시 시카고 불스 농구팀에는 조던을 뛰어넘고 싶어 하던 피펜Pippen이 있었다. 혈기 왕성했던 피펜은 승리욕이 무척 강했다. 그는 평소에 조던 앞에서 업신여기는 표정을 지었고, 그의 단점을 찾는 데 열중했다. 다른 사람들에게 자신이 조던을 꼭 넘어설 것이라고 말하고 다녔다. 하지만 조던은 피펜을 잠재적인 위협으로 여기지 않았다. 이러한 일로 그를 따돌리지도 않았다. 조던은 오히려 피펜을 자주 격려했다.

한번은 휴식시간에 조던이 피펜에게 "우리 중 누가 더 3점 슛을 잘

던질까?"라고 물었다. 이 말을 듣고 기분이 상한 피펜은 "잘 알면서 왜 물어보는 거죠? 당연히 형님이겠죠!"라며 기분 나쁘다는 식으로 대답했다. 당시 통계로 보면 조던의 3점슛 명중률은 28.6%였고 피펜은 26.4%였다.

분노하는 피펜을 본 조던은 웃으면서 "아니야, 피펜. 네가 훨씬 더 잘 던진다고! 네 동작은 정확하고 유연해. 소질이 있으니 앞으로 더 살 넌실 수 있늘 거야. 내 3점 슛에는 약점이 많아. 난 덩크슛을 할 때 주로 오른손을 쓰고 습관적으로 왼손을 받치는 버릇도 있어. 하지만 넌 왼손과 오른손 모두 잘 던져서 다른 손으로 받칠 필요가 없잖니. 넌 앞으로 나보다 더 잘 될 거야!"라고 말했다.

피펜은 조던의 너그러움에 크게 감동했다. 그 후 피펜은 조던을 존경하며 그를 배우려 했다. 이후 이 둘의 농구 실력은 점점 더 발전했고, 최고의 팀플레이를 보여주며 시카고 불스팀은 많은 역사에 많은 족적을 남겼다.

너그러움은 지혜이자 관대함이다. 다른 사람을 일깨우고 변화시킨다. 자기의 잘못은 인정하기란 쉽지 않다. 잘못을 안다고 하더라도 미안하다는 반응을 보이기 힘들다. 자존심의 문제이기도 하고 자신이 잘못을 인정하는 순간 승리를 상대의 손에 쥐어주는 꼴이 되고 만다는 것을 알기 때문이다. 고개를 숙이고 들어가는 건 누구나 싫어한다. 특히 경쟁 관계라면 더욱 어렵다. 이때 상대의 마음을 눈치채고 먼저 다가서준다면 엉킨 실타래는 쉽게 풀린다. 나쁜 감정의 싹도 말라 사그라지게 된다. 관용의 정신이 확산되면 우리 사회의 갈등도 줄어든다. 링컨Lincoln은 "누구에게도 원한을 품지 않고, 모두에게 관대하고 자애롭게 대하자. 하느님이 깨우쳐주시는 정의를 굳게 믿고 우리가 하는 과업을 끝맺고 이 나라의 상처에 붕대를 감자."라고 말했다. 관용을 베풀어야 하는 상대가 적일지라도 편협한 생각이나 편견, 증오를 자제해야 한다. 최대한 관대해지자. 그것이 인정받고 존중받는 노하우다.

성공을 위한 하버드 자기관리법

관용은 추운 겨울날의 얼음도 녹이고 사람 사이의 장벽도 없앨 수 있다. 어려서부터 관용적인 태도를 지니면 어떠한 일에도 관대해질 수 있다. 자기감정을 노출하지 말고 잘잘못을 시시콜콜 따지지 말자. 관대한 사람이 절대 하지 않는 일이다.

불공평함에 투정 부리는 입을 다물라

사회는 절대적인 공평도 절대적인 불공평도 존재하지 않는다. 어느 각도에서 보느냐에 따라 공평해보일 수도 불공평해보일 수도 있다. 자신이 가진 불공평한 조건은 매우 커 보인다. 상대적으로 다른 사람이 가진 조건은 매우 대단해보여 그 불공평의 근원에 대한 원만과 불만을 쏟아낸다. 하지만 공평이냐 불공평이냐를 따지지 말고 불공평한 일에 대해서 인내하고 자기 생각과 감정을 통제할 줄 알아야 한다. 불공평한 일을 당했을 때 논리적으로 싸우거나, 자포자기하거나, 하늘을 원망하고 의기소침해지면 일을 성취하기 어렵다. 또한 사회에 적응하기도 어렵다.

하버드에는 부유한 집안의 학생들이 해마다 입학한다. 이 학생들은 평범한 가정의 학생들을 뒤처지게 만든다. 일부 학생들은 이러한 현실이 불공평하다고 원망하지만, 나중에 보면 오히려 특권을 가지지 못한 수많은 학생이 위대한 성과를 거둔다. 하버드 졸업생 중 루스벨트Roosevelt는 불공평한 삶을 살았지만, 그가 미국에서 가장 신뢰를 받는 대통령이 되는 걸 아무도 막지 못했다.

학창시절 루스벨트는 성격이 워낙 소심해서 얼굴에 늘 겁먹은 표정을 짓고 다녔다. 선생님이 그에게 본문을 읽거나 질문에 답을 하라고 할 때면 너무 긴장해서 온몸을 떨었다. 그의 입술도 예외는 아니었다. 그는 항상 제대로 대답을 하지 못해 늘 맥없이 자기 자리로 돌아가 앉았다. 그는 외모 때문에 열등감을 가지고 있었다.

루스벨트의 삶은 불공평했다. 그는 입안 가득한 뻐드렁니 때문에 열등감을 느꼈고, 자존심이 무척 강해서 친구에게 사귀자고 말할 바에는 얌전한 사람이 되는 것을 택했다. 그는 이렇게 부족한 점이 많긴 했지만 정신력만큼은 매우 강인했다. 루스벨트는 불공평하다는 것에 낙담하지 않았다. 오히려 어떻게 해서든지 불공평을 자기 자산으로 삼아서 이를 발판으로 명예의 정상에 올라서고 싶었다. 비슷한 고통에 시달리는 사람들에게 본보기가 되고 싶었다. 그는 불리함을 유리함으로 바꾸는 방법을 이용해 자신의 부족한 점을 메웠다. 그는 미국 역사상 국민의 신뢰를 가장 많이 받은 대통령이 되었다. 하지만 그가 부족한 점이 많았다는 사실을 기억하는 사람은 많지 않았다.

하버드에는 "불공평을 감수하고, 자기 본분을 지키자."라는 글귀가 있다. 불공평한 상황이 오더라도 잘 적응해나가고 자기 책임을 다해야 함을 강조하는 문장이다. 세계 일류라는 하버드에서도 불공평을 느끼는데, 현실에서 우리가 부딪히는 벽은 더 높고 단단하기만 하다. 사소한 것 하나에도 세상이 불공평하다는 원망이 터져 나온다. 학력, 외모, 배경을 무시하고 사회가 공정해야 기회를 잡고 성공할 수 있다고 믿는다. 하지만 설내 그렇지 않은 현실 때문에 사회에 분노한다. 분개하지만 자기가 바꿀 수 없는 현실에서 또 한 번 좌절을 맛본다.

억울하겠지만 불공평한 일이 생기더라도 분노하지 마라. 그 에너지를 가지고 어떻게 해서든지 공평함을 자기 쪽으로 끌어들여 불리함을 유리함으로 바꾸는 데 집중해야 한다. 성과를 거두고 싶다면 현실에 적응하는 능력을 갖추어야 한다. 불공평을 해결할 방법을 연구하고 그에 맞서 대응할 만한 자신만의 능력을 길러야 한다. 자신이 미흡하고 더 쇄신해야 할 부분을 찾아 자신을 다져라. 그것이 불공평에 항의하는 길보다 훨씬 빠르게 공평한 위치로 진입하게 한다.

원래 삶 자체는 불공평하다. 태어나면서부터 정해진 환경과 복잡한 인간관계는 말할 필요도 없다. '삶이 너무 불공평해. 왜 항상 나만 피해를 보는 거야?'라는 생각을 '삶이 언제나 불공평하니 마음에 담아두지 말자.'라고 바꿔보자. 의기소침해진 당신의 기분을 바꿀 수 있다. 자신이 생각하는 일상 속 불공평한 일들을 잘 정리하자. 그런 다음 '어떻게 해야 불공평한 것을 공평하게 바꿀 수 있을까?', '나는 좌절 앞에서 맞서 싸울 용기를 가졌는가?'라고 자신에게 묻자. 아무리 기를 써도 불공평한 현상을 완전히 해소할 수는 없다. 하지만 자기 노력에 따라 불공평한 환경 속에서 능력을 향상시키고 강인한 정신력을 가지게 된다. 불공평함을 인내하면 더 큰 보상을 얻는다.

성공을 위한 하버드 자기관리법

관대함은 길을 잘못 든 사람을 올바른 길로 이끈다. 적을 친구로 만들 수도 있다. 관대함은 그 어떤 이치에 대한 설명보다도 설득력 강한 기묘한 힘이 있다. 관대함의 매력을 발산하자. 진실하고 숭고한 마음을 품는 기회이다.

◆나를 바꾸는 하버드 관대함 기르기 트레이닝

너그러운 사람이 되고 싶거나 관대한 사람이 되고자 한다면 실용, 관용, 자율, 존중, 함양 등 다음 5가지 방면에서 자신을 엄격하게 다스리고 포용력을 높여야 한다.

1. 실용적인 정신력 기르기

일상생활 속에서 최선을 다했다면 자기 행동에 만족하자. 그 과정을 즐겨야 한다. 객관적이고 실용적인 태도로 모든 사람을 대하는 것이 중요하다. 편견을 버리고 선입견에 함몰되는 것은 가장 위험한 태도이며 적을 키우는 길이다. 합리적인 사고는 우군을 만들고 지지자를 얻는다.

2. 관용적인 태도 지니기

어떠한 일에도 겸손하고 너그러워야 하며 시시콜콜 따지지 말아야 한다. 신경 쓰이는 부분에 과격한 언행을 취해서는 안 된다. 언제 어디서나 자기 책임을 다해야 한다. 타인의 잘못을 발견했을 때에는 사실관계를 명확히 한 뒤 결론을 내려야 한다는 점을 명심하자.

3. 자율성 기르기

불안정한 감정과 충동을 자제하는 법을 배워야 한다. 스트레스를 많이 받는 상황에서도 정신을 맑게 유지하고 타인에게 어떠한 영향을 미칠지를 명확히 알고 있어야 한다. 자기감정에만 충실하면 돌이킬 수 없는 관계로 치닫는다. 단 한 번일지라도 실수로 무너진 관계는 회복하기 어렵다.

4. 타인 존중하기

관용이 부족한 사람은 자신과 의견이 다르면 즉각적으로 비판하거나 반박하고, 심지어는 독설로 다른 사람에게 상처를 준다. 사람마다 생각하는 바가 다르니 매번 다른 사람의 의견이 당신과 같을 거라고 장담하지 마라.

5. 교양 함양하기

타인을 대하는 처세술 중에서도 감정을 통제할 능력을 갖추었다면 교양 있는 사람이다. 자신의 득실을 따지기보다는 시기와 형세를 잘 살피고 인간과 자연, 사람과 사회, 사람 간의 관계를 파악하는 법을 배워야 한다.

최선을 다한다고 해서 반드시 보상이 있는 것은 아니다.
중요한 것은 무엇을 선택했느냐가 중요하다.
무언가를 선택하면 당신은 무언가를 얻게 된다.
하지만 아무것도 선택하지 않으면 결국 아무도 당신을 선택하지 않을 것이다.

하버드 교수_존 알러스

제 21강_포기하는 법

포기할 줄 아는 지혜도 기술이다

H A R V A R D

S U C C E S S

C L A S S

포기는 또 다른 기회이다

하버드 울프Wolfe 박사는 보스턴의 '브리검 영 시각관찰력 실험실'과 '여성병원'에서 실험을 진행했다. 실험 참가자에게 복잡한 배경 위에 놓인 수천 장의 그림을 보게 한 뒤 망치, 스패너와 같은 공구를 보았는지 물었다. 특정 공구가 여러 차례 출현했을 때는 오답률이 7% 정도로 참가자들의 식별력이 높았다. 하지만 공구의 출현 빈도수를 낮추자 결과가 바뀌었다. 특정 공구가 한 번만 출현한 경우에는 식별력이 현저히 떨어져 오답률이 30%까지 상승했다.

이 실험은 '포기 심리'를 보여준다. 노력했음에도 특정 시간 내에 목표를 달성하지 못하면 대부분은 포기한다. 실험 참가자들 역시 출현 빈도가 낮은 공구에 대해서는 자신이 찾지 못할 것으로 판단해 빠르게 포기했다. 실험 결과를 통해 인간은 선천적 혹은 물리적으로 어려움에 부딪혔을 때 더 집중하고 극복을 위해 노력하지 않고 포기를 선택한다는 사실을 알 수 있다. 노력이 앞서기 전에 포기를 먼저 선택한다면 후회가 남는다. 우리는 어릴 때부터 무슨 일이든 끝까지 해내고, 끈기와 참을성을 길러야 한다고 교육받았다. 성공한 사람들의 바탕에는 끈기와 인내라는 두 축이 존재했다. 그들은 자기 목표에 도전하며 어려움 속에서도 절대 포기하지 않았다. 그래서 우리는 그들의 의지에 박수를 보낸다.

그러나 어떤 일이든 끝까지 물고 늘어져 성공을 이뤄내라고 다그치면 안 된다. 잘못 선택한 일이라면 과감하게 포기해야 한다. 그대로 진행했을 때 여러 문제를 야기하는 것을 알면서도 포기가 실패라는 인식으로 끝까지 밀고 나간다면 피해만 늘릴 뿐이다. 살면서 원하는 것을 다 얻을 수는 없다. 포기해야 하는 것도 분명히 있다.

포기란 때로는 더 나은 결과를 위한 선택이기도 하다. 포기한다는 것은 잃어버린다는 것만 의미하지는 않는다. 포기를 통해 다른 이익을 얻을 수도 있다. 포기해야 할 때 포기하지 않는다면 탐욕일 뿐 결국에는 아무것도 얻지 못하고 오히려 손해를 볼 수도 있다. 포기하면 우리의 인생이 홀가분하고 즐거워진다. 어떤 때에는 부득이하게 권력을 내려놓거나 기회를 포기하기도 해야 한다.

생활 속에서 일어나는 많은 일은 선택의 결과이다. 선택의 이면에는 포기가 있게 마련이다. 신문 출판을 예로 들어보자. 헤드라인부터 영화와 TV 프로그램 평론까지 모든 지면에서 다루는 내용은 편집이라는 선택의 결과이다. A라는 정보가 신문에 실린 것은 다른 정보를 포기했기에 가능하다. 광고의 홍수 속에서 점점 좁아지는 지면에 좀 더 값진 정보를 독자에게 전달하기 위한 선택이다.

인생은 선택과 포기의 연속이다. 선택이 어려운 이유는 포기하지 못하기 때문이다. 포기하지 않으면 우리 삶은 더욱 힘들어진다. 이상을 추구하다 "무엇을 하고 싶다."에서 "반드시 무엇을 해야 한다."로 바뀌어 선택의 여지가 없어지면 이상과 추구는 오히려 부담으로 다가온다. 그러다 부담감을 이기지 못해 건강에 이상을 가져오기도 한다.

과감히 포기할 줄 알아야 한다. 조급한 마음을 버리고 편안한 마음으로 인생의 터닝포인트를 기다리면 삶에 초연해질 수 있다. 이러한 경지에 도달하지 못하더라도 포기하는 법을 배우고 좀 더 대범한 삶을 살아야 한다. 그래야 자신을 돌아보는 기회로 삼을 수 있고 더 도약할 수 충전할 수도 있다. 마음을 비우고 다시 오는 기회를 맞아라. 이제껏 생각지 못했던 일과 생각이 찾아들고 새로운 비전이 보인다. 자기 역량을 최대한 발휘할 전화위복의 기회가 된다. 그러니 포기하더라도 낙담하거나 움츠리거나 두려움에 떨며 세상에서 멀어질 생각은 아예 하지 마라. 포기했다면 눈을 들어 세상을 보고, 귀를 열어 세상이 움직이는 소리를 들어야 한다. 눈앞의 이익에 급급해서 포기하지 못하고 전전긍긍한다면 장기적인 이익을 놓쳐버린다. 자기 욕망을 통제하고 순간의 유혹을 억제해야 한다. 유혹을 뿌리치고 장기적인 이익을 볼 줄 아는 사람만이 성공한다.

저물어가는 석양을 붙잡는 사람은 아둔한 사람이다. 봄볕에 오랫동안 슬퍼하는 사람은 어리석은 사람이다. 포기하지 않으면 더 소중한 것을 잃을 수 있다. 오늘의 포기는 더 나은 내일을 보상으로 가져온다.

성공을 위한 하버드 자기관리법

포기는 더 나은 결과를 위한 선택이다. 인생을 살면서 다양한 일들을 겪고 좌절하기도 한다. 얻는 것이 있으면 잃는 것도 있게 마련이다. 때로는 포기해야만 한층 더 성숙해질 수 있으며, 더욱더 충실하고 편안한 생활을 할 수 있다.

돌아서 가는 길은 멀어도 묘미가 있다

하버드는 특별한 인문정신으로 수많은 인재를 배출했다. 전공 외 교양수업을 통해 인문학적 소양과 자기통제의 철학, 나라를 위한 헌신과 시민으로서 갖춰야 할 교양을 심도 있게 교육한다. 전공 지식은 아니지만 사회를 이끌 지도자에게 꼭 필요한 소양을 갖추도록 하는 수업이다. 학생들은 수업에서 배운 지식을 바탕으로 자신에게 어떠한 생활이 맞는지, 어떠한 인생을 살아야 하는지, 어떠한 일을 하지 말아야 하는지 등 자기관리에 대해 철저하게 준비하고 기획한다.

한센Hansen은 밑바닥부터 시작해 금융인으로 성공한 전설적인 인물이다. 그에게는 위트라는 외동아들이 있었다. 어려서부터 아들에게 항상 제일 좋은 환경을 마련해준 그는 뛰어난 인재로 성장하기를 바랐다.

위트는 학교에 입학할 때부터 우수한 성적을 자랑했다. 하지만 위트는 6살 때부터 세상에서 가장 맛있는 브라우니 케이크를 만드는 파티시에가 되겠다는 꿈을 가졌다. 그는 고등학교를 졸업할 때쯤 3곳의 요리학교에 지원했지만 모두 불합격했다. 어렸을 때부터 남들보다 뛰어났던 위트는 이 일로 큰 충격을 받아 며칠 동안 방에서 나오지 않았다. 위트는 어쩔 수 없이 하버드 진학을 선택했다.

몇 년 후 우수한 성적으로 하버드를 졸업한 위트는 아버지의 회사에서 일했다. 뛰어난 실력 덕분에 금융 업무에 빨리 적응했고 금융계에서도 두각을 드러냈다. 세월이 흘러 한센은 병에 걸렸다. 큰 병은 아니었지만 의사는 충분히 쉴 것을 당부했다.

그날 밤 위트는 자신이 직접 만든 브라우니 케이크를 아버지께 드렸다. 진한 초콜릿 향을 풍기는 갈색 브라우니 케이크는 제법 부드러운 모양새였다. 위트는 만족스러운 미소를 지은 채 브라우니 케이크를 들고 있었다. 오랫동안 아들의 이러한 미소를 보지 못했던 한센은 아들의 오랜 꿈이 떠올랐다. 그는 케이크를 받아들고는 "일하는 내내 즐거운 적이 없었지?"라고 물었다. 위트는 어리둥절하며 "아버지, 제 실적은 줄곧 좋았는데요."라고 답했다. 한센은 브라우니 케이크를 한 입 베어 물었다. 오랫동안 브라우니 케이크를 음미한 그가 말했다.

"난 뛰어난 재능을 가진 아들을 둔 것을 항상 자랑스러워했단다.

하지만 네가 만든 브라우니 케이크를 먹고 나서야 알게 되었다. 아들이 즐거워하는 게 더욱 중요하다는 사실 말이다."

한센은 위트를 데리고 서재로 갔다. 그리고 금고 안에 숨겨두었던 위트의 요리학교 합격증을 꺼내 보였다. 그 당시 한센은 아들이 경영 수업을 받기 원하며 위트의 합격 사실을 숨겼던 것이다.

이튿날 위트는 회사에 출근하자마자 사직 의사를 밝혔고 케이크 전문점을 차렸다.

맛있는 브라우니 케이크를 만드는 것은 위트의 꿈이자 자기 인생에 대한 선택이었다. 사람들은 위트가 하버드에서 금융학을 전공하고 대기업을 경영하는 아버지가 있는데, 회사 경영을 포기하고 빵집을 차린 것에 대해 매우 안타까워한다. 그러나 현명한 포기는 한 사람의 발전과 향상의 전제조건이 된다. 위트는 자기가 무엇을 원하고 하고 싶은지에 집중했다. 주변의 기대와 시선에 부응하는 삶보다 자신만의 삶을 살기로 한 결정이다. 그의 성공 여부는 이미 정해져 있다. 자기 흥미와 취미를 최대한 살리기 때문에 성공한다. 즐기는 자는 어떤 시련도 이겨낸다.

한 번뿐인 인생이다. 자신과 맞는 부분에서 신명나게 일해야 그 삶이 빛이 난다. 안타깝게도 우리는 자기 진로를 정할 때 자신의 적성이나 하고 싶은 일에 집중하기보다 주위의 권유, 직업의 안정성, 경제력 보장 등을 따져서 선택한다. 그래서 진정으로 자신이 원하는 분야에서 일하지 못하는 경우가 많다. 맞지 않은 옷을 입은 듯 불편하고 자기만의 매력을 드러내기 힘들다. 이런 때는 과감해져야 한다.

포기는 일종의 지혜이다. 포기는 생활에 완전히 타협한다는 것이 아니라 더욱더 발전하기 위한 선택이다. 인생은 선택의 연속이다. 우리는 언제나 선택의 갈림길에 서 있다. 무엇을 선택하고 포기해야 하는가. 가끔은 돌아서 가는 길도 선택해보라. 눈앞에 놓인 이익을 포기할 때 진정한 성과를 낼 수 있다.

성공을 위한 하버드 자기관리법

사람들은 저마다 발전 방향이 있다. 여러 기회가 한꺼번에 찾아왔을 때, 올바른 선택을 해야만 자기 운명을 컨트롤할 수 있다. 큰 부담이 당신을 짓눌러 숨쉬기가 어려운 것처럼, 어떤 일이 당신에게 근심과 걱정을 안겨주고 부담으로 다가온다면 현명하게 포기하라. 일의 노예가 될 필요는 없다.

통제할 수 없다면
과감히 받아들여라

우리는 많은 것에 얽매여 산다. 시간, 관계, 일, 약속, 돈 등 일상과 관련된 일들이 고리로 연결되어 있어 그 안에서 맴돈다. 무엇이든 해낼 능력을 갖추고 최선을 다해 더 많이 이루고 좇아야 한다고 자신을 채근한다. 해내고 싶어 하는 어쩌면 해내야 하는 일을 위해 앞만 보고 달리다가 잘 안 되면 의기소침해지고 좌절한다. 그 때문에 자기 에너지를 생성하고 방출하는데 방해받는다. 어떻게 해야 생활의 아름다움을 발견하고 살아가는 흐뭇함을 느낄 수 있을까.

《감옥풍운監獄風雲》이라는 영화가 그 방법을 보여준다. 하버드생들이 좋아하는 영화이기도 한데 배우들의 뛰어난 연기력과 스토리가 감동적이다. 하지만 더 눈여겨볼 만한 것은 주인공의 생활 태도이다.

법원의 잘못된 판단으로 헨리Henry는 감옥에 간다. 교도관은 며칠 동안 헨리를 거꾸로 매달아놓았다. 그는 교도관에게 미소를 띤 얼굴로 "등이 아팠었는데 치료해줘서 고맙군요!"라고 말했다. 또 한 번은 교도관이 헨리를 직사광선이 내리쬐어 뜨겁게 달궈지는 쇠붙이 상자에 넣고 가두었다. 하지만 그는 충격을 받기는커녕 너무 재미있으니 하루만 더 상자 안에 있게 해달라고 부탁했다. 이런 헨리가 마음에 들지 않았던 교도관은 그를 흉악한 살인범과 함께 밀실에서 지내게 했다. 이 살인범은 감옥에서 누구도 건드릴 수 없는 존재였다. 교도관은 살인범이 헨리를 잘 교육해주기를 바랐다. 하지만 밀실에서 교도관이 본 것은 헨리와 살인범이 웃으면서 포커를 치고 있는 장면이었다.

헨리는 스스로 통제할 수 없는 상황을 원망하기보다는 즐겁고 유쾌하게 받아들였다. 긍정적인 마음으로 어떠한 역경에 부딪히더라도 이를 감당할 마인드를 갖추고 대응했다. 주어진 악조건을 순순히 받아들이고 그 안에서 할 수 있는 자기 긍정의 힘을 발휘해 "이렇게 된 이상 내가 할 수 있는 것은 생각을 바꾸는 것이다."라는 결론을 냈다. 비통에 잠기고 대항해보았자 상황이 변하지 않는다는 점에 주안점을 둔 결정이다. 그 때문에 그는 절망에 빠지지 않고 환경에 빠르게 적응해 살아남았다. 우리는 어떤가? 헨리에 비하면 사소하기 그지없고, 통제 불가능한 어려움에서 좌절하고 우울함에 빠진다. 하버드 교수는 "어떤 일에 대해 받아들이기 어렵거나 통제할 수 없을 때, 우리의 잠재의식은 그것을 부정하고 비판한다. 그 일이 자기 기분을 망친다고 생각하면 왜 이러한 상황이 닥쳤을까 하고 자책한다."라고 말했다. 상황을 더 어렵게 만들고 스스로 침몰한다는 얘기다. 비판과 자책은 자신을 더욱 조급하게 만든다. 조급하면 조급해할수록 일은 더 복잡해지고 내면의 에너지가 서로 부딪쳐 방해요소를 생성한다. 삶을 어지럽힐 뿐이다.

우리의 삶은 한 장의 백지처럼 단순하고 깨끗하지만, 우리가 손에 쥔 붓은 알록달록한 색을 더할 수 있다. 마음이 조급할 때 백지에 선 하나를 그린다면 직선을 그릴 수도, 곡선을 그릴 수도, 엉망으로 낙서를 할 수도 있다. 기분에 따라 색감도 달라진다. 기분이 좋을 때는 환하고 희망을 언급하는 색이다. 하지만 실망스러움이 자기감정을 지배하고 있을 때는 잿빛으로 자체의 빛마저 상실한 색이 덧입혀진다. 오랜 세월이 흐르면 우리 삶 역시 본래의 깨끗함과 단순함을 잃어버리고, 우리가 그린 그림과 색으로 완성되어 간다. 상황을 어떻게 받아들이느냐에 따라 그림의 격이 달라진다. 만약 우리가 외부요소나 자신을 탓하지 않는다면 자기 삶을 주제로 주체적이고 당당한 그림이 완성된다, 삶 역시 찬란해지고 주목받는다.

당신이 바닷가에 살고 있다면 산에서는 어떻게 생활하는지, 산에서 무엇을 하고 살아야 즐거울지에 대해 생각하라. 당신이 고민해야 하는 것은 "어떻게 하면 바닷가에서의 내 생활을 더 풍요롭고 아름답게 만들 수 있을까?"이다. 마음 가는 대로 즐거움을 실컷 누려야지 외부요소의 간섭을 받아서는 안 된다. 고의로 자기감정을 억제하는 분위기를 만들 필요가 없다. 자신이 통제할 수 없는 일도 즐겁게 받아들여야 한다. 마음의 즐거움만이 자신을 긍정적인 에너지를 가진 사람으로 만든다. 자신이 영위하는 삶까지 더욱 조화롭고 아름답게 변한다.

성공을 위한 하버드 자기관리법

자신이 통제하지 못하는 상황에 부딪히면 원망을 늘어놓기보다 담담하게 받아들여야 한다. 사람들은 이를 실행하지 못해 늘 감정의 구렁텅이로 빠지고, 더욱 자신을 우울함으로 옭아맨다. 자신이 통제할 수 없는 일을 포기해야만 진정으로 속박의 굴레에서 벗어날 수 있다.

◆ 나를 바꾸는 하버드 '관대함 기르기' 트레이닝

순간의 선택에 따라 삶의 방향이 바뀐다. 어떤 결정에 따라 운명이 판가름되기도 한다. 그래서 누구든지 포기냐 선택이냐의 중대한 갈림길에 서면 자신감을 잃고 주저하게 된다. 선택을 잘하는 법을 배우려면 다음 5가지를 시도해보자.

1. 종이에 "내가 가장 얻고 싶은 것은?"이라 쓰고 답안 작성하기

자기 행동 동기를 제대로 분석하고, 자신이 원하는 것이 무엇인지 명확하게 안다면 장단점을 따져보고 선택을 할 수 있다. 또한 단기적으로 얻고 싶은 것과 장기간에 걸쳐 성취해내고 싶은 것이 확실할수록 선택의 문제에서 갈등이 줄어든다.

2. 모든 선택지를 작성한 후에 하나하나 분석하며 지우기

만약 여러 가지 선택지가 있다면 모두 작성한 뒤, 하나하나 대조 분석해서 가능성이 적은 선택지를 지우자. 가능성이 큰 선택지들의 우위를 비교 분석하여 최종적으로 자신에게 유리한 것을 선택하자.

3. 자신에게 "왜?"라고 5번 연속으로 물어보고 답하기

자신이 한 선택이 옳은지 확신이 서지 않는다면 다섯 번 연속으로 "왜 이것을 선택했을까?"라고 묻자. 만약 5번 모두 재빨리 그 이유를 댈 수 있다면 선택을 바꾸지 않아도 된다. 만약 마지못해 대답한다면 스스로 문제를 발견할 수 있다.

4. 3개월 동안 매일 아침 무엇을 입을지 신속히 결정하기

최소 3개월 동안 매일 아침 무엇을 입을지, 옷을 입을 순서는 어떻게 할지 빠르게 결정하자. 자신이 정한 순서는 반드시 지켜야 하며, 포기하거나 망설여서는 안 된다. 자기 스타일에 따라 최대한 옷 입는 순서를 매일 바꿔보자.

5. 선택하기 힘들 때는 잠시 멈추고 운동하기

중요한 선택을 해야 할 때 사람들은 긴장하거나 머릿속이 혼란스러워지게 마련이다. 이때는 모든 것을 잠시 멈추고 신나게 탁구 등과 같은 운동을 하자. 탁구는 온 정신을 집중해야 하는 운동이므로 긴장 상태를 풀 수 있다. 몸과 마음이 한결 가벼워진 뒤에 다시 선택하면 쉽게 판단할 수 있다.

계획이 부족하다는 것은 실패를 계획한 것이나 마찬가지다.
매일 아침 하루 일과를 계획하고 실천하는 사람은
시간을 효율적으로 사용하는 사람이다. 평소 아무 계획 없이
그저 일이 생길 때마다 생각나는 대로 처리하는 사람은 혼돈스러울 뿐이다.

하버드 MBA_앨런 라킨

제 22강_계획 세우기

미래는 설계도에 따라 진행된다

H A R V A R D

S U C C E S S

C L A S S

계획으로 삶의 속도를 조절하라

하버드 졸업반을 대상으로 향후 진로를 조사했다. 그 결과 27%의 학생은 아무런 계획과 비전이 없었다. 60%의 졸업생들은 구상이 모호했고 10%는 진로를 계획하고 있었지만 비교적 단기적이었다. 단 3%의 학생만이 명확하고 장기적 인생계획을 세우고 있었다.

25년 뒤, 하버드는 이 졸업생들을 대상으로 다시 추적조사를 했다. 3%의 졸업생은 사회에서 성공한 사람이 되었다. 사회의 리더가 되어 업계를 이끌고 있었다. 10%의 졸업생은 단기적인 목표를 실현한 덕분에 각 분야의 전문가가 되어 있었으며 경제적으로 중상위 계층에 속했다. 60%의 졸업생들은 안정적인 생활을 하지만 별다른 성과를 거두지 못했다. 27%의 졸업생들은 아직도 삶의 갈피를 잡지 못하고 목표가 없는 생활을 했다. 이들은 경제여건도 여의치 않았다.

우리의 미래는 불확실하다. 5년 후, 10년 후, 15년, 20년 후 자기 인생을 설계하려면 막연함을 느낀다. 현재 상황과 위치에서 미래를 설계하려니 목표를 이룰 수 있을지 확신이 서지 않는다. 한편으로는 원하는 대로 이룰 수 있다는 희미한 가능성도 엿보인다. 다만 어느 쪽이 자신의 미래인지 알 수 없다는 것이다. 별자리나 사주로 미래를 점쳐보지만, 이 또한 확률이나 통계에 불과하다. 확실한 미래는 그 누구도 예측 불가하다. 답답하고 조바심이 나지만 미래가 불시에 불현듯 닥치지는 않으니 지금 자기의 미래를 깊이 연구해야 한다.

미래는 왜 불확실한가? 방해요소는 무엇인가? 무엇이 미래를 확신하게 하는가? 미래가 확실할 때는 또 어떠한 문제에 겪게 될 것인가? 미래를 꿈꾸기 위해선 어떠한 계획이 필요한가? 미래를 그려보면 그려볼수록 의문도 꼬리에 꼬리를 문다. 그렇다고 미래를 설계하다 도망치지 마라.

미래의 성공을 보장받고 싶다면 하루, 한 달, 1년, 5년, 혹은 10년이라는 계획을 세우고 스스로 관리하자. 《시간과 생활의 컨트롤 법칙》의 저자 앨런 라킨Alan Lakein은 저서에서 "계획이 부족하다는 것은 실패를 계획한 것이나 마찬가지다. 매일 아침 하루 일을 계획하고 실천하는 사람은 시간을 효율적으로 사용하는 사람이다. 평소 아무런 계획 없이 일이 코앞에 닥칠 때마다 생각나는 대로 처리하는 사람은 무엇을 먼저 해야 할지 혼란을 겪는다."라고 말했다. 미래를 위해 오늘을 투자해야만 높고 웅장한 성을 쌓을 수 있다는 진리와 같은 맥락이다. 머나먼 미래는 오늘에서 시작된다. 자기 목표가 정해졌다면 미래를 계획하는 습관을 기르자.

일할 때 실행 가능한 계획이 없다면 시간을 낭비하게 되고 효율성이 떨어진다. 예를 들어 글을 쓰는 사람이 자료를 아무 데나 던져두었다고 생각해보자. 필요한 자료를 찾는 데만 오랜 시간을 들여야 한다. 그 사람의 업무효율은 분명히 제로이다. 그런데도 계획이 중요하지 않다고 생각하는 이유는 계획을 세우더라도 변화가 생기기 때문이다. 계획이 중단되거나 변경 또는 포기하게 되어 유명무실해지는 경우를 우려한다. 대부분 "인생이 계획대로 되느냐?"라는 반문을 던지며 계획을 짜는 데서 벗어나려고 한다. 단언컨대 계획이 당신을 그렇게 만드는 건 아니다. 계획은 한 점 흐트러짐 없이 서 있었으나, 자신이 그것에 맞춰 행동하지 않았기 때문에 일이 어긋난다. 계획을 탓하기 전에 자신의 나태함을 원망해라. 그동안 계획을 세워본 적 없고 계획대로 하는 습관을 들이지 않았기 때문에 일어난 불상사이다. 급하게 일을 처리하던 일상화에서 벗어나라. 계획 없이 갈팡질팡 혼란에 빠지면 안 된다. 이제 목표를 바로잡고 질서를 갖추기 위해 계획대로 실행하는 확고한 행동력을 갖추자.

계획을 세우고 차례대로 일을 처리한다는 것은 시간을 지배한다는 의미이다. 먼저, 목적을 명확히 하고 계획대로 추진해야 한다. 일의 중요도와 처리하는 시간을 고려하고 자신의 생체리듬까지 반영해 주도면밀하게 움직여야 한다. 계획을 실행에 옮기려는 확고한 행동력이 뒷받침되면 동력이 강해진다. 아무리 계획이 좋아도 하루하루 뒤로 미루면 안 된다. 완벽하게 준비된 상태에서 계획대로 하려는 생각도 버려라. 첫 단계의 계획을 이루어가며 다음 단계를 준비해야 한다. 그래야만 짜임새 있게 계획을 실천할 수 있다. 성공한 사람들은 "자신이 맡은 일을 명확히 써 내려갈 수 있다면 자기관리를 제대로 한다. 이로써 업무를 체계적으로 할 수 있는 것은 물론, 개인의 능력이 향상된다."라고 증언한다. 미래를 설계하는 단계에서 새겨두어야 할 문장이다.

자신이 해야 하는 일이 무엇인지 확실히 해두어라. 일과 일의 관계를 확실히 알 수 있고, 모든 일을 전반적으로 고려해 매일 잡무에 시달리는 것을 방지할 수 있다. 단계별로 중점 사항을 정확히 가늠해 일의 주요 목표가 어디에 있는지도 알게 된다. 일의 경중을 구분하지 못하거나 시간을 낭비해서 제대로 일 처리가 안 되는 문제를 방지할 수 있다.

성공을 위한 하버드 자기관리법

실질적이고 효과적인 계획이 없다면 부유해질 수도, 임무를 완수할 수도 없다. 계획이 실패로 돌아간다면 자신의 계획이 완벽하지 않았다는 의미이다. 새로운 계획을 시도하라. 나폴레온 힐Napoleon Hill은 "거둬들인 성과는 당초 계획했던 목표보다 클 수 없다."라는 말을 남겼다.

선택의 순간에 머뭇거리지 마라

하버드경영대학원에서는 '80 대 20 법칙'이라는 경제이론을 가르친다. 이탈리아 사회학자, 경제학자 파레토Vilfredo Federico Damaso Pareto에 의해 발표된 소득분포의 불평등도에 관한 법칙이다. 아이러니하게도 전체성과 중 80은 몇몇 소수의 요소 20에 의존한다고 한다. 중요한 소수가 다수를 이끄는 현상으로 경제적인 측면 외에 사회적 현상에도 대입할 수 있는 이론이다.

그 이론은 모바일 시대를 맞아 틈새 상품이 시장을 주도하는 '롱테일(긴 꼬리) 경제'와 함께 사회, 경제 현상을 설명하고 있다. 쉽게 말해, 우리가 반드시 해야 하는 일들을 중요도에 따라 10가지로 나눌 경우 2가지 일이 완성되면 나머지 8가지 일이 순조롭게 이행된다는 뜻이다. 그러므로 자기 인생계획을 총체적으로 세우고 그 안에서 중요한 일들, 목표달성을 위해 꼭 필요한 일의 목록을 작성해야 한다. 중요도의 순서에 따라 순위를 매기고 비중이 높을수록 그 일에 시간을 더 할애해야 한다. 그것을 달성하는 일에 정진하며 수시로 점검해야 한다. 나머지 80%의 성공 가능성은 그 일의 성공 여부에 달려 있다.

그런데 막상 일의 중요도를 매기려니 난감하다. 다음 주 생활계획을 세운다면 무엇을 가장 중요한 일로 꼽을 것인가? 고민되지만 이 질문에 대한 답을 얻고 싶다면, 다음 질문에 명확히 답해야 한다. 질문에 따른 답은 조금 길더라고 직접 써 보는 게 좋다. 며칠간 깊이 고심하고 답을 찾아도 좋다. 즉흥적으로 단답형으로 답하는 것을 피하라.

첫째, 나에게 가장 중요한 일은 무엇인가?

둘째, 내 삶의 의미는 어디에 있는가?

셋째, 어떠한 사람이 되고 싶은가?

넷째, 무엇을 완성하고 싶은가?

하버드경영대학원은 현대 경영학을 창시한 학자로 평가받는 피터 드러커Peter Drucker를 교수로 초빙하려 했다. 하지만 피터 드러커는 모든 교수는 일주일에 한 번만 컨설팅할 수 있다는 대학원의 규정을 받아들일 수 없다며 거절했다. 피터 드러커에게 컨설팅은 매우 중요한 일이었다. 자신에게 자문을 구하는 고객에게 충분한 시간을 들여 상담해주어야 했다. 교수직을 수락한다면 명예는 얻겠지만 자신이 그

동안 해오던 활동을 줄여야 하고 시간에 쫓기어 컨설팅에 소홀할 수도 있다고 판단했다. 그는 영예로운 하버드경영대학원 교수직을 기꺼이 포기했다. 피터 드러커는 "가장 중요한 일부터 하라. 다른 선택지가 없다. 부차적인 일부터 하지 마라. 그렇지 않는다면 아무것도 이루지 못할 것이다."라고 말했다. 그리고 이런 자기 신념을 그는 끝까지 지켰다.

우리는 청소년 시기부터 성장기에 반드시 해야 하는 것은 무엇인지, 무엇에 에너지를 쏟을지 파악해야 한다. 이런 성찰이 훈련되어 있어야 남다른 인생을 가꿀 수 있다. 청소년기에는 호기심이 왕성해 한 가지 일에 전념하기란 매우 어렵다. 매번 달라지는 진로의 갈등은 자신이 진정으로 무엇을 추구하는지 고민하게 만든다. 하지만 많은 시간을 들여 자신에 대해 고민하고 분석하면 답을 찾을 수 있다. 섣불리 판단하거나 즉흥적으로 '난 이런 사람인 것 같아.'라고 단정 짓지 마라. 일시적인 감정이나 상태로 자신을 판단한다면 진로에 대해 잘못된 선택을 할 수 있다. 오래도록 자신을 객관적으로 바라보고 낱낱이 따져봐야 한다. 시간을 두고 자신이 진정으로 원하는 일이 무엇인지, 추구하는 가치는 어디에 있는지 알아보자. 이 시간을 아까워하면 안 된다.

나이가 들고 시야가 넓어지면 더욱더 많은 문제를 일상에서 맞닥뜨리게 된다. 해야 할 일은 매일같이 늘어난다. 예상하지 못했던 일들이 부지불식간에 덮쳐 우리를 당황스럽게 만든다. 어떤 때에는 눈앞이 캄캄해질 때도 있지만 그 역시 자기와 관련이 있는 일들이니 모두 처리해야 한다. 계획이 없고 우선순위 구분이 없다면, 이 모든 문제를 끌어안고 효율적인 방법을 찾지 못해 전전긍긍하게 된다. 일을 제대로 해결하지 못할 뿐만 아니라 스스로 지쳐버리고 만다. 작은 일에도 최선을 다하는 정신은 좋다. 하지만 자기의 체력과 정신력의 한계는 분명히 존재한다. 에너지도 활용할 수 있는 적정량이 있다. 모든 일에 전력투구해서는 안 되는 이유이다.

현명한 사람은 복잡한 환경에 처해도 중요한 일이 무엇인지 일의 경중을 따진다. 먼저 중요하고 긴박한 일을 한 뒤에야 그다지 중요하지 않거나 급하지 않은 일을 한다. 무의미한 일들은 포기함으로써 시간을 절약한다. 이로써 일의 능률을 높이고 효과적인 일 처리로 목적 달성을 이룬다.

성공을 위한 하버드 자기관리법

어떤 일을 하려 할 때 예기치 못한 약속이 생기거나 긴급히 처리해야 할 일이 생긴다. 우리 힘으로는 통제 불가능한 상황이라면 전반적인 상황을 고려해 올바른 방향을 선택해야 한다. "NO!"라고 분명하게 말하고 자신이 중요하다고 생각하는 일에 힘을 쏟아야 한다.

미래의 설계자는 바로 당신이다

기업이라면 두 가지를 가지고 있어야 한다. 하나는 전략이고 다른 하나는 전술이다. 전략은 하나의 큰 틀에서 작전을 지도하기 위한 강령이다. 어떤 목표를 정한 뒤 어떻게 나아갈 것인지 계획을 수립한다. 전술은 전략을 세우고 그것을 행하면서 발생하는 여러 가지 일들에 대해 대처하는 하나의 과정으로 틀을 지탱해주는 행동이다. 그래서 각각의 세부 단계를 갖춘 체계적인 절차가 필요하다.

한마디로 요약하자면 전략은 무엇을 할 것인가What To이고, 전술은 어떻게 할 것인가How To이다. 전략은 목적이고, 전술은 방법이다. 전략은 효과의 문제이고, 전술은 효율의 문제이다. 따라서 전략을 세우는 데 더 공을 들여야 한다. 시간도 비용도 아끼지 말아야 한다. 전술은 자주 바꿀 수 있지만, 전략은 굳건해야 한다. 전략은 효과의 문제이기 때문에 전술과 달리 잘못되면 치명적인 결과를 초래한다. 전략을 바꾸면 전술이 아무리 뛰어나다고 해도 쓸모없어 버려지게 된다.

전략은 목표의 바탕에 깔린 힘이다. 체계적이고 구체적일수록 성공의 가능성이 크다. 전략을 수립할 때 구체적 이미지가 손에 잡히면 방향 설정이 올바르게 된다. 실천 가능성에 대한 판단이 정확해지기 때문이다. 시행착오를 줄이는 비법도 된다.

기업들은 일의 체계와 시스템을 조직 강화의 중요한 수단으로 삼는다. 우수한 실행자라면 계획하기를 즐기고 계획을 실행해 나간다. 계획을 세우며 목표를 시스템화, 정량화하여 구체적인 실현 의지를 담는다. 큰 목표 아래 작은 실천 과제를 두고 일 년, 한 달, 일주일, 하루 등 세분화하여 여러 개의 작은 목표로 쪼개 매일, 매시간 목표를 향해 나가도록 한다. 이렇게 해야만 운용성이 높아 더 쉽게 더 큰 일을 일할 수 있다. 특히 어렵고 힘든 일을 할 때 이 방법을 사용한다면, 운용성을 높여 업무를 효과적으로 하는 데 도움이 된다.

전략과 전술은 기업뿐만 아니라 개인에게도 필요하다. 자기 목표를 세우고, 목표를 달성하기 위한 계획을 세우기 위함이다. 하버드생들은 자신이 해야 할 공부를 정량화하는 데 뛰어나다. 학습량이 워낙 많기 때문에 매일같이 구체적인 계획을 세우지 않으면 학업은 완성하기 어렵다. 그래서 자신이 세운 목표나 이상을 근원으로 하여 탄탄

한 전략을 세운다. 그들은 전략을 성공으로 이끌기 위해 조직적이면서 체계적인 전술을 구사하며 하루를 살아간다. 완벽해보이는 그들의 일거수일투족은 바로 전략과 전술에서 기인되었다고 보면 된다.

우리도 목표를 달성하기 위해 자기만의 전략이 있어야 한다. 좋은 결과를 얻으려면 모든 실행 단계가 제 역할을 제대로 발휘해야 한다. 실행 과정의 규범화가 반드시 이루어져야 하며, 과정의 규범화를 통해 단계를 조율하고 체계적으로 이행해야 한다. 실행의 시스템화와 절차화는 무엇을 먼저하고 무엇을 나중에 할지에 대한 규정과 순서를 알려준다. 이것이 바로 전술적 접근이다. 강제와 규칙안에 자신을 몰아넣는 것 같지만, 이 방법은 일을 효과적으로 할 수 있도록 도와준다. 어떠한 일이든 성실한 태도와 규범화된 방법으로 문제를 연구하고 처리할 때 성과를 거둘 수 있다. 기분 내키는 대로 일하거나 손에 익은 일부터 처리하면 안 된다. 간단하고 쉬운 일을 먼저 처리한다고 하지만 가장 효율이 높은 시간대에 그 일을 해서도 안 된다. 시간은 할애되지만 중요한 일이 미뤄지는 결과를 낳는 불상사가 생긴다.

일찍이 인류학자들은 먹고, 마시고, 잠자는 시간을 제외하면 우리에게 주어진 시간은 전체의 3분의 1이 채 되지 않는다는 통계를 낸 적이 있다. 주어진 시간이 짧은 만큼 시간을 합리적으로 안배해야 한다. 효율적으로 시간을 활용해서 제한된 시간을 유용하게 활용하는 방법이다. 자신이 하는 일의 목적을 명확히 하고 하나하나 실행해 나가야 한다. 똑같은 시간 안에서 만족스러운 결과를 얻을 수 있는 비결이다. 절대 두서없이 마구잡이로 일하지 말자. 하는 일에 탄력을 잃고 생활의 리듬까지 악영향을 끼칠 수 있다.

시간은 누구에게나 공평하게 주어진 선물이다. 시간을 어떻게 활용하느냐에 따라 성공 여부는 극명하게 나뉜다. 오늘을 어떻게 받아들이고 어떻게 유용하는가 하는 문제는 자신이 세운 전략과 전술에 달려 있다. 목표가 언제든 이루어지겠지 하며 허공에 뜬구름 잡듯 허둥대지 마라. 요행을 바라지도 마라. 절대 그런 행운은 일어나지 않는다. 계단을 오르듯 한 걸음씩 올라라. 전략을 짜고 전술을 펼쳐야 한다.

성공을 위한 하버드 자기관리법

현대는 생각하는 사람과 계획하는 사람의 세상이다. 실행력이 있는 계획자만이 성공할 수 있다. 맡은 책임을 수행할 방법이 없는 사람은 설 자리가 잃는다. 자기 업무를 정량화, 세분화할 줄 알아야만 목적을 완수할 수 있다. 체계적이고 단계적인 방법을 통해서만 목표를 달성할 수 있다.

합리적이고 유효한 계획을 세우려면 어떠한 단계를 거쳐야 할까?

먼저 자신이 정한 목표에 따라서 개요를 직접 써보거나 머릿속으로 그려보자. 개요는 간단하지만 목표에 대한 중요한 사항을 포함해야 한다. 예를 들면 어떤 활동에 중점을 두는지, 왜 이 이런 일을 해야 하는지, 그리고 어떻게 할 것인지를 담아야 한다.

그렇게 계획을 세운 뒤에는 계획을 평가해야 한다. 적어도 계획을 실행하기 전에 최소 한 번 이상 평가해야 하며, 필요하다면 계획을 수정해야 한다. 계획을 실행한 후에도 단계적으로 평가하자. 단계적 계획이 효과가 있는지, 목표가 달성되었는지, 달성하지 못했다면 어디에 문제가 있는지 확인하고 필요한 부분은 조정해야 한다. 좋은 계획이라 할지라도 실행하면서 문제가 나타날 수 있다.

다음의 몇 가지 사항을 주의하면 계획을 세우는 데 도움이 된다.

1. 전체 업무량을 충분히 고려하기

계획을 세우기 전에 전체 업무량을 충분히 고려해야 한다. 프로젝트 항목별로 업무량과 난이도에 따라 어떻게 해야 할지 예측하고, 언제 각 항목의 업무를 완성할 수 있을지 계획을 세운다.

2. 실행 가능한 목표 세우기

고양이 목에 방울을 달지 못하면 위험을 피할 수 없다. 반드시 구체적이고 명확한 방안이 있어야만 성과를 거둘 수 있다. 어떠한 목적을 달성하려면 반드시 실행 가능한 방안이 있어야 한다. 방안만 있으면 안 된다. 기필코 실제 상황에 적용해야 한다.

3. 실패를 두려워하지 말기

계획은 가능한 일들을 나열한 것으로 성공할 수도, 실패할 수도 있다. 이 사실을 안다면 근심이 줄어든다. 불확실성은 우리가 세운 계획도 불확실하게 만든다. 성공의 가능성을 높이려면 반드시 실행력을 높여야 한다.

4. 계획은 유연하게

계획은 자기 능력으로 100% 달성할 수 있도록 세우기보다 80%만 해낼 수 있도록 세워야 한다. 사람은 누구나 매일 예기치 못한 상황을 겪기 때문이다.

5. 천릿길도 한 걸음부터

실행할 때는 시시각각으로 업무를 파악해야 한다. 예를 들어 "이 답안지를 작성해야 해.", "지금 도서관에 갈 거야."라고 업무를 파악한다면 장기적인 목표도 자연히 달성할 수 있다.

부지런한 꿀벌은

슬퍼할 겨를이 없다.

하버드 졸업생, 노벨 경제학상 수상자_폴 새뮤얼슨

제 23강_시간관리

한정된 시간을 자유자재로 활용하라

HARVARD SUCCESS CLASS

자신이 원하는 대로
시간을 주물러라

하버드에서는 성공에 영향을 주는 요소를 찾기 위해 추적조사를 했다. 연구진이 교육, 지능, 집안, 사회적 배경 등을 조사한 결과 '시간 조망'이라는 성공요소를 밝혀냈다. 시간 조망이란 하루 일을 계획할 때 고려하는 할애하는 시간의 길고 짧음을 말한다. 전문가의 시간 조망은 평균 10년, 15년, 심지어 20년에 달하기도 한다. 시간 조망을 길게 잡고 앞을 내다보는 사람은 오늘 하는 일을 장기적인 목표 안에 일부분으로 둔다. 커다란 계획의 틀 안에서 꾸준히 자신을 이끌어가는 것이다. 반면 앞을 내다보지 못하는 사람은 시간 조망이 짧아 단기적인 즐거움에만 집중한다.

제2차 세계대전이 종식되고 드와이트 아이젠하워Dwight Eisenhower 유럽연합군 최고사령관은 컬럼비아대학교 총장으로 부임했다. 부총장은 과주임이 너무 많은 관계로, 각 대학의 학장과 관련 학과의 통합 대표 주임만 불러서 매일 2~3명씩 30분간 총장에게 보고하도록 시간을 분배했다. 이미 열 명이 넘는 주임들의 보고를 들은 아이젠하워는 앞으로도 총 63명에게 업무보고를 들어야 했다. 그는 부총장에게 고통을 토로했다.

"예전에 내가 연합군 총사령관이었을 때 인류 역사상 가장 큰 규모의 군대를 이끌었습니다. 그때도 업무보고는 내가 직접 지휘하던 3명의 장군에게만 받았지요. 장군들의 수하에 대해서는 물어볼 필요도 없었고 직접 만나지도 않았습니다. 그런데 대학교 총장이 되어서 63명의 주임에게 업무보고를 들을 줄은 전혀 생각지도 못했습니다. 사실 난 이 사람들이 보고하는 내용을 잘 알아듣지도 못합니다. 그렇다고 건성건성 들을 수는 없겠지요. 아무래도 이 방법은 정말이지 그들의 소중한 시간을 빼앗는 것만 같고, 학교 발전에도 전혀 도움이 되지 않을 거 같습니다. 그러니 부총장께서 계획한 일정을 취소해주시지요"

아이젠하워는 훗날 미국 대통령으로 당선되었다. 한번은 그가 골프를 치는데 백악관에서 그에게 급하게 처리할 문건을 보내왔다. 비서가 이미 찬성과 반대를 모두 마련해놓아서 그가 둘 중의 하나만 골라 서명하면 되는 일이었다. 하지만 누가 알았겠는가? 아이젠하워는 그 자리에서 바로 결정을 내리지 못했다. 두 안건에 모두 서명을 한 뒤 "리처드(당시 리처드 닉슨 부대통령)에게 나 대신 하나를 선택하라고 하게."라고 말했다. 그러고 나서 그는 아무 일 없던 것처럼 다시 골프를 쳤다.

학습 효율이 높은 사람은 하찮은 일에는 무관심하다. 그러나 중요한 일에 깊이 관심을 쏟는다. 모든 일을 잘해내려고 하는 사람은 정작 중요한 일을 제대로 처리하지 못하기도 한다. 그래서 어떤 사람은 열심히 일하며 매일 바쁘게 살지만 뚜렷한 성과를 내지 못한다. 일에 진척도 없다. 그에 반해 어떤 사람은 유유자적 느긋하게 일을 하는데도 높은 성과를 거두곤 한다. 운과 같이 통제 불가능한 요소를 제외하면, 이 둘의 차이는 시간을 어떻게 사용하는가에 달려 있다. 예를 들어 공부에도 순서가 있다. 우선순위를 따져 공부해야지 마구잡이식으로 해서는 안 된다. 순차적이고 논리적으로 공부해서 시간이 지체되는 것을 막아야 한다.

그러려면 중요한 일을 먼저 해야 한다. 이를 습관화하자. 새로운 일을 시작할 때마다 무엇이 중요한 일인지, 가장 긴 시간을 들여서 해야 하는 일은 무엇인지를 분석하고 따지자. 어떤 부분에서 시간이 많이 필요한지, 중요하지만 짧은 시간 안에 처리할 수 있는 일은 무엇인지, 직접 안 하고 다른 사람에게 맡겨도 되는 일인지 구별해야 한다. 시간을 어디에 어떻게 투자하는가에 따라 일의 효율이 다르게 나타난다. 급하게 처리할 일에 오랫동안 긴 시간을 할애한다면 얼마나 바쁠지 상상해보라. 매일 파도가 밀려오듯이 하나의 문제를 해결하면 또 다른 문제가 나타날 거고, 결국에는 우왕좌왕하다가 갈피를 못 잡게 된다. 어떤 일도 완성하지 못한 채 질책만 받는다. 주먹구구식 시간 운용은 몸과 마음을 지치게 할 뿐이다. 일의 중요도를 체크하고 집중해야 할 시간을 정하라. 시간의 유용을 손아귀에 넣고 당신에게 유리한 상황이 되게 주물러라.

성공을 위한 하버드 자기관리법

중요한 일부터 먼저 하는 습관을 기르자. 가치 있는 일에 충분한 시간을 투자한다면, 진짜로 중요한 일이 무기한 미뤄지는 문제가 발생하지 않는다. 이렇게 하면 업무는 끝내지 못하는 일, 항상 남들에게 뒤처지는 경주가 아닌 많은 이익을 가져다주는 이벤트가 된다.

자기 리듬에 따라 계획표를 그려라

하버드 신입생은 시간 활용에 대해 중점적으로 배운다. 자기의 학습 계획에 맞게 시간 분배하는 법과 자기 학습 리듬을 파악하는 법을 단련하며 자신이 수행할 과제나 공부에 최대의 효과가 발휘되는 방법을 찾게 한다. 성적뿐 아니라 학업 성취도와 만족도는 자기 생체리듬을 어떻게 활용하는지에 따라 달라지기 때문이다.

어느 대학의 보트 경주 우승팀 주장은 "저희 코치님께서는 팀원들에게 항상 '이기고 싶다면 천천히 노를 저어라.'라고 말씀하셨어요. 노를 너무 빨리 저으면 보트의 리듬이 깨져 박자를 놓치게 되고, 결국에는 속도를 제대로 낼 수 없게 되기 때문이죠."라고 말했다. 이처럼 매일 우리의 일과 삶이 조화를 이루려면 자기 리듬을 잘 파악해야 한다.

'베들레헴 스틸'이라는 철강회사 회장인 찰스 슈와브Charles Schwab는 회사의 낮은 업무효율을 걱정했다. 그는 생산성 컨설턴트인 아이비 리Ivy Lee를 찾아가 단시간 내에 더 많은 업무를 끝내는 방안을 고안해달라고 요청했다. 그는 10분 안에 최소 50%의 효율을 높일 수 있는 최고의 방법에 대해 말했다.

"내일 해야 할 중요한 안건을 종이에 쓰고, 중요도에 따라 번호를 매기는 겁니다. 이때 가장 중요한 것은 우선순위로 둡니다. 다음 날 아침에 출근하면 1번 업무부터 시작해 집중해서 끝내야 합니다. 그런 다음 2번 업무, 3번 업무를 똑같은 방법으로 하는 겁니다. 퇴근할 때까지 이 방법을 반복해보세요. 1번 업무를 하는 데 온종일 걸려도 괜찮습니다. 가장 중요한 일이라면 계속해야지요. 매일 이렇게 해보세요. 회장님께서 효과가 있다고 느끼신다면 그때 회사 직원들에게도 이 방법을 써보라고 하면 됩니다."

슈와브 회장은 이 단순한 방법으로 효율이 높아질 수 있을지 의문이 생겼다. 이를 눈치 챈 아이비는 사례는 효과가 나타났을 때 적절한 금액을 주면 된다고 말했다. 대신 최대한 빨리, 가능한 오랜 기간 시행하라고 당부했다.

슈와브는 얼마 지나지 않아 2만 5천 달러를 아이비에게 보냈다. 슈와브는 그가 알려준 이 방법을 계속 실천했다. 결국 작은 철강회사였던 베들레헴 스틸은 5년 뒤 외부 도움이 전혀 필요치 않은 미국 최대 철강생산 기업으로 부상했다. 슈와브는 자신의 친구에게 이렇게 말했다.

"나를 포함한 모든 직원은 가장 중요한 일부터 먼저 해왔다네. 이것은 지난 몇 년간 우리 회사가 해온 최고의 투자였지!"

자기에게 산적해 있는 일 중 어떤 일이 가장 중요한 일인가. 일의 중요도를 매겨보자. 순위를 매기듯 중요도가 높은 것을 1번에 배치하고 차례대로 적어나가면 된다. 꼭 몸에 새겨야 할 사항은 중요한 일부터 먼저 하는 습관이다. 새로운 일을 시작할 때마다 무엇이 가장 중요한 일인지, 어디에 가장 많은 공을 들여서 해야 하는 일인지를 명확히 해야 한다.

빌헬름 프리즈Wil-helm Fliess는 인간의 체내 시스템은 항상 안정적이고 변화 없이 작동하는 것이 아니라, 어떤 하나의 주기가 있다고 설명했다. 신체 리듬이 어떤 때는 빨라졌다가 어떤 때는 다시 느려지는데, 프리즈는 이러한 신체 리듬을 '바이오리듬'이라 불렀다. 사람은 저마다 서로 다른 바이오리듬을 가지고 있다. 좋을 때와 그렇지 않을 때의 시간이 제각각이다. 중요한 일의 순서를 정하고 자기의 바이오리듬이 최상일 때 그 일을 해결하면 최대의 효율성을 발휘할 수 있다. 바이오리듬이 좋지 않을 때는 일을 떠나 쉬어야 한다. 그것이 시간 활용이다.

자질구레한 일에 빠져 시간이 부족하다고 느낄 때 "내가 지금 시간을 활용하는 방식이 정말 최선일까?"라고 물어보자. 시간 사용에 대한 자기반성이 동반되면 알찬 시간관리를 할 수 있게 된다. 자신의 바이오리듬을 잘 관리하고, 에너지 넘치는 시간대를 결정적인 곳에 사용하면, 시간과 쉼을 얻어 하루를 유용하게 보낼 수 있다.

성공을 위한 하버드 자기관리법

시간의 리듬은 활용하되 중요한 일을 하라. 중요한 일이란 목표를 설정하고, 미래를 계획하고, 새로운 관계를 형성하고, 새로운 기능을 배우며, 새로운 프로젝트를 시작하는 것을 말한다. 이러한 일들이 단기에 큰 성과를 발휘하지는 않지만, 장기적으로 보면 분명 큰 수확을 얻는다.

자투리 시간으로 인생작을 만들어보자

하버드에서 명예학위를 받은 발명가이자 과학자인 벤저민 프랭클린Benjamin Franklin은 한 청년으로부터 가르침을 요청하는 전화를 받았다. 그와 만날 시간에 맞춰 벤저민의 집을 방문한 청년은 현관문이 활짝 열려 있는 데다 집안이 돼지우리처럼 어질러져 있는 것을 보고 놀랐다.

"자네가 보다시피 집안이 매우 어지럽다네. 내가 방을 좀 치울 테니 1분만 기다렸다가 들어오게."

말을 마친 프랭클린은 문을 닫았다. 그리고 1분도 채 되지 않아 열린 문으로는 이전과는 전혀 다른 광경이 펼쳐졌다. 집안은 모두 깔끔하게 정돈되어 있었고, 와인 잔에 담긴 와인 향이 방안을 은은하게 메우고 있었다. 청년은 자기 인생과 사업의 어려움을 본격적으로 말하려 했다. 프랭클린은 와인 잔을 들고 정중하게 "건배! 이제 가도 좋네."라고 말했다. 손에 와인 잔을 든 청년은 순간 멍해졌다. 곤혹스러운 표정을 한 채 "전 아직 선생님께 가르침을 청하지 못했습니다."라고 말했다.

"이 정도 했으면 됐지. 아직 부족한가?"

프랭클린은 자기 방안을 바라보며 미소를 띤 채 "자네가 이 방에 들어오고 1분도 더 있었네."라고 말했다. 청년은 잠시 생각에 잠긴 뒤 "이제 알겠습니다. 선생님께서는 1분이라는 시간 동안 많은 일을 할 수 있고, 많은 것을 바꿀 수 있다는 것을 알려주려고 하셨던 거군요."라고 대답했다.

우리에게는 항상 시간이 부족하다. 눈앞의 오늘이 순식간에 어제가 되어버린다. 그래서 하고 싶은 일은 너무 많지만 시간이 쏜살같이 지나가 진짜로 하고 싶은 일은 끝낼 수 없었다고 핑계댄다. 하지만 정말 그럴까? 시간과의 경쟁에서 뒤처져 "하느님! 저는 여기까진가 봐요."라고 말할 수밖에 없는가? 60대 노인들을 보라. 그들이 이뤄낸 성과는 제각각이다. 어떤 사람은 자기 소망의 80%를 이뤘고, 어떤 사람은 20%만 이뤘다. 무엇 때문에 결과가 다른 것일까? 지능이 떨어져서인지, 능력이 부족해서인지, 환경 탓인지 그 모든 것이 이유일 수 있다. 하지만 다른 이유도 있다. 자투리 시간을 간과했기 때문이다. 버스를 기다릴 때, 약속에 5분 일찍 갔을 때, 주문한 음식이 나오는 사이와 같은 자투리 시간을 말한다. 보물을 찾듯 그 시간을 발견해야 한다. 미국의 근대 시인이자 소설가, 그리고 유명 피아니스트인 애리스톤Alliston의 자투리 시간 활용법은 모범 사례로 볼 수 있다.

어느 날 피아노 선생님이 하루에 피아노를 얼마나 연습하는지 애리스톤에게 물었다. 한 3~4시간 정도라고 대답한 애리스톤은 한 번 칠 때마다 한 시간 정도 치고, 하루에 서너 번은 피아노 앞에 앉는다는 설명도 덧붙였다.

"그러지 말게! 자네가 좀 더 크면 아마 시간이 없을 거네. 여유 있을 때마다 몇 분이라도 조금씩 연습하는 습관을 길러야 하네. 예를 들어 학교 가기 전이나 점심을 먹은 뒤에, 일한 뒤에 5분씩 연습을 하는 거지. 자투리 시간을 이용해 피아노를 치다 보면, 피아노는 결국 자네의 일상이 되어 있을 것이네."

애리스톤은 컬럼비아대학에서 학생들을 가르칠 때 책을 한 권 내고 싶었다. 하지만 하루 종일 강의 준비와 시험 출제, 회의 등으로 무척 바빴다 그렇게 거의 2년 동안 시간이 없다는 핑계로 글을 쓰지 못하던 어느 날 피아노 선생님이 알려준 말이 뒤늦게 생각났다. 그 후로 애리스톤은 선생님이 하셨던 말씀을 실천하기 시작했다. 5분이라도 여유가 있으면 어디든 앉아서 몇 줄의 짧은 글이라도 썼다. 한 주가 끝나자 놀랍게도 상당한 분량의 원고가 쌓였다.

훗날에도 애리스톤은 자투리 시간을 활용해 장편소설도 썼다. 교수로서의 업무가 매일같이 과중했지만 활용할 수 있는 자투리 시간을 활용해 피아노도 연습했다. 매일 짧은 자투리 시간만 활용하더라도 창작과 피아노 연습에 충분한 시간이 확보되었다.

자투리 시간이란 현명한 자에게는 사고하는 시간이요, 즐기는 자에게는 호사스럽게 지내는 시간이며, 어리석은 자에게는 허송세월하는 시간이다. 숨겨져 있는 시간을 찾아낸다면 당신도 성공에 한 걸음 더 다가서게 된다.

성공을 위한 하버드 자기관리법

어떤 일을 할 때 시간이라는 짬을 내지 않고 빨리하려고만 한다면 완벽하게 일을 처리할 수 없다. 빠르게 흘러가는 생활 리듬 속에서 어떻게 짬을 낼 것인가? 시간의 활용도를 높여야 한다. 자투리 시간을 잘 긁어모아 활용할 줄 알아야 한다.

시간관리의 귀재로 만들어줄 훈련 방법을 참고해보자.

1. 시간에 대한 인식 바로잡기

*지나간 시간은 돌아오지 않는다. 시간이란 유한하고 가치 있는 것이라는 점을 깨닫고 기억하자.

*시간을 들여서라도 시간을 절약하는 방법을 배워야 한다. 먼저 시간표를 만들고 그에 따라 일을 처리하자. 시간을 들여 습관을 형성하면, 계획대로 일이 진행되었을 때 얻는 즐거움을 느낄 수 있다.

*시간의 효율은 과학적인 관리에서 시작된다. 시간관리란 삶에서 무엇을 할 것인가를 결정하는 능력이다. 학습 효율이 높은 사람은 일정 시간을 투자해 하루 또는 일주일을 어떻게 보낼지, 어떤 일을 해야 하는지, 어떤 일을 먼저 해야 하는지 등을 생각한다. 이들은 이렇게 해야 자신의 학습 효율을 높일 수 있다는 것을 알고 있다.

2.시간의 노예가 아닌 주인되기

시간을 효율적으로 활용하고 싶다면 우선 시간을 효율적으로 관리해야 한다. 시간을 효율적으로 관리하기 위해 시간의 주인이 되자. 시간을 관리하고 통제하며, 시간에 대한 절대적인 주도권을 가지고 있어야 한다.

3. 자신의 시간관리 방법 반성하기

시간이 부족한 이유는 다음과 같다. 하고 싶지 않은 일을 하는 경우, 할 수 없는 일을 하는 경우(긴 시간을 들여 어려운 문제 풀기 등), 일을 미루는 경우, 자주 일을 미루다가 마감 때가 되어서야 하는 경우(그 결과 일이 자꾸 쌓임), 현실에 맞지 않는 목표를 설정하는 경우(실현할 수 없어 마음만 심란함), 학습 계획을 한 번도 세워보지 않은 경우, 어떤 일이 중요한지 생각하는 데 습관이 되지 않은 경우, 거절하고 싶은 일을 어쩔 수 없이 하기로 하거나 이유 없는 방해를 막지 못하는 경우, 업무와 생활공간을 정리정돈하지 않아 어질러져 있는 경우, 시간을 공부하는 데 투자하고 가족이나 동료들과의 교류가 거의 없어서 타인의 경험적 조언을 얻지 못하는 경우 등이다.

당신도 위와 같은 나쁜 습관이 있다면 개선하기 위해 노력해야 한다.

현실을 있는 그대로 받아들이는 것이야말로
용기가 있음을 보여주는 것이다.

하버드 졸업생, 미국의 사상가 겸 시인_랄프 에머슨

제 24강_스트레스 대처법

스트레스 때문에 자제력을 잃지 마라

H A R V A R D

S U C C E S S

C L A S S

스트레스를
삶의 동지로 인정하라

하버드생들은 스트레스를 많이 받는다. 매학기 최소 4과목을 수강해야 하며, 1년에 최소 8과목씩 4년 동안 32과목을 듣고 시험에 통과해야 졸업할 수 있다. 교수들은 진도를 빨리 나간다. 학생들의 이해도와 상관없이 읽어야 할 참고자료를 잔뜩 내주는데, 그걸 읽지 않고서는 과제를 끝낼 수 없다. 따라서 방과 후에도 책을 읽고 예습을 한다.

학생들이 이렇게 열심일 수밖에 없는 이유는 냉혹한 토너먼트 시스템에 있다. 하버드는 시험만으로 평가하지 않고, 수업마다 과제를 발표해 평균 총점의 50%를 넘겨야 한다. 그런데 교수들은 점수를 후하게 주지 않는다. 혹독한 과제수행에 냉혹한 평가만 있을 뿐이다. 그 때문에 매년 20%의 학생들이 시험에 통과하지 못하거나 학점을 이수하지 못해 휴학이나 자퇴를 한다.

하버드에서 스트레스받는 사람은 교수들도 마찬가지다. 하버드에서는 매년마다 교수들에게 시대 변화에 맞게 과학적으로 가르칠 새로운 내용을 요구한다. 따라서 하버드 교수들은 빠르게 발전하는 과학의 추세와 사회변화를 파악해야 한다. 전공분야 연구나 논문을 쓰기도 벅찬데 다각적인 사회적 역량을 학교가 주문하는 것이다. 자부심이 없다면 하버드 학생이든 교수든 이 과제나 연구를 이행하기 불가능하다.

우리가 현재를 살아갈 때도 스트레스의 연속이다. 삶은 예상대로 진행되지 않고 현실과 이상 간에 모순이 생긴다. 그 간극이 스트레스로 다가온다. 스트레스가 극도로 심해지면 우리는 이성을 통제하지 못하고 자제력을 잃는다. 미국의 볼Ball 교수는 "일을 하다 스트레스를 받을 때는 다른 방법으로 스트레스를 완화하는 것보다 직접 스트레스에 대응하는 편이 훨씬 낫다."라고 말했다. 인생을 알차고 자유롭고 즐겁게 살고 싶다면 스트레스에 대처하는 법을 배우자. 스트레스는 부정적인 면도 많지만 긍정적인 측면도 있다.

스트레스가 없으면 우리 삶은 무료해진다. 예를 들어 노력 여부와 관계없이 학생들의 시험 성적이 모두 같다면 누가 열심히 공부하겠는가? 경쟁이 빠지는 순간 느슨해지고 일상 자체가 무료해진다. 점점 더 나태해지고 열정 또한 사라진다. 더 큰 범위에서 보면 사회 또한 발전을 멈추고 제자리걸음을 하게 된다. 자기 내면 외에 외부에서 받는 스트레스는 자극이 되어 자신을 발전시킬 수 있는 동기부여가 된다. 상대와의 경쟁이나 상대의 권위에 의해 받는 스트레스는 단순히 극복하려는 시도 외에 자기 능력을 키워내려는 의지를 불러일으킨다. 자신이 받는 스트레스가 상대와 비교했을 때 낮거나 열악한 위치에 있다고 판단되면 이를 악물고 자기 위치를 상승시키려 한다. 스트레스를 극복하려고 자신을 독려하고 실력을 높이고 발전을 도모한다. 사고를 유연하게 하고 자존감과 자신감을 늘리는 기회이다. 이는 실현 가능한 인생 목표가 있을 때 가능하다. 의욕을 상승할 수 있는 동기가 되고 그로 인해 기적도 만들어낸다.

스트레스는 우리의 신체 건강뿐만 아니라 정신건강에도 영향을 미친다. 약간의 스트레스를 받으며 사고 능력을 확장해 정신적으로 성장하게 된다. 문제 상황을 타파하면서 생활의 재미를 더하며 더욱 삶의 리듬을 타고 분발할 수 있다.

물론 스트레스를 너무 많이 받아서는 안 된다. 그 부담감을 감당하지 못하고 스스로 무너질 수 있기 때문이다. 자신이 감당하기 어려운 스트레스를 받는다면 줄이는 방법을 고안해보자. 자기 성격이나 생활 리듬으로 스트레스를 덜어낼 수 있는 묘안이 있을 수 있다. 운동도 좋고, 음악도 좋고, 춤도 좋다. 혼자 고독을 즐기며 스트레스를 잠재워도 된다. 낚시나 레저활동 등 야외에서 상쾌한 기분을 맛보아도 활력이 생긴다. 자기 활동이 가능한 범위 안에서 찾으면 된다.

우리는 스트레스로부터 완전히 벗어날 수 없다. 스트레스를 날릴 방법을 연구하기보다 스트레스와 함께 사는 생활에 적응하고 자신을 바꾸도록 해야 한다. 열정이 사그라지고 나태해질 때는 목표를 설정해 기한 내에 달성할 수 있도록 자신을 압박해보자. 단 스트레스에 지배당해서는 안 되고, 스트레스의 노예가 되어서도 안 된다. 통제하지 못할 스트레스란 없다. 스트레스라는 '현대판 악마'에게서 벗어나는 노력을 해보자.

성공을 위한 하버드 자기관리법

스트레스는 삶의 동지이다. 잘 활용하면 자기 발전을 꾀할 수 있다. 스트레스를 잘 활용하기 위해서는 마음가짐과 인내심이 관건이다. 스트레스를 긍정적으로 바라보고 인내심을 길러보자. 스트레스에 대고 욕하는 것보다 낫다. 자기만의 방법으로 스트레스를 해소하자.

잘할 수 있는 일에 더 공을 들여라

성공의 관건은 단점을 극복하고 보완하는 것이 아니라 자기 재능과 장점을 잘 발휘하는 데 있다. 성과를 얻고 싶다면 자기강점을 잘 활용하면 된다. 하버드 졸업생 빌 게이츠Bill Gates는 다른 우수한 학생들에 비해 성적이 뒤처지긴 했지만, 자신이 잘할 수 있는 일을 찾았기 때문에 큰 성공을 거머쥘 수 있었다.

알프레도 킨제이Alfred Kinsey 하버드 박사는 한때 피아니스트가 되는 것을 고민했지만 후에 과학 연구를 시작해 큰 성과를 거두었다. 선배들이 보여준 진로와 성과 때문인지 하버드 학생들은 잘하는 재능을 스스로 계발한다. 그것이 성공의 지름길임을 알기 때문이다. 누구든지 자신이 잘하는 영역에서 활동할 때 최대한의 재능을 발휘할 수 있다. 스트레스도 이겨내고 역경에도 무릎 꿇지 않는다.

우리는 빠르게 변화하는 사회 속에서 자기강점을 잊고 산다. 자기만의 장점을 살린 일에 도전하기를 겁낸다. 실패가 두렵기도 하지만 그 분야를 개척하고 시간을 투자해야 하는 일이 부담스럽기도 하다. 성공이 보장되지 않았다는 점 또한 우리의 발목을 잡는다. 이미 경쟁자가 우위를 점하고 있다는 사실도 우리를 망설이게 한다. 그로 인해 평범하고 안정적인 삶을 추구하게 된다.

어떤 사람이 프랭클린 루스벨트 대통령의 영부인에게 "여사님, 학교를 막 졸업한 젊은 청년들에게 해주고픈 말씀이 있는가요?"라고 물어보았다. 영부인은 당시를 회상하며 다음과 같이 조용히 말을 시작했다.

예전에 베닝턴 칼리지에 다닐 때 저는 학업과 일을 병행하려고 했습니다. 전기통신 관련 일을 찾았는데 일하면서 학점을 인정받을 수 있었습니다.

아버지께서는 저를 위해 당신의 친구였던 당시 RCA(미국의 전기·방송회사) 회장인 스탠포드 후퍼Stanford C. Hooper 장군과 만남을 주선해 주셨습니다. 제가 스탠포드 후퍼 장군님을 뵈러 갔을 때 그분께서는 제게 어떠한 일을 찾는지, 구체적으로 어떠한 유형의 일을 원하는지 물어보았습니다. 저는 그분의 회사에 다닐 수 있다면 어떠한 일도 괜찮다고 생각했습니다. 굳이 제가 뭘 선택할 필요가 없다고 생각한 것입니다. 그래서 아무거나 좋다고 대답했습니다.

그분께서는 양손으로 분주히 업무를 처리하면서 저를 힐끔 쳐다보고는 "젊은 친구, 이 세상에 '아무거나'라는 일은 없다네."라고 말씀하셨습니다. 그 말에 전 얼굴이 새빨개졌습니다. 그 말은 저한테 평생 영향을 끼쳤습니다. 저를 반성하게 했습니다. 그 후로 저는 모든 일을 소중히 대하기 시작했습니다.

미국의 여론조사 기관인 갤럽은《위대한 나의 발견, 강점 혁명》이라는 베스트셀러를 출판했다. 이 회사의 연구진은 사람들이 자기 단점을 극복하기 위해 부단히 노력하고, 단점이 장점으로 변화되기를 희망하지만 오히려 더 많은 어려움과 고통에 부딪히게 되는 현상을 발견했다. 그들의 연구에 따르면 성공의 비결은 자기강점을 더욱 강화하면서 단점을 관리하는 데 있었다. '단점 관리'란 단점이 장점의 영역을 침범하지 않도록 관리하는 것이다. 단점이 위로 부상할수록 장점의 위력이 감소한다. '강점 강화'란 자신이 좋아하는 일에 쏟아부어 열정과 에너지를 얻는 일이다. 진정한 성공의 비결은 자신의 에너지를 잘하는 일, 잘할 수 있는 일에 쏟아붓는 것이다. 어떤 일을 잘한다고 해서 그 분야에서 매우 출중하다는 의미가 아니다. 앞으로 남들보다 잘할 가능성이 있다는 의미이다.

자신이 잘하는 일을 선택하고, 쉽게 성과를 거둘 수 있는 일에 시간과 힘을 투자하자. 이는 목표를 정할 때 지켜야 할 또 하나의 원칙이다. 그러나 많은 사람이 비슷한 분야에서 매진하고 있는 과잉투자

현상이 일어난다면 자기 적성과 끈기를 충분히 고려하라. 버틸 힘, 자기에 대한 기대, 재능이나 능력을 객관적으로 타진해야 한다. 냉정한 평가일수록 좋다. 가령 모든 시간과 에너지를 한 연구에 투자했는데 생활이 보장되는 소득을 얻지 못했다면, 잘하는 분야를 어디로 확장할지 고민해야 한다.

자신에게 맞는 최적의 포지션을 찾고 자기강점을 잘 활용하자. 자기강점을 발견하는데 나태해서는 안 된다. 우리 모두 꿈을 실현할 가능성이 충분하다. 자신의 강점을 발휘한다면 분명 자기가 원하는 분야에서 최고가 될 수 있다.

성공을 위한 하버드 자기관리법

자신의 장점을 한 가지로 발견하면 그로서 삶의 즐거움을 찾을 수 있다. 잘할 수 있는 일을 많이 하다 보면 스트레스는 자연히 해소된다. 더불어 새로운 꿈을 꿀 수 있고 그 분야에서 선두가 될 수 있다.

태엽이 너무 조여진 시계는 오래가지 못한다

시간은 종이고, 사람은 붓이며, 인생은 글이다. 인생을 쓰는 글에는 스트레스가 곳곳에 존재한다. 글을 쓸 때 머리를 쥐어짜거나, 쓸 말이 없거나, 표현하기 어려운 난관에 직면하는 것처럼 쉽고 만만하게 인생이 살아지지 않는다. 그렇지만 인생을 쓰는 도중에 원고를 찢어버리거나 구겨버린다면 완성되지 못한 인생작이 된다. 존재조차 허무한 삶이 되고 마는 것이다. 자기 인생을 세기의 걸작으로 탄생시키려는 욕심을 버려라. 내려놓는 법을 배우면 가벼운 마음으로 인생을 유쾌하게 풀어나갈 수 있다.

생사의 갈림길에 서면 모든 게 다 부질없다. 만약 행복이 당신을 떠난다면, 당신에게 무엇이 남겠는가? 그토록 좇았던 성공이나, 애쓰며 끌어모은 재산이나, 지키려고 아등바등했던 명예도 의미 없게 된다. 시간이 있다면 아이와 함께 시간을 보내고, 차를 살 돈으로 부모님에게 신발 한 켤레라도 선물하라. 악착같이 큰 집으로 이사하지 마라. 사랑하는 사람과 행복할 수 있다면 작은 집이라도 따뜻해질 수 있다.

내면에 있는 집착과 부정적인 감정을 떨쳐낼 때 난관 속에서도 즐거움을 얻는다. 고통과 좌절을 직시하고, 고집과 부정적 태도를 버리고, 일과 생활의 스트레스를 해소하며, 생활에 대한 자신감을 높여야 한다. 우울하고 어두운 생활과는 작별하고, 알차고 열정이 넘치는 생활을 하자. 내려놓기는 일종의 지혜이고, 지혜가 피워낸 마음가짐이다. 스트레스와 걱정을 내려놓고 열등감과 게으름에서 벗어나자. 실타래처럼 복잡하게 얽힌 욕망과 욕심을 포기할 줄 알아야 삶이 편안하다.

장사꾼 부부가 있었다. 하루는 남편이 계속해서 잠을 이루지 못하고 뒤척이자 "이제 좀 자요. 쓸데없는 생각일랑 그만하고."라고 아내가 말했다.

남편은 아내에게 "하, 여보. 당신은 지금 내가 얼마나 스트레스를 받고 있는지 모를 거요! 몇 달 전에 돈을 빌렸는데, 내일이 바로 돈을 갚는 날이구려. 당신도 알다시피 우리 집에 돈 나올 구멍이 없잖소! 나한테 돈을 빌려준 그 이웃들이 독사보다 더 독하다는 걸 당신도 알

거요. 내가 돈을 갚지 못하면 날 가만 놔두겠소? 상황이 이런데 어떻게 내가 잠을 잘 수 있겠어요!"라고 말하며 계속해서 뒤척였다.

보다 못한 아내는 이웃집을 향해 "내일이 바로 우리 남편이 돈 갚는 날이다! 내가 지금 말하는데, 우리 남편은 내일 돈을 못 갚는다!"라고 소리쳤다. 아내는 침실로 돌아와 "이제 잠을 못 잘 사람은 바로 저 사람들이에요. 돈을 못 받을까 걱정돼 한숨도 못 잘 거예요."라고 남편에게 말했다.

삶의 태도는 삶의 질을 결정한다. 걱정과 염려는 자신이 만들어내는 경우가 많다. 욕망과 이상 앞에서 부담감을 내려놓고 마땅히 가져야 할 행복을 어떻게 껴안느냐에 따라 달라진다. 스스로 부족하다는 것을 알고 좌절감을 마주했을 때 진지한 태도로 헤쳐 나갈 것인지, 가슴 가득 답답함을 품고 있을 것인지는 자신이 선택해야 한다.

자기 손에 쥐고 있는 것이나 마음속에 담아 둔 것을 사람들은 쉽게 내려놓지 않는다. 그것이 걱정으로 치환되고 염려와 고민으로 자기 손발과 생각을 묶어 놓는다는 사실을 알지 못한다. 자기 집념과 부담을 내려놓지 못하고 욕망과 탐욕을 키워간다면, 스스로 무거운 짐을 감당하지 못해 쓰러진다. 고통스러운 인생을 살아가게 되는 것이다.

이제 부담감을 내려놓자. 때로는 걱정을 사서 하듯 스트레스를 자기가 만들어내는 경우가 많다. 마음이 계속 꼬여 있으면 점점 짜증나고 원래 간단했던 일도 더 복잡해진다. 혼자 스트레스를 풀지 못하면 도움을 청해서라도 어떻게든 내려놓아야 한다. 마음의 속박에서 벗어나 자아를 해방시키자. 시끄러운 세상 속에서도 생명의 참뜻을 알 수 있다.

나무는 가을에 낙엽을 떨어뜨려야만 다음 해에 푸른 잎이 돋는다. 과일나무는 꽃잎을 떨어뜨려야만 열매를 맺을 수 있다. 우리의 삶도 부담감을 내려놓아야 '구름 같은 돛을 달고 푸른 바다를 건너는 영광'을 맛볼 수 있다.

성공을 위한 하버드 자기관리법

우리는 생활이라는 전쟁터에서 전술을 짜는 장군이다. 스트레스를 받으면서 짠 전술에는 허점이 많을 수밖에 없다. 부담감을 내려놓고 삶을 즐기듯 명랑한 전술을 짜보자. 자신이 짊어진 부담감을 내려놓는 것이 현명한 사람의 태도이다. 오늘의 행복은 좋은 추억으로 남는다. 사는 힘이 된다.

◆ 나를 바꾸는 하버드 '스트레스 대처법' 트레이닝

다음과 같은 스트레스 해소법을 시도해보자.

1. 스트레스에 대한 원인을 구체적으로 나열하기

자신이 어떠한 스트레스가 있는지 곰곰이 생각해보자. 제일 먼저 해결해야 할 일이 무엇인지, 나중에 해결해도 되는 것은 무엇인지 우선순위를 매기고 중요한 것부터 하나씩 차근차근 해결하자.

2. 자기 암시하기

긍정적으로 자기 암시를 해보자. '이건 아무것도 아니야, 난 쉽게 해결할 수 있어.'라고 자신에게 말하거나 쪽빛 하늘 흰 구름, 푸르른 초원에 앉아 있는 나, 욕조에 편안히 몸을 담그고 아름다운 경쾌한 음악을 듣고 있는 나를 상상해보자.

3. 운동으로 스트레스 해소하기

적당한 운동은 사람의 기분을 상쾌하게 해준다. 운동을 하면 우리의 몸이 이완되면서 편안함을 느끼게 해준다. 게다가 신선한 공기는 우리의 마음을 상쾌하고 즐겁게 해주기 때문에 운동은 아주 좋은 스트레스 해소법이다.

4. 적극적으로 도움 요청하기

정신적 스트레스를 많이 받으면 이미 자신이 감당할 수 있는 한계를 넘어선 것이다. 그럴 때는 가족이나 친구, 정신과 의사에게 도움을 요청해보자. 자신의 이야기를 솔직하게 털어놓으면 정신적 긴장감을 완화된다. 절대로 혼자서 버티지 마라.

삶은 언제나 불공평하다.
우리는 이것에 익숙해져야 한다.
하버드 명예박사, 마이크로소프트 창업자_빌 게이츠

창조적 모방은 남들이 하는 대로 따라 하는 것이 아니라
초월하고 재창조하는 것이다.
하버드경영대학원 교수 겸 현대 마케팅학의 대가_시어도어 레빗